Prosperidade Profissional

Luiz Antonio Gasparetto

Projeto e Coordenação:
Luiz Antonio Gasparetto

Edição:
Lizete Benetuze

Revisão:
Maria Ap. Medeiros
Ronaldo Barbosa

Capa:
Produção Gráfica: Kátia Cabello
Foto: Renato Cirone

Editoração Eletrônica:
João Carlos de Pinho

6ª edição
Janeiro • 2001
10.000 exemplares

Publicação, Distribuição
Impressão e Acabamento
CENTRO DE ESTUDOS
VIDA & CONSCIÊNCIA EDITORA LTDA.

Rua Santo Irineu, 170
Saúde • CEP 04127-120
São Paulo • S.P. • Brasil
F.: (11) 5574-5688 / 5549-8344
FAX (11) 5571-9870 / 5575-4378
E-mail: gasparetto@snet.com.br
Site: www.gasparetto.com.br

Sumário

Introdução

Este livro é dedicado a todos aqueles que acreditam que há sempre uma maneira de tornar as coisas melhores.

Como brasileiro, sinto a vontade de contribuir para que a minha família de berço cultural, de alguma forma, dê um passo em direção ao cumprimento de sua missão, que é a de nos tornarmos uma civilização mais forte e expressiva, mostrando por fim todo o nosso potencial de contribuição para com a humanidade.

Na verdade, eu me cansei de ouvir falar mal do Brasil e de como a maioria de nós, brasileiros, sustenta um complexo de inferioridade ridículo e absurdo. Parece-me que o único problema real é a nossa cabeça, ou seja, a nossa maneira de pensar. Acredito que, se pararmos de nos fazer de vítimas culpando o governo pelos nossos problemas — já que tanto os cargos de poder como o funcionalismo público são assumidos por brasileiros como nós, que vivem e pensam como qualquer outro brasileiro, que foram criados no mesmo ambiente, que freqüentaram as mesmas escolas, escutaram as mesmas músicas, assistiram aos mesmos programas de televisão e aprenderam as mesmas coisas que qualquer outro neste país —, vamos conseguir mudar a mentalidade, primeiro a nossa, depois a de todos aqueles a quem podemos influenciar. Teremos, então, feito uma grande diferença em nós mesmos e neste mundo.

Você gostaria de fazer diferença, para melhor, é claro.

Estamos nesta vida para crescer e contribuir para que o nosso ambiente melhore, pois somos parte indivisível deste mundo. Ninguém melhora sem que o ambiente à sua volta também melhore.

É preciso que você acorde, que saia do lugar-comum e venha fazer parte daqueles que sabem que podem fazer diferença. Dentro de sua alma, está guardado um grande sentimento de amor pelo Brasil, que escondemos por considerá-lo inadequado e antigo, quase cafona, esquecendo que grandes países, como Estados Unidos, Inglaterra, França, Japão, foram feitos por homens apaixonados pelo seu próprio país, que acreditaram que poderiam e realmente conseguiram "fazer diferença".

É bem provável que este meu papo esteja lhe parecendo bobeira, o que apenas prova como você está programado para desmerecer o seu ambiente, em vez de ajudar a melhorá-lo. Nada cresce, progride ou se mantém no melhor nível sem os cuidados do amor. Uma planta, um filho, o casamento, o seu serviço, tudo depende do seu amor. Aqueles que se tornam o número um em alguma coisa são sempre aqueles apaixonados pelo que fazem.

Gostaria de fazê-lo acreditar que você também pode ser o número um no que faz para poder gozar as delícias da realização e da satisfação de mudar o seu ambiente para melhor e usufruir do sucesso merecido.

O seu sucesso é, sem dúvida, um grande benefício para todos nós, pois de uma ou outra maneira ele afetará a todos nós. Portanto, acho que chegou a sua vez de deixar de ser um esnobe e esconder os seus reais sentimentos e ter A HUMILDADE DE ASSUMIR O SEU AMOR por tudo que é seu, inclusive pelo Brasil.

O Brasil é seu. Seu trabalho é você. E NÓS somos, espiritualmente, esse grande país.

Prosperidade é assunto espiritual

O termo "espiritual" refere-se a "espírito", ou seja, diz respeito ao que é original, à essência, à fonte, ao que é básico no nível mais profundo. É o conjunto de crenças e valores que dão a base para nossas atitudes. Quando você, ao escutar uma música, tenta captar a sua essência, ou, ao estudar um quadro, tenta entender o seu significado, ou ainda quando lê um manuscrito e procura captar o seu sentido mais profundo e básico, está exercendo o seu poder de penetrar no nível espiritual de todas as coisas. Quando você conversa com alguém, tentando entender os reais sentimentos dessa pessoa, está se relacionando no nível espiritual com ela. O nível espiritual é a fonte que dá origem a tudo. O homem é fundamentalmente um ser espiritual.

É necessário dizer que espiritualidade, na maioria das vezes, nada tem a ver com religiosidade. A religião, como uma escola filosófica, teria como função básica criar meios e práticas para desenvolver em nós o nível espiritual tal como a matemática pode desenvolver o nível racional. Contudo, os abusos e as ilusões humanas deformaram essas funções, e, desde tempos imemoriais, como na antiga Grécia, os filósofos vêm tentando fazer esse serviço melhor que os religiosos. A metafísica até hoje tem feito excelentes progressos nesta área. Meta = além; física = mundo físico, ou seja, é o que está além do mundo físico e que o faz existir tal como é. Refere-se à causa, à origem, às leis que dão princípio e ação a todas as coisas.

Espiritualidade é a arte de conhecer as coisas com profundidade, tocando a fonte básica de todas as coisas; metafísica é a atividade de compreender as leis básicas da vida; e os dois termos, portanto, podem ser considerados sinônimos.

As religiões são estruturas fechadas às especulações inteligentes e livres, tão necessárias ao crescimento de nossa compreensão da vida. Portanto, são, sem exceção, causadoras do fanatismo, das guerras, das descriminações desumanas, dos bloqueios ao progresso espiritual da humanidade. Todo progresso, conseguido por nós nos últimos 150 anos, deve-se ao fato de a ciência ter se separado da religião. Continuamos, contudo, a ser espirituais, a possuir um nível espiritual de vida e de expressão capaz de penetrar na realidade fundamental de nossa vida, fazendo com que aprendamos a atingir nossos objetivos principais de felicidade e realização. Isso nos leva à necessidade de exercer esses dons, de ampliá-los, de desenvolvê-los, e o faremos de uma forma moderna, aberta e mais bem fudamentada possível.

Nasceu, pois, há 150 anos, uma nova era em que passamos a entender as coisas com mais clareza e profundidade. Mas ainda levaremos muitos anos para nos livrar das seqüelas dessa época de religiões, na qual o homem aceitou acreditar cegamente, sem exercer o seu poder de reflexão. No futuro, vamos nos referir aos dias de hoje como a "Idade das Religiões", do mesmo modo que nos referimos à Idade da Pedra.

Você já notou como crescer, mudar, renovar visando nossa melhora em termos de qualidade de vida vem se tornando uma necessidade cada dia mais consciente na maioria das pessoas? Isso nos leva a uma busca de meios para satisfazer a essas novas necessidades. Neste livro, quero ajudar você a desenvolver mais a sua relação espiritual com o trabalho, o que significa ampliar as suas capacidades de auto-realização e satisfação profissional.

O que na prática podemos fazer para melhorar no trabalho? Como podemos ter um fluxo de dinheiro melhor? Como podemos crescer profissionalmente de forma positiva para nós e para o meio ambiente? Como me sentir realizado e satisfeito com o que faço na vida? Todas essas perguntas poderão ser respondidas quando penetramos no nível espiritual, nos valores e crenças básicas que controlam o fluxo da nossa vida profissional.

Melhorar-se é melhorar o mundo. Então, mãos à obra!

Capítulo 1

As leis do destino

O mundo caminha com as idéias

Vamos dar uma olhada na maneira comum de pensar acerca do trabalho e procurar ver o que ainda não vemos:

O desempregado culpa o seu meio ambiente, sem ver que a causa de tudo é ele mesmo.

Vamos analisar um caso típico de alguém que está desempregado. É comum o indivíduo dizer:

— Fui mandado embora porque houve uns cortes lá na firma.

— Mas por que cortaram logo você?

— É, alguém tinha que ir...

— E por que você não foi um dos que ficaram?

— A gente tem talento, mas tem as panelinhas, as políticas. Você não sabe o que é isso, Gasparetto. Há muita injustiça nesse mundo.

— Na verdade, me parece que você não devia estar valendo muito para a empresa. Desculpe dizer, mas você é meio mixo.

Claro que ele não vai reconhecer que é um profissional mixo. Nem vai querer admitir que é um cara vagabundo, meio desleixado, que empurra o serviço com a barriga. Ou que, quando não quer trabalhar, arruma uma desculpa qualquer:

— Hoje não tem papel sulfite. Assim não dá para trabalhar...

Ele é pobre de valores. O modo como resolveu encarar a sua vida profissional é desvalorizante e, conseqüentemente, só vai gerar desvalorização.

Se você é um desempregado e está lendo este livro, tenho a certeza de que vai se sentir um tanto irritado com meus comentários. Talvez julgue que eu não conheço a verdade das coisas e que não passo de um sujeito meio cínico. Mas tenha um pouco de paciência e me dê uma nova chance.

É comum essa pessoa culpar ou responsabilizar o ambiente, o mercado de trabalho, a concorrência, a situação econômica do país pelo seu desemprego. Isso, no entanto, não justifica a sua situação, uma vez que no mesmo contexto existe de tudo: gente que veio da miséria e conseguiu um sucesso enorme e gente que estava lá em cima e, de repente, ficou sem nada. Gente que está na mesma área de trabalho que a sua e está cheio de ofertas a ponto de ter de recusá-las.

O sucesso profissional é algo muito pessoal, que não depende exatamente das circunstâncias ou das nossas habilidades técnicas, mas de alguns talentos específicos que iremos analisar. Às vezes, alguém pode fazer um sucesso estrondoso e, aparentemente, a capacidade profissional dessa pessoa é menor do que a de outra, que nem conseguiu deslanchar na carreira. Significa que um profissional para ter sucesso não precisa necessariamente ser um grande especialista na sua área. Digamos, um dentista com bom conhecimento, bastante experiência e muita habilidade. Mesmo tendo esses requisitos essenciais para o exercício da profissão, não é o que determina o sucesso, embora se saiba que a propaganda boca a boca, atestando a qualidade dos seus serviços, ajuda a atrair um maior número de clientes. Há outros fatores, no entanto, mais determinantes que a própria qualidade do serviço e a capacidade do profissional.

É por isso que a gente ouve comentários do tipo: "Puxa, por que aquele lá está indo melhor, apesar de ser menos qualificado que eu? Ele investiu bem menos, não tem tanta habilidade... Por que então ele vai e eu não, mesmo sendo um profissional melhor?"

A resposta para isso é:

A lei das atitudes

A vida o trata de acordo com suas atitudes. E as atitudes são formadas pelas suas crenças. O seu poder realizador rege o seu destino

Esse é um mundo de experimentação. Estamos aqui para experimentar e conhecer os nossos potenciais, o que somos, e para saber o que podemos criar. Somos o próprio processo de criação da natureza. Somos o ato criativo constante e interminável. Pois você cria a cada momento o que pensa. Você programa a mente com suas atitudes, que são o resultado de seus pensamentos. A mente possui o poder realizador que executa a sua programação. Esse poder realizador é inconsciente e nós o conhecemos pelos seus efeitos. E realmente o inconsciente parece possuir a qualidade de tornar real essa programação em nós e à nossa volta. Digo programação, pois o destino mostra sempre seguir padrões repetitivos. A análise desses padrões nos leva a concluir que eles estão conectados com nossas atitudes. Pensamos e refletimos sobre nossas vivências e criamos conclusões que assumimos como reais, incorporando-as como valores de vida, e acabamos por vesti-las como atitudes.

As atitudes, na verdade, são programas que validamos ou não em nossa vida. O que você acredita e dá valor acaba funcionando como um programa de computador que se processa na sua mente profunda, ou seja, no subconsciente, que é o nome dado ao aparelho realizador do nosso inconsciente. A sua vida, o seu destino, a sua situação financeira, sua carreira, tudo funciona de acordo com esse programa.

Agir ou comportar-se diz respeito ao que você faz no ambiente. Os atos são as formas diretas de lidar com o mundo externo. Nem sempre eles correspondem às nossas verdadeiras atitudes, pois gostamos de dissimular. As atitudes são os valores que assumimos como reais. Às vezes, eles são a base de nossos atos, mas só quando nos permitimos ser sinceros. Sem ter muita consciência, nossas atitudes são a forma indireta de lidar também com o mundo externo.

É bom lembrar que o subconsciente não escolhe nada. Ele só executa de acordo com o seu programa de crenças. É a mente consciente que tem a faculdade de escolher, de arbitrar e estabelecer dessa ou daquela maneira o que será considerado real. Então, a menos que você mude de programa, o resultado do que você faz é sempre o mesmo.

Mudar as atitudes é mudar você e o mundo ao seu redor. Para isso, é necessário que mudemos nossa forma de pensar. O pensamento muda quando estudamos as nossas experiências, ampliando ou reformulando nossos pontos de vista.

Vamos dizer que você descobre que alguma idéia em que acreditava não é verdadeira, que é uma besteira, que não dá certo e resolva mudar o seu ponto de vista. Com isso, você muda sua atitude e, conseqüentemente, o seu programa. Imediatamente a situação começa a mudar. Por isso, muitas vezes, uma pequena coisa que você muda pode desencadear uma série de situações novas, mais adequadas à sua atual postura. É o que você pode comprovar quando resolve não mais aceitar qualquer padrão contrário ao seu sucesso.

Se, ao mudar uma atitude, mudamos na realidade situações em nossa vida de forma proporcional às novas atitudes, então fica provado que somos nós que criamos nossos destinos.

O seu serviço e tudo o que acontece na sua carreira profissional são o resultado do que você acredita, não só a respeito do trabalho, mas a respeito de si mesmo. Quem está indo bem profissionalmente é porque tem a capacidade de crer e de tomar atitudes altamente qualificadas. É realmente um talento ter acumulado crenças que possam criar um universo energético ao redor do profissional que faça acontecer coisas que lhe são favoráveis.

A cada minuto, você tem a oportunidade de decidir: quero continuar assim ou não? Quero acreditar nisso ou prefiro acreditar naquilo? A cada momento, você está exercendo seu poder de escolha. Ou seja, é você quem escolhe o que quer ser e em que pensamentos quer acreditar, que atitudes quer tomar ou que atitudes prefere mudar. E a cada atitude que toma, você vai escrevendo seu destino.

Somos nós, portanto, que escolhemos ter ou não sucesso na vida, mesmo que não tenhamos total consciência disso. E, se quisermos aumentar as nossas chances de obter maior sucesso, precisamos entender, de uma vez por todas, o que faz com que encontremos facilidades ou dificuldades na profissão. Precisamos rever nossos valores e as idéias que cultivamos acerca do trabalho, pois é disso que parte toda a nossa atitude diante da vida profissional.

Vamos procurar estudar aqui os valores e atitudes que podem nos levar ao sucesso ou ao fracasso profissional:

O inadequado é: o trabalho é obrigação, o resto é aventura

É engraçado como adotamos conceitos inadequados sobre o trabalho. Se você tiver que acordar às 4h30 da manhã no fim de semana para levar a família à praia, vai levantar bem-disposto. Imagine a situação: enfiar aquelas crianças no carro já é um drama, e a mulher, então, com aquela cara, porque já está prevendo o quanto vai ter que trabalhar. Você enfrenta uma estrada com a molecada a mil, querendo parar para fazer xixi, mas vai feliz, não vai? Nossa, o que você cozinha para todo mundo! À tarde joga um futebol, depois ainda reúne os amigos para um buraquinho. Onze horas da noite, depois de enfrentar o congestionamento na volta, você chega em casa e pensa: "Pena que amanhã é segunda-feira". Não parou um minuto de tanta atividade, mas não se sente cansado.

Durante a semana, você vai para o escritório e fica lá atendendo o telefone. O trabalho é obrigação — você pensa —, é o meio doloroso de conquistar o seu sustento. Esse é o conceito que fazemos: por isso, trabalhar cansa. E ainda ter que resolver "os pepinos"? Trabalho é problema. Aquela zona que enfrenta com a família no fim de semana não é problema, porque você tem espírito esportivo. Se o pneu furar no meio da viagem não é problema. Faz parte da aventura. Mas qualquer coisa que acontece no trabalho já é problema.

— Vou ter que resolver um abacaxi.

Não é assim que você fala?

Claro que a gente sabe que o problema é a sua cabeça, não o trabalho. O que há é uma situação que requer o seu empenho para que você possa desenvolver uma outra maneira de ver as coisas, provocando uma energia melhor em você e no ambiente. Pare então de se queixar, porque só está atraindo energia ruim. Como pode chamar de "problema" o que, na verdade, é a chance de valorizar o seu potencial? Pois cada desafio que se apresenta é uma nova chance de você se desenvolver.

Também, se não tivesse nada para resolver ou nenhuma decisão para tomar, seu lugar poderia ser ocupado por alguma máquina, e você nem estaria nesse emprego. Você está lá justamente porque o trabalho precisa ser feito. A situação exige uma solução que depende da sua criatividade, das suas habilidades. Mas, como não pensa assim, a sua cabeça arranja encrenca com o serviço. É por isso que você não vê a hora de fazer o seu pé-de-meia e se aposentar.

Parar de trabalhar é outro problema, porque significa envelhecer, deixar de ser útil, ficar jogado num canto, não ver sentido na vida. Então, não lhe resta outra alternativa a não ser trabalhar eternamente com essa sua cabeça, achando que é um sacrifício, um sofrimento. E você ainda tem inveja daqueles que imagina não trabalharem, que ficam vagabundeando. Tédio é uma forma de depressão, uma doença mental com sérias conseqüências, o resultado do entorpecimento da nossa motivação de vida, quando nos iludimos com a preguiça e a desocupação.

Temos uma resistência constante a nos entregarmos ao trabalho porque ele ainda está vinculado à sobrevivência. Pois se fosse pelo nosso prazer, estaríamos todos em Miami, descansando e aproveitando a Disney World. Isso é que é viver; trabalhar não é viver. Trabalhamos porque somos responsáveis e temos que garantir o sustento da família.

— Trabalhar... é um saco! Tenho que camelar para pagar as contas, senão a gente vai passar necessidades — essa ainda é a visão que temos.

O resto é uma aventura. Mas nos dois você usa seus pontenciais. Uma viagem, por exemplo, exige de você tanta atenção e cuidado quanto elaborar um relatório, em termos de planejar, buscar informações, examinar os dados, traçar um roteiro e realizar seu projeto. Tudo o que você faz exige que ponha em prática as suas habilidades.

O nosso preconceito é contra o trabalho, e não contra o que consideramos diversão

Se a mulher só cozinha de vez em quando, ainda vai, mas todo dia ela não quer nem pensar.

— Ah, mas você não adora cozinhar, benhê?

— Ah, mas todo dia, não.

— Que diferença faz? É tudo igual.

— Não, não é igual, porque eu não tenho obrigação de ficar nesse fogão, não. — Aí, vira trabalho, e ela não quer. Prefere comprar congelado.

— Ah, mas vem todo mundo aí. Você passa a sexta e o sábado cozinhando e no domingo faz aquela festa. Você não fica feliz?

— Ah, mas é festa, né?

— E o trabalho não é o mesmo?

— Ah, não. Não é o mesmo.

E não adianta tentar fazer com que ela entenda, porque a realidade dela é aquela. Não vai resolver. Ela enfiou na cabeça que trabalho é ruim, é sacrifício, é escravidão. A atividade física pode até ser a mesma: cozinhar.

— Mas ter que fazer todo dia? Não gosto da obrigação. Não, não sou vagabunda, mas também não sou escrava. Não sou neguinha para ter que cozinhar todo dia.

E o status, as colegas ou a pirraça que vai fazer para a irmã "porque você está no fogão e eu, não" não contam? Estudou pra que também, pra ficar nesse fogão?

A gente nutre um preconceito contra certas tarefas em determinada situação, mas basta mudar de contexto para essas mesmas tarefas assumirem outra conotação. É o caso da mãe que detesta ficar em casa cuidando das crianças, mas é professora. Excelente professora, aliás. Ela adora as crianças e as crianças a adoram. É só em casa que ela não tem paciência com os filhos. Isso mostra que o problema está na cabeça da pessoa e não na atividade em si.

Veja o quanto esses preconceitos têm nos influenciado e prejudicado nossas perspectivas profissionais. Se queremos realmente sucesso e realização, precisamos encarar o trabalho sob outro prisma, porque da maneira como o estamos considerando ele só nos tem criado problema.

Devido à nossa mentalidade contrária, estamos fazendo daquilo que pode ser uma grande aventura e uma atividade muito enriquecedora e gratificante em todos os sentidos um cavalo de batalha. Esse preconceito contra o trabalho causa o que chamamos de dificuldade no desenvolvimento profissional.

Como o trabalho pode nos trazer um fluxo de prosperidade se colocamos uma força tão contrária a ele? É isso o que acaba impedindo que, às vezes, seus projetos tragam um retorno compatível com o investimento feito. Se por um lado você se empenha, por outro, opõe resistência.

A obrigação mata a motivação

Quando você põe na cabeça que a atividade que está desempenhando não passa de uma aventura, ela se torna agradável. Mas se acha que "tem que" fazer, pronto, já virou um martírio. E, como você tem preconceito contra o trabalho, cria logo alguma resistência. Você vai, mas vai brecando. Vai, porque tem que fazer, porque é obrigação.

— Mas não é obrigação, Gasparetto?

— Não. É você que está vendo como obrigação, porque é isso o que está na sua cabeça.

Cabe dizer aqui que o termo *responsabilidade* foi imperdoavelmente corrompido. Nesse contexto, ele significa *ter que* fazer, ou seja, está relacionado a obrigação, escravidão, subjugação, dependência, como se houvesse alguém mandando fazer na marra. Na verdade, responsabilidade significa apenas a nossa habilidade para criar respostas, ou seja, para agir e provocar reações na vida. Ela é maior quanto mais sabemos articular nossos potenciais naturais, em função de criarmos alternativas de reações em nosso mundo interno e externo.

Trabalho, afinal, é uma atividade como outra qualquer, é o que você escolhe fazer. É você que interpreta como obrigação. Se você classifica o trabalho como diversão, sabe que pode até se divertir muito trabalhando. Mas se considera um sacrifício, já acha que tem que sofrer. No fundo, tudo é atividade e nos interessa enquanto exercício de nossos potenciais. Você só não vê assim porque é um encrenqueiro.

A encrenca está na cabeça, na maneira de ver. Quanto mais olhar o trabalho de maneira negativa e pejorativa, maior a resistência da sua parte. E quanto mais houver resistência, menor é o seu sucesso profissional. Não só sucesso no sentido externo, do que conquista, do dinheiro que vem para você, das oportunidades e do resultado social como também da satisfação interior e da realização espiritual que o trabalho pode proporcionar.

Quem acha que trabalhar é uma desgraça não vai para a frente, por mais profissional que julgue ser, ou por mais que se empenhe. Essa pessoa só vai se frustrar, porque ela se põe contra si, já que é contra trabalhar. Então, a vida responde no mesmo padrão e cria tudo contra ela. As pessoas ficam contra por nada. Às vezes, sustentam a mesma opinião que a outra, mas estão contra sem perceber. Até quem deveria estar a favor briga com ela. Comece a observar isso na sua vida. Experimente mudar uma atitude contrária a você para ver o que acontece. Vai perceber que estou falando de uma lei que qualquer um de nós pode testar.

O indivíduo que se tapeia, porque acha que tem obrigação de trabalhar, que trabalha pelo salário, para dizer que é um homem bom ou por vaidade, para se afirmar diante dos outros, esquece de se realizar na vida. É um indivíduo tremendamente infeliz, porque passa oito horas por dia numa atividade à qual não está ligado positivamente e da qual não tira nenhum prazer.

É bem comum as pessoas não perceberem isso e viverem dizendo que estão insatisfeitas com o que fazem e que gostariam de mudar de área ou de emprego. Culpam a mentalidade da empresa, o pessoal do serviço ou mesmo o mercado de trabalho por sua insatisfação, sem perceber que a causa está nelas mesmas. Dizem sempre que não são reconhecidas pelo que fazem e, por isso, estão insatisfeitas, sem entender que a insatisfação vem do negativismo com que elas encaram a vida profissional. São pessoas que carregam consigo raiva e desilusão, fruto das próprias ilusões. São preconceituosas e mimadas demais para ser responsáveis por si mesmas, e acabam criando uma aura de negatividade que atrai sucessivas desgraças.

O inadequado é: trabalhar é escravidão

Só Deus sabe o que você sofre. É escravo do trabalho. Trabalha feito um burro de carga para ganhar o pão de cada dia. Na verdade, você é escravo da sua própria ilusão, porque pôs na cabeça que trabalho é obrigação. Aí, vira escravo mesmo.

Imagine, então, ter que trabalhar num dia lindo. "Sou um burro de ficar aqui trabalhando com esse sol. Podia ter emendado o feriado e estar agora na praia, bebendo uma cerveja."

Mas ele se lembra das contas que tem para pagar e se conforma. Também, de que adiantaria ter viajado? Não teria mesmo cabeça para curtir! Ficaria preocupado com o trabalho, porque ele é uma pessoa responsável. Infelizmente é. Por isso, resolveu ficar trabalhando para não sentir culpa. Claro que, no trabalho, fica com ódio por não estar na praia, e, se estivesse na praia, estaria se culpando por não estar no trabalho. De qualquer jeito, ele se sentiria lesado. Se está trabalhando, leva; se não está, leva também. Está numa situação psíquica que não tem saída.

Mas é ele que olha do ponto de vista de um escravo. E se posicionou na escravidão, ignorando suas possibilidades de escolha. Pois a todo momento a gente escolhe o que quer fazer e com que cabeça prefere fazer, escolhe no que quer acreditar e o que quer endossar.

E vive aquilo em que acredita. Como escravo, tem os caminhos fechados: tudo fica difícil na sua carreira, demorado, passam por cima, perde oportunidades, tem que lutar. Quanto mais mártir é o indivíduo, mais encrencada é a vida profissional dele.

Claro que não "tem que" nada, porque ninguém é obrigado a nada, mas é ele que quer ver o mundo assim. Então, ele acredita na miséria e se põe de vítima. E se corrompe na autopiedade. É uma pessoa muito humana, sensível, tem pena dos outros. É o tipo que adora uma greve porque tem muito para contestar. Acredita que há muita injustiça na vida, que o patrão é injusto. Claro, todo escravo acha que tem uma elite dominando. Ele não vê que também poderia estar no poder, aliás até queria. No fundo, tem inveja. E, com isso, acaba sendo vítima de si mesmo.

O adequado é: trabalhar por vontade e diversão

Em todos nós, existe uma fonte de motivação e de energia conhecida como alma, essência, eu mesmo, meu coração, no fundo do meu peito, espírito, Cristo interior etc. Independentemente do nome dado, ela existe e serve como centro de orientação para produzir o fenômeno de *realização*. Desde pequenos, ela tem nos impulsionado a agir em função de nossas necessidades fundamentais. A busca por aprender para atingir a destreza e a independência é real mesmo nas crianças excepcionais.

Essa fonte parece saber o que é necessário para cada um se realizar e nos impulsiona quase compulsivamente para essas tarefas. Enquanto crescemos, porém, sofremos a interferência da influência dos adultos, preocupados em nos educar, segundo certas normas que fogem aos padrões da nossa natureza.

Confusos, passamos a seguir as regras na base do "tem que", forçando-nos. A natureza em nós ou nossa essência, alma, nosso centro espiritual que é nossa fonte de vida, contudo, se rebela e cria todo tipo de resistência: preguiça, raiva, dificuldades, desculpas para fugir, desânimo etc. Apesar dessa corrupção, o nosso centro de motivação continua ativo e, quando procurado, responde prontamente. Ele parece contrário às tarefas "obrigatórias", mas é favorável àquelas vistas como diversão.

Na verdade, a nossa essência não aceita a escravidão, imposições absurdas ou contrárias aos seus objetivos, e opta pela liberdade. Aceita com flexibilidade várias formas de ação, desde que elas venham a satisfazer realmente nossas necessidades. Ela usa a mente para se expressar e a mente é disciplinável.

Entre nós e a essência existe nosso sistema nervoso, que não sabe distinguir o que é real do que é imaginário. Se, em nosso ponto de vista, o trabalho é uma escravidão, o sistema passará essa mensagem à nossa essência e ela fará de tudo para sabotar esse estado de coisas. Assim também, se vemos o trabalho como diversão ou como o meio de satisfazer nossas necessidades de realização, então nossa essência fará de tudo para nos manter em forma para que tenhamos sucesso. É dela que vem o entusiasmo, a criatividade, o amor, as forças que mantêm a saúde etc.

Se paramos de ver o trabalho como obrigação e tormentosa responsabilidade, poderemos encará-lo como meio de nos ocupar, como a diversão que é usar nossas habilidades nos esportes; ou como o tesão que é a criação e execução de tarefas úteis; ou mesmo como a satisfação de descobrir o quanto podemos nos realizar. Por meio das tarefas é que vamos nos conhecendo e, portanto, nos conquistando.

Realização é isso: a satisfação de conquistar a si mesmo.

A mentalidade escravista, no entanto, não permite que nos entreguemos de corpo e alma ao que fazemos e causa dor no que poderia ser um prazer. Ao passo que, quando vemos nossas tarefas como diversão, criamos condições para nos atirarmos de corpo e alma, causando assim o prazer e a realização que tanto almejamos.

O inadequado é: trabalhar é um sacrifício, uma luta para sobreviver

O trabalho ainda mantém essa conotação de dor e sofrimento. Imagine ter que ir trabalhar todo dia, pegar esse trânsito infernal para chegar lá e depois voltar para casa? É um sacrifício. Só porque é para trabalhar. Mas se fosse para sair para a farra, poderia ser na Cochinchina que você iria voando.

Ah, porque você tem uma família para sustentar, tem contas para pagar? Então, você tem que trabalhar para o próprio sustento, senão, como vai viver, ainda mais nessa sociedade de consumo que precisa comprar coador de papel, que não espreme mais laranja porque compra suco pronto? É uma loucura essa coisa do inútil.

Enquanto mantivermos a atitude de que a vida é dura e o trabalho é um peso, é um fardo, um sacrifício, uma dificuldade, o que estaremos emitindo? Trabalho é difícil. É um desprivilégio. E, com isso, o que estamos gerando? Só desprivilégios na nossa vida, desvalorização daquilo que fazemos, gente que não nos paga direito pelo serviço, gente que paga com cheque-borracha, gente querendo puxar o nosso tapete, gente atrapalhando o nosso trabalho. Só encrenca, dificuldade em cima de dificuldade. Lembre-se: suas atitudes é que criam o seu destino.

Mas o indivíduo fica ali fazendo o tipo que luta, porque é um encrenqueiro.

— Como encrenqueiro, se eu levanto às 5 horas da manhã para ir ao trabalho? Você não entende os problemas da vida, Gasparetto.

— Entendo sim, porque também estou na vida. Você é encrenqueiro porque briga consigo mesmo, briga com o trabalho e depois só arranja briga em volta de você. Será que não é encrenqueiro mesmo? No trânsito, você fica encrencando com o outro, fica brigando com a mulher, fica só na crítica, na reclamação: "Ai, que dificuldade, ai, que ruim! E agora, então? Está tudo ruim. Agora, não sei se dá mais para fazer isso!"... Fica com aquela cabeça encrenqueira, ruim, negativa mesmo. Que portas você acha que esse tipo de atitude pode abrir na sua vida?

— Mas não sou eu, Gasparetto. É aquela mulher que entrou no escritório. Desde que ela chegou lá, começou toda essa encrenca. É por isso que vim falar com você, para ver se não tem alguma macumba na minha vida. Tenho certeza de que ela me aprontou uma. É inveja.

— Inveja de quem? Que vaidade a sua achar que o outro tem inveja de você! É mais fácil dizer isso do que admitir que é você que está criando isso tudo.

— Por que então aquela mulher veio logo invocar comigo?

— Porque você é um encrenqueiro. Você encrenca em casa. Fica atrás dos filhos, na marcação. Escolheu uma igualzinha a você lá no trabalho, que também fica na marcação. Injustiça? Não, ela veio de encomenda pra você.

Não venha me dizer que você tem dificuldade e que isso é uma injustiça, que você não merece, porque é a gente que cria a dificuldade. Alguma encrenca você anda aprontando para as coisas estarem feias, pois a lei universal é clara:

Você atrai para si o que cultiva

Isso quer dizer que a vida toma como medidas para criar as situações no seu dia-a-dia as atitudes que você escolheu como as melhores. A vida sempre funciona pelo melhor, só que quem escolhe o melhor é você.

— Mas é assim tão simples?

— Infelizmente é. A gente adoraria que fosse mais complicado, porque assim não teria que assumir a responsabilidade pelas atitudes que toma.

Vamos, então, melhorar a nossa condição profissional? Pare de ser encrenqueiro, pelo menos no pensamento, porque por fora você se manca para não pegar mal. Mas, por dentro, fica corrigindo os outros:

— Por que então ela falou aquilo para mim?

— Isso mostra que é você que está atraindo. Se você dá importância ao diz-que-diz e reforça essa atitude, está comprando briga com o outro. Vem a secretária, pega a sua energia, porque ela é meio sensível, e apronta uma confusão com os clientes. Fica aquele rolo na sua vida e, para descascar o abacaxi depois, é terrível. Você quer socá-la, porque é encrenqueiro. Mas essa secretária é a sua secretária justamente porque ela é afim com o ambiente psíquico que você criou.

Há uma história por trás que nos leva a encarar a vida assim. Nossos pais achavam que o trabalho era digno, mas também que era preciso lutar para sobreviver. E, como você acreditou nisso, sai para a luta, de guerreiro, toda manhã. Não tem luta nenhuma, mas como é a sua cabeça que faz a realidade, então você vai para a labuta. É por isso que já sai de casa cansado.

Sabia que você está programado para ser um cansado?

Você tem hora para ficar cansado. Chega em casa moído. Só Deus sabe o que você passou essa semana, os pepinos, os problemas!

O cansaço não é porque você trabalhou demais. Trabalho não cansa. O que cansa é a cabeça. Cansaço é uma atitude psíquica mais do que uma sensação física. Ninguém fica cansado, a não ser que faça uma hora de cooper. A maioria do nosso cansaço vem de fazer a mesma coisa o dia inteiro. Então, você está é de saco cheio, porque você mesmo encheu o seu saco. Se você teve um trabalhão no fim de semana, mas ficou satisfeito, é sinal de que curtiu o que fez. E se você está satisfeito com o trabalho, é porque sabe tirar prazer do serviço. Então, não se sente cansado.

Ninguém, no fundo, pode se mostrar assim tão satisfeito. Primeiro, porque é muito feio você ficar alegre na firma, quando todo mundo vive se queixando. Então, se você está alegre, é bom disfarçar, porque o povo chega na segunda-feira já pensando na sexta. Essa é uma mentalidade tão contrária à prosperidade que não pode haver mesmo capricho, amor, tesão pelo trabalho. Desse jeito, ninguém pode ser bem-sucedido.

Essa doença é chamada de *neurose de herói*. Aprendemos que uma das maneiras de conseguir especial atenção e consideração das pessoas é se mostrar um grande lutador na vida, pois pelo tamanho das dificuldades é que se reconhecem os prodígios do herói. É um personagem que a nossa vaidade criou para impressionar as pessoas e conseguir valorização. Assim, justificamos a competição e, muitas vezes, a desonestidade, a fim de *vencermos na vida*.

Faz parte do personagem herói estar sempre em luta, sempre cansado, sempre enfrentando desafios, dificuldades, forçando as coisas, as pessoas e até ele mesmo para que tudo dê certo. Não tem tempo para a família, para diversão, para se cuidar, para curtir o seu passatempo. Por ser um herói, tem o direito de chamar a todos de vagabundos, incompetentes, de receber os seus privilégios de atenção em casa, de se fazer de pobre-coitado e levar todos a fazer o que ele quer e na hora que ele decide. Perde a juventude cedo, e sua aparência é decrépita para fazer jus ao seu personagem. A sua vida sexual é insatisfatória e o seu nível de prazer é paupérrimo.

Tudo se passa num clima de batalha:

- crescer é substituído por vencer
- errar é visto como derrota
- realização é vista como conquista
- status é visto como medalha
- dinheiro é visto como título de poder
- chefia, como reinado
- gerenciamento, como ditadura
- exigência de criatividade, como inimigo
- novidade, como ameaça
- necessidade de aprender, como estratégia para derrotar os problemas
- o gozo está na vitória, e ela, no aplauso da coletividade

Enquanto nutrimos nossa vaidade, não alimentamos nossa alma.

O inadequado é: trabalhar é coisa de pobre

Pois só pobre trabalha. O louco acredita que trabalho é uma desgraça na vida da gente. E que só mesmo quem foi amaldiçoado pela miséria, porque pecou em

O adequado é: valorizar as oportunidades da vida

Sua vida é sua.

Ela foi feita só para você vivê-la.

- Trabalho não é sobrevivência e sim vivência.
- Crescer é sentir o prazer de ser maior.
- Errar é a oportunidade de ter convicção no acerto.
- Realização é o prazer de estar preenchido de si mesmo.
- Status é o crédito que possibilita a movimentação social, na captação de recursos para os seus objetivos.
- Dinheiro é energia que possibilita o movimento e a posse de recursos para materializar suas realizações. É a possibilidade.
- Chefia é a oportunidade de desenvolver o comando ou o mando cooperativo.
- Administrar é a capacidade de saber lidar positivamente com as forças do ambiente.
- Necessidade de aprender é o prazer de descobrir-se e de enriquecer-se.
- O gozo está na satisfação interior de se preencher, sentindo que a alma se expande e a cada dia se torna mais completa, e que seus efeitos no mundo externo tornam-se cada vez melhores.

É isso o que causa a felicidade e credencia um bom profissional.

outra encarnação, tem que trabalhar feito um burro de carga. Ou ainda que o trabalho só tem sentido se for para a própria subsistência.

— Você, rica desse jeito, quer emprego para tirar dos pobres? Sua ruim! Não precisa, por que você quer trabalhar?

— Vocês não sabem o quanto custa ganhar as coisas. Não dão valor. Pensam que tudo cai do céu? — O pai faz um discurso para mostrar a luta que é ganhar dinheiro.

Tudo isso foi entrando na nossa cabeça. Só sendo mesmo de ferro para resistir a tanta doutrinação.

O nosso preconceito é cultural

A maioria das idéias a respeito do trabalho que recebemos por educação ou por herança cultural só nos causa problemas diante da nossa perspectiva profissional. *Mauá, Empresário do Império,* livro de Jorge Caldeira, conta que até o final do século passado era malvisto o branco trabalhar. O grande dilema da libertação dos escravos era justamente esse: quem iria fazer o trabalho deles? O branco é que não era.

Só com as primeiras levas de imigrantes europeus é que começou a haver uma mudança de mentalidade e passou-se a aceitar a hipótese de que o branco pudesse trabalhar. Dá para entender agora por que cultivamos uma imagem tão negativa do trabalho? E, o mais importante, como isso impede a nossa realização profissional? A menos que você possa reconhecer as suas crenças e se reposicionar, vai continuar sendo vítima. Pois é você que dá força a essas idéias, e, para se livrar desse sofrimento, só acabando com elas.

Até hoje mantemos essa visão de que trabalhar é ruim.

— Imagine se meu filho precisa trabalhar! Ele só tem 20 anos, ainda está estudando. Considera-se uma vergonha alguém ter que trabalhar. Às vezes, os pais mantêm esse preconceito, mas, na frente dos filhos, o discurso é outro: o trabalho enobrece.

Na cultura norte-americana, ao contrário, o trabalho é valorizado como um bem. A criança que entrega jornal é vista com orgulho pelos pais, porque é sinal de que ela está desenvolvendo suas habilidades. Mostra que já é capaz de ganhar algum dinheirinho.

É tão interessante a imagem que fazemos de quem sai para o trabalho: é um desgraçado, porque vai camelar e ser infeliz.

— E olha lá aquele sortudo que não trabalha.

Por isso, é considerado até normal ter uma crise no fim de semana:

— Ah, amanhã é segunda-feira.

O adequado é: o trabalho é uma necessidade natural

Tudo na natureza trabalha. Os minerais, os átomos, as plantas, os astros, os animais. Basta apenas olhar em volta e ter um pingo de bom senso. Lembre-se de que seu corpo também é um vivo exemplo de trabalho como lei natural. Ainda bem que o seu corpo não pensa como você, pois seria horrível vê-lo reclamar e se martirizar por ter que respirar, fazer o sangue circular etc.

Se o trabalho é uma necessidade natural, logo pode-se concluir que se não trabalharmos estaremos indo contra a natureza. Isso é um fato. Basta observar os fenômenos de atrofia pela falta de uso que ocorrem quando engessamos um membro que quebrou, ou quando somos obrigados a permanecer numa cama por um longo período, ou o corpo que dói por dormirmos demais. O que não se usa atrofia. Isso é válido para todos os nossos aspectos internos, a memória, a inteligência, o amor, o sexo etc.

Trabalhamos a fim de manter a nossa juventude, de manter o nosso sistema rendendo no seu melhor, ou ainda para aumentar nossas potencialidades e usufruir de uma máquina mais perfeita.

O inadequado é: trabalhar, só mesmo para quem é burro

No fundo, no fundo, você sonha em viver naquela ilha deserta, sem fazer nada, de papo para o ar, só coçando, e o resto que trabalhe para você. Pois o sonho do brasileiro de classe baixa não é ficar na Caixa para não ter que trabalhar? Até hoje mantemos escravas, que são as nossas empregadas domésticas. O mundo inteiro vive sem, mas aqui ninguém pode ficar sem empregada.

O paternalismo escravocrata do colonialismo ainda persiste tanto no empregador como no empregado. Acredita-se que os burros devem fazer o trabalho e que os espertos ficam só mandando ou esperando os benefícios de braços cruzados.

Geralmente quem age assim acaba por perder o que tem, pois para mandar é preciso saber fazer. Não fazer nada e só esperar os resultados é ter que depender de alguém que faça o trabalho que você não quer fazer e correr o risco de deixar tudo nas mãos dos outros ou de se ver com uma mão na frente e outra atrás, de uma hora para outra. Quem quer empregados tem que saber cuidar deles, ou vai entrar pelo cano.

Quem tem precisa cuidar do que tem, ou perderá tudo. É a lei do uso.

O adequado é: trabalhar é uma questão de inteligência

É a política do desenvolvimento dos potenciais e da valorização das oportunidades de criar condições de melhoria de vida. É claro que quanto mais se avança na inteligência, mais os trabalhos custosos acabam sendo realizados pelas máquinas que a nossa inteligência vai criando. Corremos, porém, o risco de pôr nosso corpo em desequilíbrio. Por isso, atualmente, os trabalhadores em geral necessitam se exercitar artificialmente em academias ou clubes de esportes para não atrofiar o corpo. Assim, é preciso trabalhar muito para se chegar à condição de poder trabalhar menos com o corpo e mais com a mente, mas o trabalho sempre se fará necessário, mesmo que se mude a natureza das atividades. Assim é o caso dos administradores dos altos cargos de chefia que não trabalham menos que os seus subalternos. Na maioria dos casos, até trabalham mais, pois suas funções são mais complexas, exigindo horas extras para concluí-las, enquanto os funcionários de funções mais simples podem largá-las mais cedo.

O inteligente trabalha e o burro perece

O inteligente se farta no banquete das oportunidades e no desenvolvimento de seus potencias. Está sempre pronto para o que der e vier. O burro não usa o que tem e, portanto, nunca vai deixar de ser pobre no sentido mais pejorativo possível.

O inadequado é: o trabalho como meio de obter reconhecimento

— Menina, você tem que fazer alguma coisa na vida. Você tem que ter um objetivo!

Não é assim que as mães falavam e falam até hoje?

— Vai ficar uma inútil, se não fizer nada. Gente bacana trabalha, tem ideais, carreira! Trabalhar é para causar admiração e respeito nos outros e fazê-los pensar bem da gente.

Tudo isso não passa de vaidade, só vaidade! E lá vai você:

— Eu tenho que trabalhar pra ser alguém (para os outros) — enquanto se esquece da realização do seu verdadeiro eu. Aí, quando as coisas não vão bem, o que acontece logo, logo, você diz:

— É a firma, não gosto daquela firma. É o ramo que eu estou, não é um ramo bom. Preciso fazer alguma coisa de que eu goste na vida, porque estou meio insatisfeito — justifica-se.

Também, com essa cabeça, tem que estar insatisfeito. Ainda se pudesse trocar de empresa e deixar a cabeça na outra, seria ótimo, mas infelizmente não dá. Então, ele vai para a outra firma e carrega junto as mesmas idéias. Vai continuar insatisfeito. É como a pessoa que está infeliz no casamento.

— Não agüento mais ele.

Ela não percebe que trocar de homem é trocar de problema, porque a encrenca é ela, não o marido. É sempre assim. Ou, então, a pessoa diz:

— Vou-me embora desse país.

Pode ir, que não vai mudar nada. Acredito até que possa haver lugares melhores do que aqui. Mas ela vai ter que carregar junto a sua cabeça de brasileira. Esse é o problema. Pensa que vai ficar livre? Não. Vai carregar as suas idéias, seus preconceitos, seus costumes e, o que é pior, vai chegar lá e se sentir mais deslocada ainda. Agora, se a pessoa vê no trabalho as chances de auto-realização sabendo que ele é a sua oportunidade de ter prazer consigo mesma, acaba por gerar o amor, o capricho e as suas energias são altamente positivas. Assim, os outros chegam perto e já sentem essa energia. Ela tem uma relação muito melhor com as pessoas, mas isso parte dela e não dos outros. Vai com ela para onde for, e onde ela estiver provocará o bem.

O primeiro aspecto do bom profissional é um quadro de valores que o qualifica e o torna melhor que os outros e, quanto mais se destaca, mais mostra que suas crenças são adequadas ao sucesso. É desses valores que ele faz suas capacidades renderem ao máximo e se atualizarem sempre que puder, pois sabe que investir em seus potenciais é uma política de autogerenciamento estrategicamente infalível.

Trabalhar para ganhar o reconhecimento dos outros, na verdade, é trabalhar por vaidade, para poder jogar na cara dos outros: "Trabalho para me sustentar". Percebo que muita gente usa o trabalho como uma forma de visar o reconhecimento: "Estou só esperando o patrão sacar que eu sou ótimo".

Para essa pessoa, a realização não está na atividade em si, mas no que os outros vão dizer. Espera o elogio da família, o aplauso, porque o indivíduo se considera um herói. Também com a cara que ele sai de manhã e com a que volta à noite, ainda pior, só pode esperar mesmo que digam que ele é uma criatura maravilhosa.

No serviço, está sempre esperando que os outros reconheçam o que ele faz. Mas a pessoa que vive se queixando que não tem reconhecimento é porque ela mesma não reconhece o próprio valor. E, no caso dele, quando o pessoal não reconhece, ele começa a escrachar o serviço, como só o brasileiro sabe fazer. Esculhamba, porque está insatisfeito. Corrompe tudo, se o outro não disser para ele: "Nossa, você ficou 15 minutos a mais, meus parabéns!" Não é pelos 15 minutos a mais, mas porque alguém olhou para ele e reconheceu seu esforço.

Como ele não tira satisfação do próprio trabalho, os outros têm que puxar o saco dele. E não tem satisfação, enquanto os outros não o bajularem. Ele só trabalha pelo estímulo externo, e haja estímulo externo. Por isso, é um eterno insatisfeito. Então, sabe o que ele faz? Toda hora, vai pedir aumento, como qualquer empregado insatisfeito. E o superior, que é considerado uma espécie de pai, tem que dar, porque o nenê não se dá, quer dos outros. O nível de insatisfação dele, de revolta com as pessoas é muito grande, porque ninguém está toda hora puxando o saco dele, ainda mais no ambiente profissional.

Ele não diz que gosta de ser bajulado, mas que quer ser reconhecido pelos seus potenciais. "Sou um profissional e aprecio o reconhecimento das pessoas. Estou saindo da firma, porque lá não sou reconhecido." E não vai ser mesmo. Trabalha para que o outro lhe dê prazer e não pelo prazer de realizar o seu trabalho. Fica esperando que os outros batam palmas. E é justamente quem espera que nunca tem. *A quem tudo tem, tudo será dado; e a quem nada tem, até o pouco lhe será tirado*. Está na Bíblia. Quem se realiza por si é sempre alvo de reconhecimento, e quem não se realiza por si é sempre alvo de desconhecimento.

Pode ver que é quando não está preocupado com

isso que o reconhecimento vem. Você estava lá com pique, fazendo com boa vontade. Foi então que você recebeu os maiores elogios. Ficou até sem graça, porque não esperava mesmo. Agora, se faz esperando reconhecimento, as pessoas passam reto. É porque você próprio não se dá reconhecimento. "Dei anos da minha vida trabalhando nessa firma, e o que ganhei em troca?" Não é a firma que dá ou não. É você que se dá.

O empregado que vem se queixar do patrão que não paga, que não dá valor, que isso, que aquilo, é porque ele não está curtindo o seu trabalho. Se o patrão tiver consciência de que o salário está razoável, pode mandar o funcionário de volta à sua mesa de trabalho e dobrar as atividades dele: "Você não está trabalhando metade do que deveria, e a qualidade de suas atividades deixa muito a desejar. Você não está fazendo com capricho". Faça com que ele tome consciência de que ele está se desvalorizando, não curtindo o que faz. Seja exigente com ele e faça com que ele avalie o que anda fazendo. Mostre a ele como o trabalho dele está ruim e pergunte-lhe: "Se você fosse chefe ficaria satisfeito com o que está mostrando como seviço?" É o empregado que está insatisfeito consigo e põe a culpa no patrão, na empresa, em qualquer coisa. Não está curtindo, porque passa a vida se exibindo para os outros. É tudo por vaidade, por status, para parecer o que não é.

A satisfação que você tira do seu serviço não pode vir dos outros. Deve vir basicamente do quanto você curte o que faz.

Tem gente que trabalha por vingança. "Você acha que se eu perder tudo vou dar o braço a torcer? Nem morta." Eu tenho que mostrar para o meu pai ou minha mãe quem sou eu. Quando eu era criança eles nunca ligaram para mim e agora eu vou vencer e ser melhor que eles, só para mostrar como eles estavam errados em me tratar como me trataram. Como gosta de exibir o carrão para a família. Não está na realização pessoal, está na realização da vaidade. Não realiza o espírito. E por mais que faça, poderá até conseguir sucesso externo, pois usa o ressentimento como motivação para o sucesso, mas jamais conseguirá o sucesso interno ou a auto-realização, o que fará dele um eterno atormentado pela insatisfação.

É preciso entender que:

O importante não é
o aplauso da sociedade ou
a busca de status,
mas a realização da
sua essência.

Pois quanto mais você acredita no aplauso dos outros, pior é, porque amanhã as mesmas pessoas que o aplaudiram podem lhe virar as costas e vaiar. Quero ver como você vai agüentar a vaia, no dia em que não for mais útil e não mais servir a elas. Vai ser aquele velho aposentado que diz: "Agora ninguém mais precisa de mim".

O importante é a realização espiritual. Por isso, fique na sua humildade, curve-se diante de seu espírito. Você quer ter realização, mas com essa panca você não vai se satisfazer nem sendo o presidente do Brasil.

As empresas encorajam a competitividade entre os

funcionários, pensando que dessa forma estão aumentando a produtividade, mas só o que conseguem é premiar a vaidade deles com murais dos mais destacados do mês. Não ensinam o ser humano a tirar proveito e realização interior do trabalho como espírito, mas a ter uma qualidade de satisfação tão pobre e superficial que pode ser facilmente desestimulada. E o homem alimenta a vaidade até o dia em que ele falha. Aí fica arrasado, ou mesmo começa a sentir um vazio na sua vida. Reage então contra o sistema e começa a sabotar o serviço.

Para quem está na verdadeira realização interior, porém, o erro faz parte do aprendizado. A pessoa reage com modéstia.

— Errei mesmo. Vamos fazer assim e não assado.

Não teme o erro, porque não tem nada a temer. Considera o erro ou o acerto de forma impessoal, como naturalmente inerente às atividades novas. O importante é aprender a acertar. O erro, então, é faturado rápido e se transforma em reforço para sustentar o sucesso.

Quanto tempo você demora para faturar seus erros? Você não aceita fácil. Essa é uma das características de fracasso na vida. A culpa é sempre dos outros, que perseguem e põem a culpa em você, que é inocente. Foram os outros, porque você não erra. Tem pavor de errar. Já imaginou ser pego no erro? Como você vai se sentir? Burrão? E se os outros lhe disserem "Não acredito que foi você que fez essa cagada"?

Aí o erro é uma questão pessoal e não uma inconveniência natural das atividades novas.

Quem tem medo de errar sempre erra mais do que quem evita a inconveniência dos erros mas nada sente de pessoal quando erra.

O vaidoso quer parecer ser, e não ser de fato

A vaidade é a preocupação em ser alguma coisa para o mundo e não em realizar o que a gente tem dentro de si. É querer ser alguma coisa para os outros, não coerente com o nosso bem interior. A gente só se acha bacana se os outros também acharem, mas se isso não acontece, é porque "os outros me rejeitam".

Todo complexo de inferioridade, todo ressentimento, toda mágoa vêm da vaidade. Todo medo tem a sua origem na vaidade. Vaidade então é a busca da satisfação com o sucesso social, com a aprovação do outro, com a valorização do mundo social, com o parecer ser para o mundo, mas não com o ser de fato, com aquilo que se é.

A pessoa vaidosa está sempre insatisfeita, porque ela não é para si. Tudo o que ela conquista é fútil e acaba perdendo. Já recebeu aplausos, mas eles não se repetiram. Modéstia, ao contrário, é estar na sua verdade, no que realiza você de fato. A realização é algo mais profundo. A mensagem do sucesso profissional é: "Estou satisfeito com o que eu faço. Estou me realizando, por isso, a minha vida está cheia de encantamento, cheia de qualidades". É algo lá dentro. É a coisa do é, não do parecer ser.

Chega um dia em que a gente é obrigado a se encarar, a perceber que o aplauso dos outros vem do sentimento deles, e a se perguntar: E o meu sentimento diante de mim? O que eu fiz para chegar até aqui? Para ter cinco minutos de aplauso dos outros sacrifiquei 20 anos da minha vida. O que eu dei para mim? O que eu vou fazer de mim, porque eu vivo do que eu faço? O que eu preciso de verdade? Quando o homem passa a deixar de lado a preocupação com a sociedade e a se ver como um ser humano é que ele começa a se encontrar, a encontrar a sua fonte interior. Então, está prestes a conquistar a verdadeira realização do espírito, que é profunda, básica e essencial.

Não estou dizendo que ter uma boa situação financeira e posses não seja bom. É bom, sim, se você sabe curtir. Mas a maioria não sabe. É só para exibir. Não tem aquele valor para a pessoa. Arranjou muito serviço e agora é prisioneira dos compromissos, porque tem medo de largar e perder tudo. Está insatisfeita, mas vai carregar aquilo pelo resto da vida. E quando a vida, para salvá-la, puxa o tapete para ver se ela sai daquela situação, ainda se revolta. Fica com medo da vergonha e, por isso, não larga.

— Se eu largar, como vou fazer? — quer dizer, a vergonha que vai passar ao ter que encarar os parentes e amigos.

Quando a gente está com medo da vergonha significa que está agindo por vaidade. Com vergonha pelo desprazer de se sentir impotente, por não ter sentido a própria potência e força, por não ter gozado a vida. Esse deve ser o motivo pelo qual não queremos parar, pelo qual não podemos largar a coisa no meio do caminho. Mas diante de nós temos que ajustar algumas contas: O que eu fiz? Estou frustrado, por que não me expandi e não me realizei como ser na vida?

Felicidade é uma capacidade interior

Agradar aos outros não vai fazê-lo feliz, a menos que isso seja uma verdadeira necessidade de seu coração. Você está aqui para se satisfazer como pessoa. Pois você é mais importante para si do que para os outros. É consigo que você vai ficar pela eternidade, que vai dormir e acordar e é com essa satisfação que vai sair para trabalhar.

Quando uma pessoa cansa de querer conquistar a felicidade por meio dos outros percebe que só se chega à felicidade por si mesmo.

Passa então a pensar: meu trabalho é meu alimento, a minha chance de me sentir bem comigo, de gozar os meus momentos. Não trabalho pelo dinheiro, trabalho pelo meu gozo, porque eu sou valioso para mim. Preciso sentir que o meu trabalho é bom, senão o que vou fazer com o meu dinheiro? Vou comprar o quê? Eu vou ter que dormir com essa insatisfação, com esse cansaço da vida e acordar amanhã sem propósito, sem vontade nenhuma? Não quero corromper a minha essência desse modo, pois a realização do ser está acima de tudo.

Se você ainda não sofreu o suficiente, então deve ser daqueles que dizem: “Ah, a gente quer se realizar, mas a sociedade não deixa. Não tive condições de exercer a profissão que eu desejava. Não consegui concluir os meus estudos". É porque você é pobre ao condicionar a sua felicidade a uma situação exclusiva, fora de seu poder de controle, ou porque foi você mesmo que colocou os obstáculos e, pelo que parece, ainda coloca. Satisfação, a gente tira de tudo se se entender que ela depende basicamente da nossa maneira de ver as coisas.

A felicidade é o resultado de utilizarmos bem nossos atributos naturais. É o nosso poder de escolha e como escolhemos nossas idéias o que nos leva a formar nossos pontos de vista. É nossa capacidade de crer e de decidir o que é importante para nós. Nossa capacidade de moderar as nossas tendências fantasiosas, em prol de uma inventividade útil, pois as ilusões nos levam às decepções. A maneira com que enfrentamos nossas desilusões, uma vez que elas acontecem. A nossa capacidade de aceitar a realidade e usar a inteligência criativa para tirar proveito dela. A fé de que merecemos o melhor. O positivismo e a boa vontade com que enfrentamos o dia-a-dia etc.

A maioria das pessoas acha, porém, que a felicidade depende de situações ou de pessoas à sua volta. Acredita que é o dinheiro que traz a felicidade e não o modo de vê-lo e usá-lo, usufruindo satisfatoriamente das situações que ele proporciona. É o caso do rico que não curte o que tem. Você só pode ser feliz se aprender a sê-lo. Não é o amor, o dinheiro, a casa nova, os filhos, nem o cônjuge ideal que lhe farão feliz, mas o seu modo de ser. Quem desenvolveu a capacidade de ser feliz sabe exercê-la em qualquer situação.

Será que é este o seu caso? Ou você é daqueles que condicionaram a sua felicidade e agora é prisioneiro dessas condições? Para ficar consciente disso, complete as seguintes frases:

Eu só vou ser feliz quando ....

Eu só vou ser feliz se ....

Procure desvincular sua felicidade de tais eventos. Evite com isso muitas lágrimas e derrotas. Comece a aprender a ser feliz.

A vaidade nos confunde e só nos faz perder tempo

Eu, particularmente, senti isso em minha vida. Eu tinha vontade de ser alguma coisa que não sabia definir. Queria fazer algo para ajudar as pessoas a se tornarem felizes em sua vida e não sabia bem como isso seria possível. Minha vocação era para as artes cênicas, a dança, principalmente.

Cresci numa família de curtumeiros, e meu pai havia iniciado a sua empresa. Para ele, todos nós, eu e meus irmãos, seríamos curtumeiros também. Meus irmãos aceitaram e acabaram gostando do negócio, mas eu não. Tentei, para agradá-lo, mas não gostei. Convenci meu pai — que era um homem inteligente — de que eu não dava para o negócio. Então, para parecer o bacana, eu quis tentar medicina, visando fazer psiquiatria — afinal de contas, médico tem muito prestígio —, mas não passei no vestibular, apesar de tentar três vezes. A conselho de meu pai, tentei uma área afim, psicologia, e consegui. Pratiquei psicologia clínica por 12 anos e me especializei com os melhores profissionais dos Estados Unidos. Aprendi muito, mas não era bem isso o que eu queria fazer.

Decidi que o melhor era deixar a minha alma me mostrar o que era bom para mim. E, para isso, bastou apenas deixar a vida me levar. Rapidamente, a vida me levou a estudar metafísica e a dar cursos de auto-ajuda, e logo percebi que minha vocação fora sempre a de ser professor de metafísica. Estar num palco e atuar.

Tudo o que iria me satisfazer, veio nas minhas mãos. Mas, antes que chegassem as minhas oportunidades, eu tive que assumir a postura certa, senão a prosperidade não teria vindo. Para mim, vieram muitas coisas. Eu tinha dentro do meu coração o desejo de fazer um trabalho que ainda não existia e que eu nunca vira alguém fazer, que é esse que estou realizando agora. E a vida foi me levando, levando, e as coisas começaram a vir. Foi a vida que criou isso para mim porque eu não desisti de buscar o que realmente tinha um significado interior. Hoje me sinto totalmente feliz e me realizo todos os dias com as atividades que exerço. Por isso, às pessoas que me vêem trabalhar das 8 horas da manhã até as 23 e me perguntam quando eu tenho um tempo para mim, eu costumo dizer que todo tempo do mundo é só para mim. Eu não trabalho, eu vivo e me divirto!

A vida cria por meio de você, mas se você não está dando condições, a vida também não tem condições de criar nada. Se você está na *postura* (conjunto de atitudes) certa, vem o emprego, o benefício, a situação, tudo o que lhe é mais adequado. Por isso, só tenho o que agradecer à vida, mas agradeço também a mim. Tomei determinadas atitudes, joguei certas vaidades fora e paguei o preço para que a vida me trouxesse a chance de me realizar.

O adequado é:
investir na própria carreira

O que significa fundamentalmente investir em si? Investir em si é ter e manter atitudes positivas para com você mesmo. Claro que existe a questão do aprender a fazer o meu serviço, e posso fazer da aprendizagem uma coisa boa ou ruim. A pessoa encrenqueira, no entanto, tem má vontade: "É aquela a apostila que *eu tenho* que ler?"

E enrola, enseba. Porque ela não é escrava. Não reconhece a necessidade de ler e estudar para se melhorar. Assim, ela nunca terá reconhecimento de ninguém, porque ela própria não reconhece o seu tesão de trabalhar. Não reconhece que não está trabalhando só pelo seu sustento ou o da família, mas que o faz por si mesma, como um ser humano.

O que conta é a satisfação e a realização profissional

Agora, pare e dê uma olhadinha no que você está fazendo consigo. Pense se está mesmo se dando o melhor nesta vida. Será que não fica culpando os outros, responsabilizando a sociedade pelas chances que você mesmo não se dá? Quem sabe você não está fazendo o trabalho por tesão, mas por pirraça? Será que não está fazendo para mostrar aos seus irmãos que você é melhor, porque você não pode falhar, para mostrar que não é vagabundo, que você é capaz? Ou está fazendo porque gosta? Se amanhã você tiver muito dinheiro, vai continuar trabalhando? E se for milionário? Você vai de novo para a cozinha, volta a lavar o seu carro, se for rico? Não lava nem agora, não é?

É aí que percebemos se estamos realmente fazendo do nosso serviço algo que nos realize, como espírito e como indivíduo, ou se ainda temos aquela visão social de luta e sacrifício que a classe trabalhadora cultiva. Tenho certeza de que você não se inclui nessa categoria, porque senhor de engenho nunca está na classe trabalhadora. É uma classe abaixo da sua, não é? Classe trabalhadora não parece palavrão? É interessante como a gente age de maneira preconceituosa.

O trabalho só tem sentido, para mim, quando ele é a realização do meu ser, da minha vida. Pois é ele que permite o exercício do meu desenvolvimento e crescimento. É ele que me promove e me dá bem-estar. Se a gente se sente realizado, tem um melhor artigo para oferecer aos outros, pois, afinal, trabalhar profissionalmente é se vender. Tem o mérito de quem compra uma melhor mercadoria, que, por sua vez, acaba afetando quem consome. O fruto do seu trabalho não beneficia apenas você, mas afeta também a sociedade como um todo. O maior beneficiado, no entanto, é você mesmo, porque trabalho é satisfação e realização. Se não tiver um valor e um significado para você, é porque está se enganando e se traindo.

Tome posse de si!

É importante entender que a satisfação não vem *do que você faz*, mas do tesão *de como você faz*. A realização não está apenas no produto final, mas no fazer, como processo. É o ato de estar com, de se envolver e de usufruir dos próprios potenciais. O trabalho é o usufruto de si, é o envolvimento com você, a curtição de você. E não há maior tesão do que você para você mesmo. Não há crescimento, desenvolvimento de personalidade, desenvolvimento pessoal, realização, se não existir a atividade em que você se sente e se envolve.

Você não vai ficar satisfeito enquanto não sentir quem você é, o que você pode. Só quando sentir que você pode, é que brota esse sentimento. "Ah, me senti tão legal com aquilo. Ah, me realizei tanto!" É porque você assumiu e tomou posse das suas potencialidades.

A gente quer conquistar tanto o sucesso interior, no sentido de garantir a satisfação, quanto o exterior, de conquistar o reconhecimento. Ninguém quer se sentir fracassado, embora muitas vezes a gente sabote as próprias chances de sucesso. "Para que fiz tudo isso, se estou na mesma? Perdi anos de minha vida para fazer isso tudo, e agora? Nada."

Só serviu para você ganhar duas válvulas no coração. Por que há tanto homem morrendo do coração? Esse é o órgão do contentamento, mas essa é a última coisa que ele tem. Não tem contentamento no trabalho. E como faz sem o menor prazer, ele não curte e não tem realização interior.

Trabalho faz sempre bem à saúde

O trabalho não mata ninguém, como jogar tênis não mata ninguém. Claro que se você se exceder, o corpo pode não agüentar. Mas o corpo nos mostra que é só se exercitando que ele fica na sua melhor forma, pois o princípio da vida é o movimento e a transformação. O trabalho é crescimento, e é o crescimento que produz o vigor. Agora, se você vai contra esse princípio, começa a arranjar encrenca. Então, conceitos e idéias contrárias a esse vigor só podem arrumar problema com a nossa natureza, porque ela gosta de ser desafiada. Mas a gente perde os talentos que tem e fica um lixo, porque não reproduz os próprios talentos.

Há vários tipos de trabalho e cada um procura o que

preenche as suas necessidades, o que lhe atrai, porque é a nossa alma que escolhe o que quer fazer. Claro que se você tem um certo talento, vai preferir trabalhar na área em que leva mais jeito para a coisa, porque assim a satisfação também é mais garantida. Mas todo tipo de trabalho é importante e não tem melhor nem pior, depende apenas das suas necessidades.

"Ah, não quero ficar em casa. Quero trabalhar fora", diz a mulher.

Mas para quem acabou de dar à luz, por exemplo, ficar em casa, ao menos temporariamente, pode ser a melhor solução. Porque assim ela tem a oportunidade de exercitar uma série de qualidades interiores mais importantes nesse período e de se sentir mais gratificada do que se estivesse trabalhando fora. Como mãe, ela está exercendo uma função muito nobre. E o homem também pode ficar cuidando da criança.

Isso se conseguir driblar o preconceito de que o homem tem que trabalhar fora. Pois, hoje em dia, a mulher pode ganhar até mais que o marido. Mas ela é capaz de sabotar a própria carreira para fazer o marido trabalhar e não ter que dizer às colegas que é ela quem sustenta a casa. É vergonhoso para a mulher admitir isso. Para o homem também não é honroso aceitar que a mulher sustente a casa. Tudo não passa de puro preconceito.

E se ele for melhor para lidar com as crianças? Há mulheres que não deveriam nem ter filhos, porque não têm jeito para isso. Tem criança que gosta mesmo é do pai. Mas há homens que conseguem desempenhar esse papel melhor do que a mulher, pois ela não tem paciência com os filhos.

O nosso preconceito, no entanto, está sempre nos trazendo dificuldades, porque não queremos reconhecer que as necessidades e as realidades são diferentes.

A gente tem uma preferência, mas qualquer trabalho é interessante. É você que tem preconceito: não vai ser lixeiro, não quer lavar banheiro: "Ah, isso é serviço para servente". Essa sua visão é que é de uma pobreza de espírito. Pois se a gente tem espírito, tudo é interessante.

Mas não pense você que se engrandece só porque faz um trabalho e a faxineira, outro.

"Imagine eu, que era empresário, se agora vou lavar carro!"

É porque você tem um orgulho besta. Procure mudar sua cabeça e comece a pensar que:

Trabalho não passa de uma atividade como qualquer outra

Para tirar prazer do que você se propõe a fazer, é preciso ter habilidade. Mas, como espera fazer seu melhor sem um treinamento adequado, sem uma boa prática? Sem uma situação propícia, você não se desenvolve. Como vai jogar basquete, por exemplo, sem uma quadra? Quero mostrar com isso que as atividades programadas, remuneradas, que você classifica como trabalho profissional, nada mais são do que atividades que estão dando a você a oportunidade de se desenvolver. O prazer vem do fazer com tesão.

A finalidade básica do trabalho não é ganhar dinheiro e manter o seu sustento, embora até se possa ficar rico por meio do trabalho. Mas esse não é o objetivo principal. Você pode conseguir a riqueza e conquistar uma série de outras coisas, mas não pode parar de trabalhar, porque todos nós temos uma necessidade espiritual de continuar nos movimentando, de criar alguma coisa e de nos envolver produtivamente com algo.

Não é assim, no entanto, que costumamos pensar, porque estamos condicionados a ver o trabalho como luta e sofrimento. Mas eu pergunto: se você não trabalhar, vai ficar em casa, fazendo o quê? Alguma coisa vai ter que fazer. Televisão o dia inteiro, ninguém agüenta. Uma hora você vai levantar para fazer alguma coisa.

"Vou jogar futebol. Ah, vou bater perna no shopping."

Por que não pode trabalhar, então?

O que vai ser de você nessa moleza o dia todo? Mordomia, ao contrário do que você pensa, não faz bem.

Quanto mais tiver gente para fazer coisas por você, mais vai ficar atrofiado, burrão, bunda-mole. Claro que se você quer crescer profissionalmente precisa dividir tarefas, delegar poder, porque ninguém faz nada sozinho. Mas isso não significa que você esteja se eximindo de participar do trabalho e de se desenvolver.

Mesmo porque, tudo o que você se propõe a fazer é trabalho, desde servir um café. Será que você sabe servir um café direito? De que lado deve ficar a alça da xícara quando você estende a bandeja para oferecer café ao cliente? Do lado direito dele, é claro. Está vendo como fazer algo bem-feito e tirar todo o proveito só é possível se houver paixão? É nessa paixão que você tem cabeça boa para aperfeiçoar os detalhes e fazer do seu trabalho algo digno de distinção. E é dessa distinção que vem a qualidade profissional que lhe garantirá o sucesso esperado. Quando põe resistência, você não tira satisfação do trabalho. Não é criativo, porque não tem amor, não tem alma, não tem capricho no que faz. Aí você, erroneamente, responsabiliza o dinheiro, "porque não é suficiente para me dar satisfação".

O que é investido na profissão volta para você mesmo

Estou cansado de ver gente que prefere continuar no mesmo serviço e recusa propostas até de ganhar bem mais só pela satisfação que tira da sua atividade em determinada empresa.

— Ah, podia aceitar, mudar de emprego e melhorar o salário... Podia, mas aqui eu estou bem.

E é verdade. De que adianta você ganhar mais e não estar feliz? Você passa oito horas por dia da sua vida trabalhando por 20, 30 ou 40 anos, e mais oito horas se preparando para exercer a sua atividade; se não tirar prazer disso, você está perdido.

Trabalho é vida, pois nós somos um ser laborioso. O trabalho está nos animais inteligentes, está em toda a natureza. Tudo é trabalho, tudo é ação, é movimentação energética de potencial, expansão, renovação. Tanto que, às vezes, a pessoa pára de trabalhar, se acaba, se estraga inteira e morre. Temos visto muito isso, porque a pessoa tirou de si o vigor do envolvimento.

Todo mundo faz alguma coisa. Algo se move sempre, e isso, para mim, é trabalho. É uma condição natural de todos os seres e também uma necessidade espiritual. Significa o exercício das nossas qualidades, que é a própria vida. Pois o que é trabalhar, senão exercitar as nossas qualidades? O objetivo de qualquer atividade na vida é manter-se no melhor nível.

Não podemos mais alimentar o conceito de que trabalhar é lutar, de que tem que trabalhar feito um louco. É besteira também essa coisa de herói. Uma hora tem mais serviço, outra hora tem menos. Hoje você faz isso, e amanhã faz aquilo. Vai variando. Tudo flutua e a gente vai levando o trabalho, como leva a própria vida.

Capítulo 2

Padrões contrários à prosperidade profissional

O dinheiro e seus preconceitos

Muita gente acredita que "se trabalhar muito, vai enriquecer". Mas o trabalho não é a condição única para o sucesso ou para se ganhar muito dinheiro. Ele não vem necessariamente do trabalho, vem simplesmente. Prova disso são as pessoas que trabalham até morrer e não têm um tostão. E tem os que fazem bem pouco e estão cheios de dinheiro. Você não acha que essa idéia é perturbadora? Você, que é uma pessoa honesta, de moral íntegra, um homem responsável, ter que ouvir isso e ainda admitir que é verdade. Choca os seus valores, mas é verdade. Não há necessariamente uma relação de dependência entre dinheiro e trabalho como se pensa. Pelo menos é o que mostram os fatos.

O que faz a prosperidade é a cabeça próspera

É no que a pessoa acredita, em que idéias investe a sua crença ou onde põe a sua energia mental.

Fui convidado certa vez a dar um workshop para 30 milionários norte-americanos em Palm Beach, uma das ilhas mais caras do mundo. Eles estavam interessados em conhecer a mediunidade e eu em conhecer como é a cabeça de um homem de sucesso. Quando perguntei como eles haviam ficado ricos, um deles explicou que começou fazendo hambúrgueres, e seu negócio se tornou uma verdadeira potência, com prédios na 5ª Avenida, em Nova York. Ele contou que um dia estava no seu trailer na praia, preparando sanduíches, enquanto olhava as pessoas bem arrumadas, passeando de carro. Aí, lhe ocorreu:

— Por que elas e não eu? Percebi que sempre havia me visto como pobre e pensado como pobre.

Quando perguntei a outro milionário como ele ganhava dinheiro, simplesmente respondeu:

— Ah, o dinheiro vem na minha mão!

Comecei, então, a pesquisar as crenças que estão por trás disso. Percebi que nossas idéias sobre o dinheiro são muito contrárias à prosperidade. Se a pessoa, por exemplo, não está curtindo o seu trabalho, significa que não valoriza positivamente seus potenciais e que ela não está criando uma energia boa em si. Aliás, é essa energia que puxa as coisas boas para a vida dela, pois a lei da afinidade é infalível.

Se sua visão do dinheiro é terrivelmente negativa e sua autovalorização é baixa, a grana para você é mais esporádica do que o cometa Halley. Pode ser que você nunca tenha parado para pensar e que tenha se deixado levar por padrões de pensamento até bastante comuns ao longo da sua vida. Normalmente nossos pais também são negativos e possuem uma visão de mundo bastante pessimista a pretexto de serem realistas. É provável que você tenha aprendido com eles essas atitudes. Se assim for, é hora de repensar nelas.

O dinheiro é uma das mais inteligentes invenções que o homem já criou. Antes, as relações comerciais eram feitas à base de troca, o que criava inúmeros problemas. Se uma pessoa fazia cestas e queria trocar por tecido, tinha sempre que enfrentar o fato de o produtor de tecidos já possuir todas as cestas de que precisava e não ter interesse em possuir outras. Mas o cesteiro teria sempre necessidade de mais tecido para proteger-se do frio. Esse era um dilema sem saída até que se pensou em avaliar o trabalho e criar um símbolo para esse valor. Essa representação do valor do produto era diretamente proporcional ao trabalho empregado na produção que foi substituído por objetos de valor, tal como pedras ou conchas raras, ou mesmo metais raros e por isso mesmo considerados nobres. Assim o cesteiro poderia trocar cestas por dinheiro com qualquer pessoa que tivesse dinheiro e comprar quanto tecido necessitasse, não ficando mais na mão do produtor de tecidos.

O dinheiro, na verdade, é potencial, ou seja, representa essa possibilidade de movimentar os recursos na vida. É, portanto, uma energia poderosa a criar meios e experiências para as realizações da nossa alma. Sendo potencial de realização, ele é então uma energia espiritual. É um dos mais inteligentes recursos para a conquista de nossas realizações. É um meio e não um fim em si mesmo.

Quando se quer melhorar o fluxo do dinheiro em nossa vida, e este deve ser o seu caso, temos que lidar com três fatores que são os responsáveis por ele, quais sejam: o que pensamos sobre o dinheiro; o que pensamos da riqueza; e como nos valorizamos.

Primeiro fator: o que pensamos sobre o dinheiro

O primeiro passo, agora, é tentar descobrir o que você realmente pensa acerca do dinheiro.

Todo mundo adora dinheiro, mas ninguém gosta de confessar, porque é cristão. Cristão não pode amar o dinheiro. Dinheiro é coisa suja do diabo, não é espiritual. Os conceitos da vida material foram deturpados como se os bens materiais fossem um perigo. Mas perigo de quê? Perigo só se for de ficar sem. Perigo é a tentação de o dinheiro comprar as coisas boas da vida e nos levar para a perdição dos verdadeiros valores da alma. Se fosse assim, na favela não teria marginal, não teria desgraça, não teria problema algum. Seria o paraíso.

Não é o dinheiro nem são os bens materiais que dificultam a espiritualização das pessoas, como também não é a pobreza que as eleva ao reino de Deus, mas sim o modo como se vive na riqueza ou na pobreza. Assim como também não é o dinheiro do rico que faz dele uma pessoa de bem, digna, saudável. Nem é a falta de dinheiro o que leva à criminalidade. Estes são preconceitos ou "pré-conceitos", ou seja, idéias feitas sem a menor vivência ou antes de pesquisarmos cautelosamente por meio de nossas experiências. As pessoas, na verdade, são frutos das idéias que têm na cabeça.

Tem gente que gosta de fazer o gênero: "Dinheiro não é nada para mim". Então, como pode atrair uma coisa que está repudiando? É fundamental para atrair o progresso e a realização mudar essa atitude em relação ao dinheiro, mostrando o quanto ele é importante e o quanto você o aprecia. Por que essa hipocrisia? Em algumas situações, o dinheiro é a coisa mais importante; talvez, em outras, ele nem entre mesmo. Mas não vá dizer que dinheiro não é bom ou que ser espiritual é ser pobre. Isso não passa de uma interpretação de algumas escolas cristãs.

Os católicos consideram as riquezas como um mal e a pobreza como uma forma de ser modesto e de ir para o reino dos céus. Já as escolas protestantes afirmam que se você não tiver dinheiro para viver uma vida digna é porque está em pecado, pois, segundo a Bíblia, *Meu Pai é meu pastor, e nada me faltará*. O Pai provê tudo para aquele que é bom filho. Tudo não passa de interpretação. Mas, no caso do dinheiro, os católicos levaram desvantagem. Haja vista que os países colonizados pelos protestantes se encontram hoje em melhores condições do que os colonizados pelos católicos. Os Estados Unidos são o melhor exemplo disso. "Ah, mas o dinheiro não compra tudo". Dependendo da pessoa até compra.

Alguns pensamentos são tão contrários que dificultam o fluxo do dinheiro. As pessoas gostam de mostrar que não estão interessadas em dinheiro, porque isso é malvisto. "A pessoa não me pagou. Fiquei chateada, não pelo dinheiro, mas pela falta de honestidade." Por que essa hipocrisia? É claro que o dinheiro tem peso, sim. "Ah, entre amigos, não entra dinheiro." Por que não posso ganhar dinheiro com os amigos? Não quero cultivar esses preconceitos de que dinheiro é ruim. Isso só serve para afastá-lo de mim. E depois que a dificuldade é criada, você se faz de mártir. "Não sei por que eu sofro tanto na vida".

Vamos parar com essa mania de desvalorizar uma coisa que tem um papel tão importante em nossa vida. Assuma o seu prazer em ter dinheiro: "Adoro você, meu rico dinheirinho". Eu mereço cada tostão que fiz na minha vida. É mérito meu. Cada um está fazendo por si próprio. Só o pobre abraça a miséria dos outros, porque Deus não tem pena. Se eu me fizer de coitado, o que posso atrair para mim? Só miséria, porque o pobre desperdiça todas as chances, dá uma de preguiçoso e de mimado. Se eu tenho pena é porque também me sinto um coitado.

Pena é identificação com a miséria alheia

Quantas vezes a gente associou dinheiro com infelicidade, com perdição, com vício, com luxúria, com pecado, com dificuldades, com impossibilidades? É tão comum a pessoa que tem dinheiro e, ao mesmo tempo em que é feliz por possuí-lo, vive se sentindo culpada por isso. Aliás, *ela* sempre dizia para nós, quando perguntávamos: "Mãe, o que tem para comer? Tem banana. Pô, mãe, só isso?" E *ela* respondia: "Tem gente que não tem nem isso". E a gente comia a banana com culpa. Era feio ter, principalmente perto de quem não tinha. E a gente era louco para exibir. Mas não podia exibir, tinha que fazer o tipo modesto. Em muita gente, isso ficou marcado: "É feio ter, porque gente boa é o pobre, rico é sempre ruim". Você mesmo traz as marcas disso até hoje. Estou cansado de ouvir o pobre dizer: "Sou pobre, mas sou gente boa. Gente rica é metida". É assim que ele escolheu ver as coisas. Então, vai continuar gerando sua própria pobreza.

Por que esse preconceito contra o dinheiro, quando ele é um meio de operacionalizar a nossa vida e uma energia de valor? Graças a ele, conseguimos equiparar as diferenças de produção. Por isso, o dinheiro é uma energia de articulação, de facilitação, de organização. Embora muitas pessoas tenham feito do dinheiro o pior dos dramas da vida e a coisa mais difícil e complicada de se lidar, ele é um elemento de facilitação, uma bênção. Abençoe, então, o seu rico dinheirinho!

Não despender bem o dinheiro é como não usufruir bem das chances da vida ou qualquer outra qualidade mental, como o seu poder de livre escolha, por exemplo. Se a vida vai mal, a culpa não é do dinheiro. É a gente que vê tudo pela ótica do pessimismo ignorante e acaba por ter que dormir na cama que arrumou. A inteligência deve estar a serviço de tudo. Onde a inteligência entra, a dor sai. Não há nada de mal no dinheiro, como também no sexo. O que há são cabeças ruins, preconceituosas.

Tem gente que tem tanto preconceito contra o dinheiro que só quando se trata de um trabalho voluntário é que dá tudo certo. Se fizer por dinheiro, tudo dá errado. Já conheci muitas pessoas assim.

Estude como andam os seus pensamentos sobre o dinheiro. Escreva num papel todos os pensamentos negativos e pessimistas que você tem alimentado ultimamente para fazer o ritual da renovação que explicarei a seguir.

Antes, porém, quero dar alguns exemplos de como a gente pensa e se refere à questão financeira. Veja se você costuma dizer coisas como:

- Eu não ganho o suficiente.
- Eu gasto demais.
- Eu tenho problemas para arranjar empréstimo.
- Eu nunca tenho grana suficiente.

- Eu não tenho crédito na praça.
- Eu tenho problemas para ser pago.
- Eu tenho dificuldades para economizar.
- Eu estou praticamente falido.
- Eu não vejo de onde tirar dinheiro.
- Eu não consigo pagar minhas contas.
- Eu não tenho dinheiro para comprar tudo o que eu quero.
- Eu tenho medo de não ter grana para o amanhã. E se me dá uma coisa, como vou fazer? Quem vai me prover?
- Tenho medo de ficar pobre.
- Eu tenho muitas dívidas.
- Eu tenho medo de gastar.
- Eu pago muitos impostos e é isso que me arrasa.
- Tudo está muito caro. É um absurdo! Eu nunca terei dinheiro para comprar o que quero.
- Eu ando apertado de dinheiro.
- Para mim, dinheiro é uma constante preocupação.
- Eu queria tanto ganhar na loteria!
- Eu nem aproveito o dinheiro que tenho.
- Dinheiro para mim é uma coisa muito complicada. Por isso, eu deixo tudo na mão da minha esposa.
- Minha vida financeira anda uma droga! Tudo está bem, mas quando se fala em dinheiro, é aí que começa o problema.
- Eu não ligo para dinheiro.

Estas são apenas algumas idéias, mas eu estou certo de que você tem outras em sua mente.

Depois que sua própria lista estiver preenchida, procure escrever em outra folha de papel os pensamentos positivos que você quer começar a usar. Para cada idéia negativa, escreva o equivalente positivo. Assim:

- Eu sempre ganho muito dinheiro.
- Eu gasto com sabedoria.
- As pessoas me emprestam dinheiro com facilidade e, com facilidade, eu as pago de volta.
- Eu sempre tenho o suficiente.
- Meu sucesso financeiro é real.
- Todas as minhas contas são pagas em dia.
- Eu sempre tenho o suficiente para comprar o que quero.
- Deus é meu sócio. Ele sempre me garante o amanhã.
- Eu tenho segurança financeira.
- Eu sempre devo muito pouco em comparação ao que eu ganho.
- Eu pago os outros com prazer de vê-los tendo sucesso.
- Eu sempre tenho o quanto eu aceito que mereço.
- Eu amo e abençôo meu rico dinheirinho.
- Eu dirijo perfeitamente minha vida financeira e gosto de lidar com dinheiro.

Agora, pegue sua lista de pensamentos negativos e queime em um prato, olhando para o fogo e dizendo que *o que se consome fora se consome dentro*. Em seguida, releia a sua lista de bons pensamentos, assumindo-os como atitudes no seu dia-a-dia. Leve a sua lista para onde for e sempre que tiver uma oportunidade passe os olhos por ela. Identifique a frase que lhe faz mais sentido naquele momento e medite sobre ela, ou então faça como eu, às vezes, faço: crie uma musiquinha com a frase e fique cantarolando o dia todo. É divertido e sempre ajuda.

Segundo fator: o que pensamos da riqueza

Aquilo que pensamos sobre a riqueza afeta o fluxo do dinheiro e também o crescimento do fluxo de suas conquistas na vida profissional.

Crescemos com preconceitos sobre o que é ser rico ou sobre a riqueza, a menos que você venha de uma família rica e por isso tenha uma idéia real desse assunto. Esses velhos pensamentos ficam em nosso subconsciente e atuam de forma a criar obstáculos.

Há pessoas que têm medo de ganhar muito dinheiro. Será que esse não é o seu caso? Claro que você vai dizer que não, aparentemente. Mas, se, do dia para a noite, você estiver prestes a ganhar uma bolada de dinheiro, já vai ficar matutando:

"Será mesmo que eu vou conseguir? Será que eu mereço? E quando eu pegar esse dinheiro todo, o que vou fazer? Tem minha sogra, que vai querer uma casa para morar. Tem meu sogro, que vai querer fazer um negócio comigo, pois há anos ele fala que se tivesse um dinheirinho ele iria tentar abrir uma padaria. Como dizer não para o velho? Também não posso viajar com esse dinheiro, pois ando muito ocupado com meus compromissos. Poderia investir em imóveis, mas alugar dá muita dor de cabeça, porque inquilino é um pé-no-saco. E, depois, tem o primo bêbado que sempre vai querer dinheiro. Meus cunhados vão morrer de inveja se eu trocar de carro. Vão dizer que eu mudei só por causa do dinheiro. Será que eu não estou sendo muito materialista por ficar feliz com essa bolada? O melhor é não dizer nada a ninguém para não dar bandeira. O problema é que eu tenho que ser humilde, tenho que ser uma pessoa espiritual, que não pensa nos bens materiais."

A fortuna passa a ser ameaçadora para a sua imagem de homem, humano e espiritual.

"Posso começar a perder a credibilidade dos outros. E isso é ameaçador para mim. Então, já estou me sentindo culpado de ter muito dinheiro. Você acha também que posso gastar tudo com tanta gente passando necessidade em volta de mim? Ah, vou dar uma parte para a caridade, porque eu não posso me pôr em primeiro lugar. Sou uma pessoa altruísta, modesta. Tenho sentimentos. Não sou ganancioso. Penso primeiro nos outros, porque sei que assim Deus vai pensar em mim." Então você vai continuar pobre.

Quando começa a ter dinheiro para gastar, você já faz alguma dívida, porque não pode ter dinheiro na mão. Digamos que você fique com dinheiro e possa sair por aí, fazer uma viagem ou alguma coisa que o deixe muito feliz. Se começar a se sentir feliz, já vai ficar com medo de chorar amanhã, com medo de que peguem no seu pé, porque está gastando. E, depois, todo aquele modo de ganhar afeto e carinho, de ser coitado, trabalhador, lutador, vai desaparecer assim sem mais nem menos? Você tem 20, 30 anos de promoção pessoal por usar a imagem de lutador para ganhar o respeito dos outros. E não pode quebrar essa imagem. Já imaginou se a família não tiver mais respeito por você, porque é uma gastadeira? "Eu, gastadeira?"

• **Você acredita que dinheiro é tentação.** Se você tiver dinheiro para gastar, vai ficar tentada a comprar demais e ser uma irresponsável fazendo de sua vida um inferno. Porque quem não tem também não tem problema nenhum de gastar, de não gastar, de tomar conta do dinheiro, de investir... essas coisas todas que são difíceis. Depois, quem tem precisa saber gastar, porque você sabe que dinheiro é uma faca de dois gumes. E você vai ter que enfrentar todas as tentações do mundo.

Sabe que rico não entra no reino de Deus. Rico está sempre em pecado. E sabe que se você é rico, tem que assumir o problema dos outros, porque rico tem que ajudar os coitadinhos. Tem que ter pena de pobre, tem que dar esmola para pobre, sopa para pobre, roupa para pobre, luz elétrica, água e asfalto de graça para favelado, direito de voto para analfabeto, cesta básica, senão vai ser considerado uma pessoa cruel.

"Eu, ser visto como cruel? E não ter a consideração de ninguém? Não! Então, é preferível não ser rico, porque aí não tenho que dar nada, ninguém me enche o saco e ainda posso ser coitadinho para pedir aos outros." A gente adora pedir. Diz que morre de vergonha de pedir, mas pede.

• **Riqueza pode representar grandes transtornos.** Ai que ódio, ainda vêm os parentes da esposa? É encrenca, porque vira uma competição com a mulher. Ainda vem o seu irmão pedir, aquele maconheiro que não trabalha? Tem sempre um primo assim, que é a desgraça da família. Os parentes vêm atrás, e ai de você se não der.

Tem outro problema, não é só de dar e ficar sem, ou de sacanear a esposa, a colega de competição. O pior é o parente chegar e você ter que dizer não, porque tem seus planos. Chega o irmão que não consegue pagar o aluguel, desempregado, com três filhos, você vai negar? E você sabe que ele está desempregado por causa da sacanagem dele. Não é a primeira vez. É o estilo de vida dele, bebe que nem um porco. Você tem mais do que motivo para dizer não: "Vire-se, seja responsável por você, não vou mais mimá-lo nem estragá-lo". Mas você vai dizer não? E o medo? Já imaginou se as pessoas souberem que você disse não para o seu irmão, a vergonha? Você pode ser visto como mau, e a sua vaidade não permite isso. Você é um bicho ruim, mas não quer ser visto como mau. Então, quem não sabe dizer não, tem um problema sério com dinheiro, porque se sente culpado se não der para o outro. O dinheiro vai exigir isso de você.

Você acredita que quem tem tem que dar aos pobrezinhos. Você mesmo, quando era pobre, vivia falando nisso. Quanto discurso você não fez dos políticos que têm dinheiro e roubam da gente? É porque você queria estar no lugar deles para poder roubar também. Quem fala isso é porque está com ódio por não poder fazer o mesmo e por ver o outro levar vantagem. Não que a gente apóie a desonestidade, mas quando fala com aquele ódio toda hora é porque tem a ver.

Muito dinheiro significa ter que tomar conta do resto do mundo, carregar um monte de responsabilidade nas costas que você não quer nem saber. Então, é bom não ter muito.

• **Ter vergonha de perder o status, a vaidade.** Tem gente que não ganha dinheiro porque tem medo de perdê-lo. Veja se esse não é o seu caso. "Ganhar muito dinheiro? E se depois eu perco? E a vergonha?" Também para não perder o status de pessoa humilde e valorizadora dos grandes preceitos humanitários, você diz e perpetua: é melhor ter só para as necessidades e chega.

• **Ter medo de ser roubado, seqüestrado, abusado.** Você tem verdadeiro pavor de ser roubado, traído, porque aí você vai ser uma grande presa. Quantas pessoas de mau caráter vão começar a cair em cima de você? Todo mundo vai querer cobrar mais caro e você não é trouxa para permitir isso. Você vai se tornar um invejado e cobiçado, um alvo para ser abusado até pelos filhos, que pensam mais no seu dinheiro do que no amor verdadeiro. Eles vão só se achegar para pedir. Também as mulheres vão cair matando em cima, e junto com elas o governo e os outros exploradores.

Pare com essa pobreza espiritual! Olhe, a gente só tem pobreza material porque é pobre espiritualmente. Pobreza espiritual é a pior. É um estado mental de quem acredita em faltas. E pensar que a natureza está aí pródiga, para nos enriquecer a qualquer momento, e nós ficamos marcando bobeira! Mas, com atenção e carinho conosco, só podemos melhorar.

Terceiro fator: como nos valorizamos

Você se valoriza?

A maioria de nós diz que sim. Porém, aprendemos a nos valorizar de forma tão errada que os resultados podem ser catastróficos, principalmente levando-se em conta que o fluxo do dinheiro em nossa vida é diretamente proporcional ao modo como nos valorizamos. A regra é: nós nos valorizamos do modo como fomos valorizados.

O poder da auto-imagem

Todos nós temos uma imagem do que somos. Tendemos a nos ver do modo como fomos vistos, ou, como eu costumo dizer, "nos vemos com os olhos dos outros" e passamos a agir segundo essa auto-imagem. Assim como nós nos amamos da forma como fomos amados. Se em nome do amor nossos pais e responsáveis nos puniram, nos criticaram, nos amendrontaram, nos forçaram, nos julgaram, nos mimaram, nos superprotegeram etc., nós passamos a nos amar assim também, a menos que você acorde para esses fatos e faça as modificações que achar necessárias.

Nossos educadores tinham a mente programada para pensar o que era ser uma pessoa boa e adequada. Essa série de padrões de comportamento serviu de lei para julgar o comportamento das pessoas e o deles. Você só seria considerado bom e adequado se mostrasse agir segundo aqueles padrões. Fora disso, você era desconsiderado. Julgava-se que todos deveriam ser tratados igualmente e desprezava-se irresponsavelmente a riqueza da diversidade da natureza em nós. Idealizava-se o filho perfeito, a mãe perfeita, o pai perfeito, o cidadão perfeito. A idealização do perfeito não passa de uma invenção dos homens iludidos que sonhavam com uma felicidade utópica, enquanto ignoravam as verdades da natureza e as possibilidades reais de paz e equilíbrio. Criaram com isso uma guerra contra a natureza e suas peculiaridades, uma guerra contra a originalidade que é parte inegável de cada individualidade. Cada um é único.

Todos nós fomos punidos por mostrar o que éramos de verdade. A eles não interessava como nos sentíamos e sim como nos comportávanos por fora. Eles acreditavam que a alma era inocente e se ligava ao corpo na hora da concepção e que já vínhamos ao mundo com tendências (provavelmente genéticas) para as "coisas erradas". Eram os pais, os educadores, a sociedade que teriam de fazer de nós pessoas exemplares e, caso não conseguissem, teriam falhado em suas funções.

Punir é até hoje o método educacional considerado mais adequado àqueles que "erraram". Forçar a gente a fazer o que não se entende é tido como responsabilidade dos pais. Fomos acusados e rotulados de ignorantes, fracos, incapazes, malvados, egoístas toda vez que não agimos de acordo com o que eles consideravam certo. Ser tachado ou visto como qualquer coisa ruim não significa que nós realmente sejamos assim. No entanto, tendemos a assumir o que nos foi impingido e criamos uma imagem de nós mesmos com todas essas besteiras.

A psicologia tem estudado e exaustivamente provado os terríveis danos resultantes dessa mentalidade.

Para aqueles que já reconhecem a evolução como um processo de constantes reencarnações, que nossa essência já passou por uma longa jornada no passado e que tem um futuro infinito, é fácil entender que a criança não é um ser inocente, embora se ache limitada pelas condições de um novo corpo, ainda não desenvolvido para se comunicar totalmente. Os estudos de regressão à vida uterina acumulam provas cada vez mais evidentes da nossa capacidade de tomar decisões mediante as experiências vividas nessa fase.

As idéias do mundo evoluíram, mas muitos de nós permanecemos presos ao passado.

A imagem mental que você faz de si mesmo talvez esteja velha, pois foi formada há anos e de uma forma totalmente distorcida. Será que você é tão desajeitado, fraco, estúpido, malvado, incapaz, bonzinho, coitadinho, sem graça, ignorante, bobo ou espertinho como pensa? Será que os outros ainda o vêem como os seus educadores o viam?

É claro que eu quero pôr em dúvida sua auto-imagem, pois é só a partir disso que você terá a chance de se ver realmente como é e o potencial que tem à sua disposição.

Olhe-se com seus próprios olhos. Você vai ter enormes surpresas.

Quando as pessoas desvalorizam o dinheiro é porque elas têm o hábito de desvalorizar a si mesmas... Dinheiro é valor.

O complexo de herói

A maioria de nós tem uma auto-imagem negativa. Essa negatividade não passa de uma distorção que cria os nossos sentimentos de inferioridade. Quem de nós não cultiva dentro de si aquela pontinha de rejeição, ressentimento contra si, vergonha de si, desconfiança de sua capacidade, medo de que os outros o vejam assim tão imperfeitos? Podemos chamar isso de complexo de inferioridade. É dele que vem a necessidade de mentir, de falar mal dos outros para nos sentirmos superiores, a agressividade, os bloqueios, os fracassos, os medos.

Sentindo-nos assim, tão pequenos e infelizes, partimos para buscar a valorização. Para nós, a valorização só poderá vir se lutarmos contra nossas horríveis e imaginárias deficiências. Teremos, pois, de lutar como soldados na vida para realizarmos tão árdua tarefa. E, assim, iniciamos nossa carreira de heróis. Os heróis são aquelas pessoas que acreditam e só buscam o que é difícil para ser valorizadas. O discurso é que só o difícil tem valor. Seus pensamentos mais comuns são:

- A dificuldade faz com que nós cresçamos.
- A vida é uma luta.
- Só com sacrifícios poderei chegar onde quero.
- Tudo é sempre um problema.
- Complicar é se valorizar.
- Só eu sei o que é certo.
- Nada cai do céu.
- Todos são preguiçosos e eu sou o grande trabalhador.
- Trabalhar dói, mas é necessário.
- Trabalho para sustentar a família e não posso viver com prazer.
- O prazer é coisa de gente vagabunda.
- Gente de bem se mata de trabalhar de sol a sol, o resto é pilantragem.

É fácil perceber que a vida profissional e o fluxo do dinheiro para quem tem essa atitude mental é desesperador. Procure rever o seu caso. Quase todos nós sofremos desse complexo. Há até aqueles que se comprazem com as dificuldades e por isso pensam que têm algum valor e não faltam heróis que os aplaudam. Enquanto sua vaidade se satisfaz, sua vida se esvai em estresse, velhice precoce, cansaço e desprazer, tendo por fim o infarto, o derrame ou outro final digno de um guerreiro vencido no combate. Quem luta sempre perde, pois afinal de contas você não é realmente o que acredita em sua autoimagem, e não precisa de tal dramaticidade dolorosa em sua vida. Esforçar-se não é se forçar. O que conta mesmo é o prazer de viver.

Mais valor tem aquele que consegue as coisas com menor esforço, pois com isso tem menos gasto de energia e resultados mais lucrativos. Pensa sempre de maneira prática e facilitadora. Cria com facilidade um ambiente harmonioso, com resultados promissores. Mantém a juventude e a vontade de criar, contribuindo muito mais positivamente para o seu meio social. Realiza seus objetivos rapidamente e se realiza com eles.

Ninguém é menos: todos temos potenciais, e a vida é cheia de chances. Sucesso é a consciência de seus valores reais e potenciais em uso no cotidiano, e, para isso, é essencial uma auto-imagem positiva.

Eu passei a usar uma espécie de lema que me ajudou a reformular minha auto-imagem: o que é bom deve ser eu e o que não é bom não deve ser eu, pois Deus me criou perfeito. O fato de algumas coisas em mim se mostrarem insuficientes deve-se à falta de aprendizado, pois eu sou excelente para aprender tudo.

O criticismo é desvalor

Quem é crítico também costuma curtir desvalor. O olhinho está sempre treinado a buscar o ruim, seja nos outros, seja em si mesmo. Ele é o resultado de acreditarmos em valores criados pelas fantasias humanas e julgar, acusar e condenar tudo aquilo que é *visto* como errado, pensando erroneamente que assim poderá modificá-lo. É a lei do crime e castigo para retificar o erro. Pensa-se que a punição pode consertar algo e consertar o que é *considerado* inadequado.

Criticar é, portanto, a falsa idéia de procurar melhorar algo. Nunca vi, nos meus 46 anos de vida, uma só crítica fazer bem ou ensinar algo de bom a alguém. O que tenho visto é espalhar o terrorismo da verdade e da sinceridade. O acanhamento, a vergonha, o constrangimento, a hipocrisia, os bloqueios para se aprender o novo, as fugas, o "desculpismo", a mentira e a total desvalorização das potencialidades em cada um de nós.

Por essas e outras, eu me recuso a escutar críticas dos outros, o que implica não fazê-las nem a mim nem aos outros. Por isso, não temo ser chamado de inflexível toda vez que me recuso a ouvir críticas. Não julgo e também não dou bola para o seu julgamento. Tenho meus próprios sentidos para discernir e os valorizo o suficiente para não precisar dos sentidos de ninguém. Se você quiser conversar comigo sobre qualquer assunto falando das suas experiências de vida e o que aprendeu a discernir, estou sempre disposto a escutar com interesse, mas se você pensa que, ao fazer essa cara de sabe-tudo, dono da verdade e destilar o seu amargor negativista apontando as coisas como defeituosas e com ares de pai, vai me ensinar alguma coisa, só perde o seu tempo.

É bem provável que você me julgue agora um arrogante e pretensioso exatamente como você foi condicionado a pensar. O mal é que você também vai fazer o mesmo consigo e adiará a ação de olhar as coisas com seus próprios olhos, e será mais uma vez vítima de seu juiz. E isso é continuar reforçando a sua desvalorização, enfraquecendo a sua auto-estima. O que o levará a arruinar o seu fluxo de prosperidade.

Criticar não é discernir. Em princípio, a palavra crítica era e ainda pode ser empregada como sinônimo de discernimento ou de análise. Porém, ela adquiriu um sentido pejorativo na linguagem popular e hoje significa meter o pau em algo ou alguém.

Discernir é apreciar as características de algo. É o ato de conscientizar-se, de perceber os detalhes e apreender o significado deles. É, portanto, a base sólida do pensamento e da inteligência.

Discernimento é a capacidade de apreciar as diferenças entre as coisas que sentimos a todo instante. Discernir é usar os sentidos para avaliar as experiências da vida. O que é bom é o que nos leva a experiências sentidas como agradáveis, e o que é mau são apenas as experiências sentidas como desagradáveis. Nosso senso é que foi criado para nos orientar, e não a imaginação.

Há também o sexto sentido, que serve para as percepções psicobioenergéticas, e o sétimo sentido, que é o sentido da alma ou a intuição, usado para que possamos perceber além do tempo e do espaço.

Se alguém aprontou com você e você ficou louco da vida, lembre-se de que é bobagem gastar tempo com vingança. Economize a sua raiva e a sua disposição de massacrar o próximo. Você não precisa descontar nada em ninguém. Pois a própria pessoa já está no mal, vivendo do mal e só vai colher o mal. É bom saber que a primeira vítima dela é ela mesma. Só pode, então, acabar mal. Basta reconhecer isso, e você se sentirá melhor.

Quando alguém faz uma maldade, o próprio mal da pessoa faz com que ela se sinta mal e acabe gerando o mal para si.

O criticismo leva ao acanhamento dos potenciais e a perdermos as chances da vida. Assim, quando alguém passa por nós, mostrando ter o que não temos, porque nos impedimos de ter, sentimos aquela dorzinha no peito chamada inveja.

Inveja é desvalor

É o resultado de nossas frustrações que, por sua vez, são frutos de nossas incompetências.

Incompetência é o nome dado ao desleixo com as chances que a vida nos dá dia a dia e à desvalorização de nossas capacidades e da necessidade de exercitá-las.

É bem provável que você se considere uma pessoa sem inveja mas, ao contrário, vítima da inveja alheia. É o mais comum, pois gostamos de pensar que somos coitadinhos. Porém, é bom lembrar que os semelhantes se atraem.

Para mim, as minhas invejas me são úteis, pois, quando elas ocorrem, eu as interpreto como o resultado das potencialidades que eu mesmo desprezei em mim — o quanto eu tenho aproveitado mal as chances da vida e o quanto é importante eu cuidar melhor de mim. Procuro descobrir e trabalhar em mim as atitudes que estão me impedindo de chegar onde quero. Confesso que já melhorei muito e aprendi a escutar a necessidade de cuidar de mim usando o meu tempo para crescer. As invejas quase desapareceram da minha vida.

A auto-imagem é fundamental para o seu sucesso

Você age de acordo com o que julga ser. Se você se acha uma pessoa problemática, imperfeita, vai sentir falsamente que não é bom o suficiente para dar conta do recado e, obviamente, seu comportamento não pode ser livre, corajoso e confiante. Você vai ter medo de dar uma bola fora, vai se controlar e, com isso, cria bloqueios em seu desempenho. Foge das oportunidades que lhe parecem ameaçadoras e perde inúmeras chances de sucesso.

Como a energia que você cria ao seu redor é bastante negativa, provoca automaticamente uma reação de desvalorização nos outros e atrai só desconsideração. As forças do destino também não lhe favorecem, pois elas agem segundo seus padrões de conduta. O resultado é catastrófico no que diz respeito a ter sorte. É por isso que o melhor nunca chega até você, pois você não se considera digno do melhor.

O melhor na vida é para aqueles que se consideram positivamente.

É tão interessante observar que nos apegamos ao ideal que os outros nos passam e desprezamos o real que quase sempre é óbvio.

O que é frustração, a tal da dor da realidade? É apreciar o idealizado e rejeitar a realidade. E, como ninguém pode viver só no imaginário, você se frustra e gera dor toda vez que a realidade aparece.

Mesmo assim, você insiste em ficar do lado do idealizado, do "deveria". Se eu pudesse, riscaria este verbo da consciência humana. Inventou-se na nossa imaginação idealista que tal coisa já deveria ou tinha que ser de um determinado modo. "Já deveria estar aqui, como não está?" Na sua cabeça, já deveria e pronto. Ou então, inventa que deverá ser, porque você já projetou uma série de expectativas para o futuro. Tudo isso se traduz em frustração que você está passando ou que ainda vai passar. Pensa que essa foi a última? Não foi a última. Pois enquanto você não parar com esse jogo mental, vai continuar a se frustrar.

Tudo o que você fez ou faz apenas é o que é. Não passa de um ato humano, puro e simples. O homem, no entanto, busca refazer a vida, porque quer dar um significado ao ato. Isso se chama julgamento. Ao julgar, inventa que certas coisas são boas, só porque foram adequadas em determinado momento, e toma aquilo como uma verdade absoluta e atemporal: "O certo é isso. O bom é isso. Isso é o adequado". E o resto? Passa a ser considerado o extremo oposto, o que é ruim. Daí, se o certo para ser uma pessoa responsável é levantar às 6 horas para trabalhar, você tenta ser assim. E, se acordar às 10 horas, então logo é considerado um irresponsável, mesmo que você compense saindo mais tarde do seu expediente.

Baseados em conceitos idealizados, aprendemos a classificar e a julgar nossos atos como bons ou maus. Você, então, vive preocupado em praticar os atos classificados como bons para ser visto como uma pessoa boa. Assim aprendemos a maliciar, ou somos iniciados no mal (é daí que vem o termo malícia: mal = maldade

+ ícia = relação). Mas se quer tanto ser bom é porque já entrou na malícia, na maldade, senão seria apenas o que é, nem bom nem mau. Pois quem procura o bem é porque já está no mal.

Tudo o que é classificado como bom torna-se então um objetivo a ser conquistado, e o que é classificado como mau deverá ser evitado, ou ao menos reprimido. Passamos a vida procurando atingir esse ideal. Só que, nessa busca, deixamos de lado a nossa natureza, esquecendo que ela tem valores completamente diferentes. Mas quem de nós quer ser diferente? Vivemos fazendo força para parecer normal, para assumir aquilo que idealizamos: mais isso, menos aquilo, um pouco mais calmo, menos nervoso. Queremos parecer com a maioria. Queremos nos sentir incluídos. Não percebemos que, fingindo estar incluídos, na verdade nos excluímos de nossa real natureza. O sentimento resultante disso é a rejeição dolorosa a que damos o nome de solidão. Sentimo-nos desajustados e não pertencente ao mundo, como se fôssemos um E.T.

Quando agimos, gostamos de julgar nosso desempenho, o que significa classificar nossos atos de acordo com o considerado certo ou errado, feio ou bonito, adequado ou inadequado. "Fui muito egoísta, muito ruim", você se julga por ter preferido fazer algo por si a se sacrificar pelo outro. Despreza a sensação agradável de agir integralmente com seus propósitos, que o seu senso lhe transmite, e prefere rotular-se de inadequado e ruim. Isso lhe causa sensações desagradáveis, mas você não dá importância e continua a se julgar mal, pensando que tem que ser assim para você ser certo. Para que se julgue de acordo com o que é considerado certo, o que lhe parece mais importante do que aquilo que seu senso lhe revela, ou seja, o que a realidade revela. Perdemos o senso por desprezá-lo. Não confiamos em nós, mas sim no que nos foi dito. Pelo que me consta, uma pessoa que despreza o próprio senso ou é uma tola ou é louca. Tola é uma pessoa que age sem sentido, e louca é aquela que perdeu o senso das coisas.

Portanto, toda vez que julga, você age de forma patológica.

A saúde mental depende do grau de uso de nosso senso. Assim, quanto mais nos baseamos nas nossas experiências vividas e no que realmente sentimos, mais agiremos de forma adequada. O nosso senso não mente. Quando dói, dói. Quando faz cócegas, faz cócegas. O que é, é; e o que não é, não é.

A ciência é apenas um conjunto de atitudes mentais em relação aos fenômenos da natureza com base na observação e na experiência. É básico no método científico, portanto, que não imaginemos as coisas, mas que as provemos por meio das experiências, ou seja, que nosso senso seja aprimorado para discernir a verdade provável dos fatos. Cientista não julga. Cientista observa com os seus sentidos e daí tenta fazer uma idéia das coisas. Para ele, a experiência é a base.

Se você quer ver a verdade das coisas, pare de julgar, pare com tudo o que é considerado certo. Não dê mais importância para tudo que usa o verbo "dever" e passe a rever tudo.

Julgar a si mesmo é se desvalorizar

Você também age da mesma forma ao fazer um julgamento de si mesmo. Ou você é igual àquilo que idealizou e tomou como justo e certo, ou já se põe no extremo oposto. Ou tem um QI x de inteligência, ou já se considera um burrão. Ou é aquela pessoa superesforçada, aquele herói que você mesmo programou, ou é um vagabundo. É engraçado como a coisa vai de um extremo ao outro. No fundo, o julgamento é uma caricatura da sua verdade. O que você realmente é, como você se sente parece nem contar na imagem que faz de si. O que compõe a sua auto-imagem é uma visão distorcida daquilo que você deveria ser e não é. Portanto, cria uma auto-imagem negativa, cheia de frustrações.

Na verdade, você simplesmente é o que é: nem bom

nem mau. Você nunca esteve errado e nunca estará, porque Deus não erra. Mas você postulou que deveria atingir determinado patamar e, como não conseguiu, ficou no pior, sempre contra você. Sempre se pondo no pior e se sentindo no pior. Essa experiência do pior é o que caracteriza a frustração e a autodesvalorização, fazendo com que você se sinta mal e impotente. Daí sua prosperidade vai por água abaixo.

Você é só o que é e sabe o que sabe. Você pode aprender de tudo com tempo e dedicação. Você não é menos que nada, pois não "deveria" nada. Você fez o que fez e chegou onde chegou. Você pode ir daí onde está para qualquer lugar que desejar. Você pode aprender e crescer o quanto quiser se se empenhar para isso. E nada pode mudar essa verdade. Caso você pense o oposto, a vida se encarregará de forçá-lo a caminhar pela dor.

Todo julgamento não passa de uma ilusão

Ver-se com problemas, julgar-se menos ou se considerar negativamente não é a realidade. Se não tivéssemos nenhum ideal, se não acreditássemos em valores, nós apenas seríamos o que somos e não teríamos nenhuma frustração. Faríamos uma auto-imagem muito melhor, menos rígida, porque apenas confiaríamos nos nossos sentidos. Sempre digo que quem tem sentidos, quem tem *feeling* não precisa de regras, porque os próprios sentidos são capazes de dar uma medida exata das coisas em cada situação e de nos indicar qual a maneira mais adequada de agir. Os sentidos dizem tudo. Os verdadeiros valores são aqueles que vêm de nossas experiências. Valores falsos são os que adotamos sem experimentar.

— Ah, mas Gasparetto, você é muito ousado.

— Não, eu sou só eu.

— É, mas você teve um comportamento ousado.

— Não, é você que está me classificando como ousado, segundo as suas regras, seus critérios, seus valores, seu juiz. Mas eu só fui aquilo que me pareceu melhor no momento. E assim é com todas as pessoas.

Uma auto-imagem negativa faz com que não confiemos em nós. Resultado: dificilmente contamos conosco, passando a confiar mais nos outros, aceitamos o que dizem os livros, os professores, aquelas pessoas que consideramos mais importantes do que nós. É aí que nasce uma noção de valores completamente falsa de que o outro é melhor e eu sou pior. Se a pessoa não se vê como boa, logo imagina que é uma porcaria. Seu raciocínio então é: "Se sou uma porcaria, não posso contar muito comigo. Não posso arriscar, porque não confio mesmo em mim. E, como não sou digna de confiança, tenho que me agarrar a alguém".

Esse é o discurso da mulher, por exemplo, que se vê como menos e acredita que tem que ceder à vontade do outro para não ser abandonada. Isso está na cabeça dela, prontinho para disparar, assim que ela ganhar mais do que o marido. Então, julga que é melhor ganhar menos e, com isso, sabota a própria carreira. Pois está convencida de que sozinha ela não vai agüentar a barra, já que fez uma imagem ruim de si mesma. Se o marido morre, ela até agüenta. Se ele a largar, faz um escândalo, mas logo estará outra vez tirando a chuteira do gancho. É boba, mas nem tanto.

Sua auto-imagem também não lhe permite fazer nada. Não deixa você arriscar na vida, nem dar aquele passo decisivo para que a sua carreira possa deslanchar. Sua auto-imagem se tornou a base da sua insegurança. Como tem uma imagem ruim, então, não confia muito em você. Logo, não pode mesmo ter segurança. Embora a imagem que fez esteja longe de ser a verdade, de ser o que você realmente é, é nisso que você acredita. E acaba se comportando de acordo com o que julga ser. Para se ver como você é, precisaria não ter nenhum ideal. Mas por que será que a gente não se vê? "Ah, eu não quero me ver, porque senão vou perceber que não sou como queria." Então, você evita ter que se ver para não sofrer.

Nós somos perfeitos como somos, mas insistimos no contrário

Se eu pedir para me dizer o que está errado em você, vai me fazer uma lista de coisas erradas, que jura que são defeitos seus. "E não é verdade que todo mundo tem defeito?" Principalmente você, pois seu único defeito é acreditar que pode ter algum. Primeiro, a gente acredita, depois procura e acaba achando o defeito. Na verdade, o que você julga tratar-se de um defeito seu é a maneira de fazer as coisas do seu jeito, do jeito que dá e do jeito que você sabe. Defeito, mesmo, você não tem. Faz as coisas do jeito que aprendeu. Não se pode dizer que ignorância seja um defeito. Burrice, sim, porque é a teimosia em não querer aprender.

Para a vida somos perfeitos, pois somos o melhor que poderíamos ser em nosso grau de evolução, já que a vida é eterna, o que quer dizer que não teve começo nem terá fim.

E pensar que sempre existimos, não interessa de que forma, e que viajamos pela evolução sempre perfeitos, progredindo e nos expandindo em consciência, mas sempre perfeitos em cada idade pela qual passamos. Assim como um bebê é perfeito apesar de não andar, falar ou ter dentes, nós somos perfeitos do jeito que somos, mesmo que ainda não apresentemos os atributos que por certo viremos a desenvolver no futuro.

Você também aprendeu a julgar e adotou réguas. Infelizmente, isso já está na sua cabeça. Você se mede, mede os outros, classifica quem é ridículo, quem não é. Vive medindo as pessoas. E quando faz isso, está vivendo numa ilusão, porque não está sentindo a pessoa, o que está se passando de verdade com ela. Está apenas iludido.

Não importa se faz uma crítica ou um elogio. De qualquer maneira, os dois são falsos, pois não há medida justa entre os homens. Nada deve ser julgado nem comparado a nada. Cada coisa é a coisa em si. Cada um é um. Se queremos entender a verdade da vida, não podemos usar nenhuma régua. Cada coisa vale por si. Essa é a verdade da natureza.

Tudo é diferente de tudo. É nisso que se baseia a harmonia e a integridade universal. Duas coisas iguais destruiriam o universo assim como nós o conhecemos.

Se nos colocamos do lado do ideal, ficamos contra o real

O que é o real? É a nossa natureza.

É o que nossos sentidos nos revelam no aqui e no agora. É o que nossos sentidos experimentam, o sensorial.

Oposto ao real é o imaginário ou fantasioso, o idealizado, o criado em nossa fábrica mental. A imaginação é fundamental para que possamos pensar, analisar, falar, refletir, memorizar, ensaiar, mas jamais poderá excluir os sentidos, mas, antes, tê-los como base de suas funções.

O departamento do "deveria" é o dos falsos valores. É quando usamos nossa imaginação sem os sentidos, ou seja, quando inventamos. São os sentidos que nos servem de roteiros de adequação. Apoiando o "deveria", ficamos no ideal e, conseqüentemente, desprezamos o real.

Quando ficamos contra,
a vida também se opõe.
Afasta as oportunidades
e, com isso,
só nos frustramos.

A oportunidade vem nas mãos na medida em que você está bem consigo. Mas do jeito que você se vê, não pode nunca ficar bem consigo. Você não gosta mesmo de você. Primeiro, porque se enxerga todo defeituoso. Então, não pode apreciar nem gostar de uma coisa que vê com defeito, você apenas tolera.

A insegurança gera desvalor

"Estão querendo que eu faça isso lá na firma... mas não sei se devo fazer." Pronto, você já está inseguro. Já está com medo de dar bandeira. O que é dar bandeira para você? É o pavor mórbido, paranóico, de que os outros o vejam como você é. Acha que sua auto-imagem é realista e não ilusória, e pensa que eles vão ver aquele cara que você julga ser, que você mesmo está querendo esconder de si, porque considera uma merda. Isso tudo é só na sua cabeça. Mas lembre-se de que os atos vêm de suas atitudes, que, por sua vez, vêm do seu modo de pensar. E o resultado disso é doloroso e frustrantemente negativo.

Quem é realista sempre é julgado como louco. Mas os verdadeiros desajustados mentais são aqueles que se acham normais

É fácil saber o quanto você é um desajustado. É o quanto se acha uma pessoa distinta e normal e, ao mesmo tempo, o quanto se esforça para ser como "eles". Você se julga normal, como todo mundo? Então é grave. Está com medo de que o outro veja a merda que pensa que é. O nome disso é *vergonha*.

Ela é um desajuste da personalidade que se caracteriza por temer aparecer como se é na realidade e não fazer bonito tal como se delira que é o certo. Vergonha é, portanto, a mais forte expressão do orgulho, pois só os verdadeiros humildes se mostram como são.

Você nasceu inteiro, mas acabou se dividindo por causa da sociedade entre o lado bom e o lado ruim. Não mudou nada para a natureza, mas sim na sua cabeça. Não só precisa deixar de lado o ruim e esconder, para não ver e para não tomar conta de você, como também tem que se controlar. A religião existe justamente para salvá-lo do mal que eles inventaram que você tem.

É por isso que você acredita que precisa lutar para ser bom. Isso é *vaidade*. Para você significa lutar para melhorar, porque você se vê como ruim e acredita que tem que ser bom ou, ao menos, aparentar. Resolve fazer da salvação e da necessidade de se corrigir seu objetivo maior. Luta e se força para mudar, impondo um comportamento artificial e aparente que, quando você se distrai um pouco, logo desaparece, e você volta à estaca zero. Nessa batalha apenas troca as formas velhas pelas novas. Fez um curso de auto-estima e pensa: "Agora, vou me amar... Vou me consertar. Agora, vou ser positivo". Mas se continuar nessa atitude do "vou me consertar", cada vez mais estará reforçando que você é um errado, pois só os errados precisam de conserto.

E você desfila o seu rosário de explicações medíocres — medíocre é o que a média faz. Mas a sociedade cobra isso de nós. A empresa só me aceita se eu for assim... É assim que eles são no meu ramo de trabalho. Se eu não fosse assim, eles não me aceitariam... Eu sou esperto o suficiente para interpretar um papel e enganar a todos, pois é a única maneira de vencer no mercado profissional!

Perceba que o seu único erro é achar que tem algum.

Quanto mais você tenta ser correto, na verdade, mais trabalha pela continuidade do que se considera erro

Até o momento em que cansa disso tudo e desiste: "Eu não tenho mesmo mais jeito". É então que você melhora, porque parou de se forçar, de ir contra você.

Tudo que você pensa de ruim a seu respeito é o que ouviu dos outros. Isso foi formando a sua auto-imagem. Se começar a perceber esse processo, vai entender que tudo isso é uma grande mentira. "Não sou baixinho, nada. Sou o que sou." Mas a cabeça insiste, porque quer medir. "Olha, se compara com o outro." E para que você precisa se comparar, se são dois universos distintos? Para saber se é mais isso ou menos aquilo? Você já é você. Não basta ser só você? Para que precisa se classificar? Para que precisa se medir? Não percebe que isso apenas o ilude, o engana e tira o seu pique, o enche de medo e faz você tratar-se negativamente? Quantas vezes deixou de fazer as coisas porque achava isso ou aquilo de você? Ou porque não queria parecer inadequado?

Quando nos olhamos com os óculos do julgamento, deformamos a realidade. Se eu tenho uma visão deformada de mim, vou me comportar de uma maneira totalmente contrária à minha natureza. Quantas vezes eu me surpreendi comigo mesmo, porque não agi como eu imaginava que deveria ter agido. Minha auto-imagem nem supunha que eu fosse capaz. Mas eu fui e foi fácil até. Isso prova que a minha auto-imagem era completamente falha. Mas o que isso tem a ver com o sucesso?

Capítulo 3

As resistências ao sucesso

A ameaça é o que cria a resistência ao próprio sucesso

Toda vez que você não é como queria, costuma se culpar, se xingar e se rebaixar. Resultado: para você, se expor é terrível. Pois, se tiver um comportamento que não seja de acordo com o seu ideal e a sua moral, vai se virar contra você e se pôr para baixo. Logo, arriscar, você? Nem morto! Então, significa que você já está se segurando e segurando o seu sucesso. Tem medo de assumir determinadas funções, porque vão implicar mais riscos e, se for mesmo assim, vai sofrer o estresse. O que dá estresse? É o medo de errar que paralisa a gente e o fluxo da prosperidade em nossa vida. É o medo de dar uma bola fora e passar uma vergonha ou passar pela tortura que você se impõe, quando erra.

Você já notou como é um carrasco consigo mesmo? E como se deplora toda vez que se julga um errado? Já notou os castigos a que se submete quando dá uma bola fora? Tipo: parar a dieta, ou a ginástica, desanimar, não deixar-se divertir etc. Somos nosso pior inimigo. Por isso, não me admira que tenhamos tanto medo de ver nossa verdade; que vivamos fugindo do que somos e nos iludamos tanto. Tememos o veredito de nosso próprio juiz e os castigos impingidos pelo nosso próprio carrasco.

Não é possível, no entanto, aprender sem errar. Por isso, você se priva de todas as possibilidades de aprendizagem, com a desculpa de que "não é para mim, não me sinto à vontade, tenho muito serviço, não dá". Você não arrisca tudo o que pode, não se joga de corpo inteiro no que faz. E aí, não tem os resultados esperados. Fica se protegendo de si e essa proteção acaba sendo uma prisão insuportável e uma sólida barreira para o seu desenvolvimento. Sua carreira, então, não vai. Não adianta lutar. Lutar é só agitação.

A sua carreira vai bem até um determinado ponto e depois estaciona? Fica anos naquela plataforma e não vai, não importa o que você faça? Suas atitudes estão fechando seus caminhos, porque você está com medo de se expor.

E aquele jovem audacioso que está há pouco tempo na firma já foi mais longe que você, mas você chama isso de sorte, puxa-saquismo, trabalho feito etc.

A armadilha da competição

Se você não se aceita como é e curte o seu complexo de herói, você está pronto para cair na mais terrível e comum das armadilhas: a competição.

A maioria das empresas trabalha com a vaidade das pessoas. Premiações, com exibições públicas dos vencedores, quadros de desempenho pelos corredores, disputas entre colegas de trabalho, tensão de não ser um fracassado etc.

Eles estimulam as pessoas a produzir pela vaidade de ser vistas como a melhor, ou pelo medo de não dar conta do recado e ter que enfrentar os amigos. Eles colocam metas para ser atingidas e, se não as cumprir, você mesmo se encarregará de se fazer sentir um desgraçado e se rebaixar, como tem feito toda a sua vida, e de lutar para se reerguer numa batalha sem fim. Só as pessoas inseguras — ou seja, as que não se seguram em si — é que podem acabar num emprego desses. Em pouco tempo, você estará estressado e terá que buscar ajuda médica, pois a tensão do medo acaba com sua saúde e tira todo o seu prazer de produzir. O que significa que seu desempenho será reduzido, ou você começará a preferir ser um fracassado para poder ter um pouco de paz.

Tive certa vez um cliente, um executivo de alto escalão, que desenvolveu a síndrome do pânico só para poder parar de trabalhar, pois sua vaidade lhe negava o devido descanso às custas de o classificar como vagabundo ou covarde, se ele tentasse mudar de vida. Quando ele percebeu isso, começou a melhorar e os medos desapareceram. Mas ele tinha um inimigo pior que o medo para enfrentar: a sua vaidade.

A melhor arma, portanto, é ficar do seu lado

A gente nunca fica do nósso lado, fica do lado do ideal. "Ah, porque fulano disse, minha mãe falou." E se ficar do nosso lado? "Não, sou só eu." Na verdade, não diz isso, porque quer fingir que é legal. Mas se você não se acha legal, como vai se dar apoio? E se você não dá, por que os outros haveriam de dar, o patrão, a vida, a sociedade? Foi você que se pôs nessa situação. Aí, fica bravo com o outro quando não lhe dá valor?

A gente faz um ideal e despreza o real. Você jura que tem problema, mas para a natureza você não tem. É assim mesmo. "Mas, assim, baixinho?" Você é você. Desde quando a limitação de alguma habilidade impediu o sucesso profissional das pessoas? Nem sempre a habilidade leva ao sucesso profissional. Conheci um homem riquíssimo, fazendeiro e comerciante, que mal lia e nem sequer sabia assinar um cheque, a esposa é que assinava por ele. Ele gostava de si assim mesmo. Mas quem tem uma auto-imagem negativa prefere dizer que é pobre porque não teve estudo ou faltaram oportunidades na sua vida.

O que você precisava para ser um cara nota 10? Perceba que você tem uma lista de defeitos que acha que são reais. Como você se sente ao se ver assim? Uma coisa errada, cheia de faltas, que não é boa o suficiente. Perceba que você tem a certeza de que não dá para ter um conceito melhor de você, embora tenha se esforçado para isso. Perceba também que isso tudo lhe parece real e que você se classifica como modesto. E que tentar mudar isso não passa de uma ilusão estúpida, pois apesar de achar que talvez você possa não ser de todo ruim, no fundo você sente que não é uma pessoa boa o suficiente para .... (*preencha os pontinhos com os seus costumeiros argumentos e queixas*).

Nunca lhe ocorreu o contrário: eu estou certo e todo o resto está errado? O jeito que eu sou é o jeito que eu sou. Nunca pensou: eu sou certo, o que eu imagino é que é errado? "Ah, mas eu queria ser isso e isso, para ser legal." Tudo besteira. Sou do jeito que Deus quer. Eu não sou nada, sou só eu.

Tem sucesso quem se aceita como é

É o caso daquele homem. Ele é um conflito só, atraindo problema. Ele tem uma energia de briga que fica em volta dele que é o resultado de sua briga interior. Vive encrencando consigo e se rejeita, tentando sinceramente "se corrigir". Sua aura é um foco de conflitos. Aí, os pepinos vêm parar na mão dele. As pessoas vêm estourar na frente dele. Se alguém reclama: "Quem é que pegou o meu clipe?" Olha em volta da sala procurando uma pista e sente a energia do infeliz e diz: "Você pegou?" Vai direto para cima dele, perguntando, malcriado. Não acredita que não foi ele, porque ele não é de confiança, tem uma energia corrupta e indesejável.

E é por causa dessa energia que ele não foi escolhido para a promoção do cargo de chefia, e o colega, com menos tempo de casa, foi. É sempre o holerite dele que tem problema, todo mês. E é ele que será escolhido para trabalhar com aquele chefe de seção detestado por ser o mais implicante do departamento. E é claro que, do lado da mesa dele, se sentará aquela pessoa que desde que entrou na firma resolveu pegar no pé dele. E você, leitor, reconhece as situações assim? Seja sincero, pelo menos consigo.

Se você se põe na posição do "eu acredito em encrenca", ou acha que tem que se corrigir e corrigir o mundo por julgar que tudo está errado, é porque você não aceita a verdade da vida. Rejeita a realidade e o mundo como ele é. Gosta da perfeição, luta pela moral e pelas coisas "certas", e até se gaba disso. Se mata para ser o certinho, sem se preocupar com o "é" da coisa. Não busca entender a vida com verdadeiro realismo. E, como não aceita a realidade, também não a entende e com isso se torna uma pessoa inapta para lidar positivamente com ela. Se não vive a realidade, significa também que não tem o pé no chão e que, portanto, não pode crescer e progredir profissionalmente. Como suas atitudes servem de modelo para o seu destino, tudo o que é verdadeiro começa a sumir da sua vida. Só fica o falso. Vai fazendo as coisas e dando com os burros n'água. Tudo parece que é, mas não é. Tudo, na hora H, falha. Seus projetos, então, começam a dar em nada. "Mas como, se eu estou fazendo tudo certo? Vai ver que me fizeram macumba..."

Talvez esta seja a única coisa verdadeira que você pode perceber. Fizeram realmente macumba para você, só que este alguém é você mesmo.

Você está obsediado, mas o grande obsessor é você. Recusa-se a pôr o pé no chão, quer viver no mundo da fantasia. Se não entrar no ser, você não vai cair na real e não vai crescer. "Mas não posso fazer isso, porque as pessoas abusam." É você que abusa de si, porque se exige o impossível.

Os outros só copiam o que você mesmo se faz

A pessoa cria a situação, mas nunca assume que é ela quem cria. Esse é o grande problema nosso. E ela não tem força sobre a própria vida, porque julga que o centro é Deus, a sociedade, os costumes. Se eu me ponho na posição de que não tenho poder, também estou me pondo na condição de que não posso fazer nada. Que idéia mais absurda! Como posso aceitar essa postura como verdadeira? É o máximo da autodesvalorização!

Eu sou o centro de tudo, porque só assim posso ter

a opção de fazer algo melhor pela minha vida. O meu destino está nas minhas mãos.

Eu estou onde me coloquei

Qualquer argumento contrário é ilusão e só serve para me encurralar na irresponsabilidade, ou seja, na negação de minhas reais capacidades para satisfazer em mim o que a vida colocou como minhas necessidades. Não lhe parece absurdo que a vida nos tenha criado cheio de necessidades, nos tenha dado o arbítrio sem que, ao mesmo tempo, nos tenha dado o poder de responder a tudo isso satisfatoriamente?

Somos o que fazemos de nós. Estamos onde nos colocamos. Somos o capitão do barco de nosso destino. Dirigimos nossa vida pelas nossas atitudes. Criamos atitudes com aquilo que escolhemos acreditar. E crenças, a gente muda quando quer.

Seu poder é tão grande e, mesmo assim, você ainda prefere se colocar numa situação estática de vítima e acha que não pode fazer nada. Não acha que pode também optar por entender que isso tudo é uma escolha? Tudo é poder seu. Se não partir da hipótese de que seja lá o que for que aconteça na sua vida você é o responsável, também não vai poder mudar nada. E isso também é uma escolha sua. Se você decidir pelo contrário, basta se empenhar em perceber quais as crenças que tornaram essa sua atitude responsável pelas coisas desagradáveis em sua vida e mudá-las para obter um resultado melhor. Mas isso você terá que fazer por si mesmo.

Sua luta tem muito de exibição. Você pode até pensar que vai ficar feliz com o aplauso dos outros. Mas não dura dois minutos e você está sozinho outra vez. E está no vazio, porque não fez nada por si. Então, não valeu de nada, ou, se valeu, foi muito pouco.

Não vou poder fazer você sentir uma coisa que você não se deixa sentir em si mesmo. De que adianta eu toda hora fazer você se sentir bem? Eu faço, mas você está se estragando. É você que tem que fazer por si. Ajuda muito entender que ninguém se satisfaz por meio dos outros. Você só se satisfaz por você. Você só pode sentir por meio dos próprios sentidos.

Quem enche o saco é porque não faz por si. Quando você está do seu lado, está bem em si mesmo, tudo vai melhor. Se você está assim, vem toda uma energia boa, da sua própria vibração. Quando você está gostoso em si, entra numa loja e todo mundo o atende bem.

Gente gostosa tem mais sucesso na carreira porque está sempre do seu próprio lado. A energia boa que você leva para o trabalho é o que atrai coisas a seu favor, porque você é o centro da sua vida. Quando você toma uma atitude favorável a você, o mundo copia isso. Se a atitude for desfavorável ou se você se volta contra si, sua vida também começa a se encher de problemas e de obstáculos.

Você está lutando para consertar a situação por fora.

Mas quero ensinar que não adianta, porque conserta uma, vêm mais 15.

Sua vida só muda por fora quando você muda por dentro

É a coisa por dentro que tem de ser modificada. É onde as coisas ficam bem. Ser gostoso é fácil: é só gostar de você. Você tem tesão em ser você? Se o seu trabalho exige o contato com o público, como no caso de um vendedor, então a coisa fica ainda mais grave. Pois o que vende é a sua energia, o resto é apenas formalidade.

Há vendedores que fazem de tudo para você comprar, e quanto mais eles se esforçam, mais você tem vontade de sair correndo da loja. Pensam que deve ter alguma coisa ruim neles mesmos, porque estão se empenhando para vender, mas não conseguem nada. Fizeram até cursos de técnicas de vendas. E não é isso o que vende. O que vende mesmo é a energia da pessoa. É como a doença: o que cura é você estar bem consigo. O que cura é a própria cabeça, não o remédio. Às vezes, é o próprio médico que cura, e não o remédio. Tem gente que senta perto do médico e todas as dores passam, porque a energia do médico estava boa. Agora, se ele estiver mal, o paciente pode sair do consultório pior do que entrou.

É a gente que faz o mundo à nossa volta. Quando as pessoas começam a ter alguma coisa perto de mim, sei que é a minha energia que está se projetando nelas. Quando estou bem, tudo vai bem. Quando eu melhoro, as coisas em volta de mim também melhoram. É interessante observar as mudanças que ocorrem quando você resolve mudar de atitude consigo mesmo. Até as pessoas que enchiam o seu saco mudam.

Isso acontece também nos negócios. O sucesso profissional não depende exclusivamente de ter grandes possibilidades devido à sua formação ou à boa experiência na área de atuação. Mas depende basicamente da energia que a pessoa exala enquanto trabalha. Tem gente que basta pôr a mão para virar ouro. Tem os que chamam a atenção dos funcionários e eles ficam com raiva, enquanto outros estão tão bem consigo que, ao fazerem o mesmo, recebem até agradecimento dos funcionários.

Se você está bem consigo, o bem está com você

O que é o bem? A oportunidade, a facilidade, as coisas caírem do céu, o fluxo do dinheiro abundante, bons empregados, as pessoas lhe dando as coisas boas, a facilidade e a disposição de aprender e criar coisas novas, a boa vontade, as idéias geniais no momento certo, atrair colaboradores categorizados e positivos, ser amado e levar uma vida sexual satisfatória, ver a verdade das coisas com sabedoria, juventude e disposição, cultura e arte abundante, contribuir para melhorar o seu ambiente social, ter sucesso na profissão etc. A vida é mesmo mágica, mas quem regula esse fluxo é você. Não é como eu me ponho na frente de você, porque posso me pôr de bacanão. Mas se estou legal comigo, tudo rola bem. É assim que funciona a vida.

Ninguém pode fazer nada se a vida não estiver a favor. Você chama isso de sorte. Mas o que é essa sorte? É uma energia favorável. E de onde vem isso? Vem da atitude da pessoa para com ela mesma. Por isso, estar bem consigo é criar o bem na sua vida. E isso tem tudo a ver com a prosperidade profissional.

Os frutos virão não só porque você se empenhou, mas porque você está bem consigo. E pode observar, é verdade mesmo. Quanta gente se empenha tanto e não consegue nada, e quantos com tão pouco conseguem tanto. Cai do céu, quando você está do seu lado. Por que então você vai ficar contra? Valorize-se! Alguém chega e diz: "Você é muito prepotente". Mediu você. Responda: "Não sei, sou só o que sou". Não escute. "As medidas são suas, eu não preciso de réguas. Quero me deixar livre para ser eu mesmo e realizar minha alma."

Esse é o nosso maior hábito. A gente se compara e sente que já perdeu. Só porque o marido fez um comentário de que aquela atriz é inteligente, a mulher já se sente menos. "Também, com o dinheiro dela, até eu." Incomoda aos que se desvalorizam ver alguém que está bem do seu lado.

Os outros se incomodam com o nosso sucesso e nós nos incomodamos com o incômodo dos outros

Você nunca se pegou nisso? Você está bem e alguém exibe seu ressentimento de não estar como você. Aí você fica indignado com a atitude dessa pessoa de não compartilhar de sua alegria. Com isso, passa a temer a inveja dos outros e a dizer que você não pode ser feliz, pois os outros vão se ressentir e o atacar. Tem muitas pessoas que temem e evitam a felicidade por se incomodarem demais com o incômodo dos outros.

O negócio é parar de se forçar e se dar mais força.

Quando vejo alguém me tratando com desprezo é porque estou me desprezando. Fulano me criticou? Então, é sinal de que estou me criticando. Sicrano não me deu bola? É porque estou me ignorando. Só tem um jeito de você ser feliz: é do seu jeito, daquele jeito que há em você. Quando você se rejeita, a vida também faz o mesmo. E o que era seu, lhe escapa pelas mãos. Não adianta fazer tudo direito, porque isso não significa nada. Você precisa ser bom com você, se aceitar incondicionalmente, porque a alma precisa ser aceita para fluir. Se você se sustenta como é, tudo vem a seu favor. Nisso, o fundamental é ignorar o que os outros fazem. É saber que as atitudes deles não podem afetá-lo, mas, sim, as suas.

Por isso, não adianta culpar os outros. A causa está dentro de você. É com você a encrenca. A única coisa encrencada no seu mundo são suas atitudes para com você, o resto é potencialmente perfeito. Se a coisa está errada é porque estamos criando encrencas.

O dinheiro e a riqueza que surgem na sua vida são proporcionais ao quanto você nutre idéias de valor, valor de si, valor do que faz

Valor é sentir a realidade do bem que há nas coisas. Valorização não é uma medida em si, mas a constatação do bem. Será que você vive constatando o bem em si, o bem que você faz? Reconhece que você faz muita coisa boa? Como a vida é rica e farta em possibilidades de crescimento! Essa atitude de reconhecimento do bem em nós gera abundância na vida e a disposição de fazer as coisas em nós. Se tenho esses hábitos de abundância, só posso então ter abundância nas coisas. O que não significa que eu não possa ser negativo. Há gente que é abundante também em doença, em perturbação. Investiu, acreditou nisso e foi o que acabou materializando em sua vida.

"Ah, mas ninguém liga pra mim na empresa...", e não liga mesmo. Pare de se queixar, porque essa é a política errada. Você fica falando, vai somando e vão ligar menos ainda amanhã. Quem não liga para o que faz é você mesmo. No fundo, a gente não liga, porque se proíbe de ligar. Acha que é convencimento, que é ser metido a bacana e que, por isso, tem que ser uma pessoa humilde e não ficar muito feliz consigo mesmo. Por isso, a gente sabe que fazer drama agrada mais. Percebi que quando você supera isso, as pessoas passam a achá-lo interessante e chegam a você positivamente.

As pessoas, no entanto, gostam de usar o trabalho como meio de autopromoção para satisfazer o ego, a vaidade. O homem sem emprego fica arrasado, humilhado, porque, segundo a sua visão, ele vale pelo trabalho que tem. Pois ele promove o seu ego a partir do momento em que se julga alguém capaz, que trabalha. Mas nem sempre ele está centrado em fazer algo para realizar a sua alma e sim para atender à sua vaidade. Está mais preocupado em ser alguma coisa para o mundo do que para si mesmo. Acredita, infelizmente, na ilusão de que a felicidade vai vir daquilo que o mundo lhe der, que ele tem que viver para os outros, procurar o status, influenciar as pessoas, ter reputação, ter poder para impressionar o mundo. Tudo isso para que o mundo lhe dê valor, enquanto ele mesmo não se valoriza o mínimo. É um poço de vaidade, vive no auto-abandono, porque não tem tesão pelo que faz.

Trabalha por vaidade, esperando o reconhecimento da empresa. Sempre para que *os outros me...* Essa pessoa não está centrada em fazer pelo próprio prazer. E quem é assim corre grande risco de ser desvalorizado.

Tem gente, por exemplo, que está muito bem num certo cargo ou posição na empresa. Mas basta ganhar uma promoção para a pessoa intoxicar tanto o seu ego a ponto de arruinar o prazer de trabalhar. O cara era mais feliz quando estava um cargo abaixo, porque lá ele não tinha vaidade. Mas, assim que foi promovido e passaram a exigir mais dele, ficou com medo de o seu desempenho não corresponder às expectativas. Achava que os chefes o estavam avaliando e que, portanto, ele não poderia cometer nenhum erro ou deslize para não fazer feio. Era tanta a vaidade que não conseguia relaxar no novo cargo. O dissabor e o estresse resultante disso são fatais.

Quanto mais você quer mostrar o seu valor, menos as pessoas o notam

Já reparou que é assim mesmo? Se quer se exibir, as pessoas nem enxergam. Ficam até com raiva porque acham que você é uma exibida. E isso acaba tendo um efeito contrário. Vou ensinar um truque de como fazer as pessoas notarem você. Primeiro, quando for fazer alguma coisa, faça com tesão. Recuse-se a aceitar que tem que fazer por obrigação. Você vai fazer aquilo e há uma série de motivos para tal, mas o mais importante é fazer por pura diversão.

Quando o garoto viu a pilha de envelopes e o carimbo, ficou louco da vida, já de saco cheio só de olhar. Imaginou que o melhor seria se atirar logo do 10º andar para não ter que carimbar tudo aquilo. Mas vamos supor que, naquela hora, ele dissesse: "Eu tenho de dar um jeito de esse troço não me vencer. Vou passar cinco horas carimbando isso que a minha chefe me deu. Preciso curtir legal porque eu não quero sofrer e depois quero ter um astral jóia na minha vida. Quero atrair as melhores chances para mim. Quero viver no meu melhor. Preciso acreditar no melhor e dar o meu melhor. Então, vou carimbar tudo isso numa *nice*".

Quando o serviço começou a ficar monótono, ele resolveu inovar. Pôs logo três ou quatro envelopes e foi carimbando em ritmo de samba. Ligou o rádio e foi fazendo na maior alegria. Já aproveitou e fez uma aeróbica enquanto carimbava. Fez em três horas o que iria levar cinco. Assim, valorizou o seu momento, o seu trabalho, curtindo o bem dele. "Precisava mesmo fazer musculação", dizia ele ao pessoal do escritório, que se divertia com o jeito dele. A energia na sala ficou tão boa que até o pessoal do departamento do lado toda hora dava uma passadinha só para "tirar uma" com ele. É a pessoa que fatura legal, porque entende que tudo pode ser bom.

É preciso perceber que agir assim não é uma questão de ser otimista, ter que forçar a cabeça para ficar numa boa. Mas de ter uma compreensão de que se está investindo no que a gente vai colher como resultado. Aí, o garoto curtiu muito a própria brincadeira e o escritório inteiro passou a curtir junto. Passou, então, a ser notado pelo que ele estava criando. E começou a receber elogios. É importante entender que é bom o elogio, mas que é melhor ainda ter valorizado o seu momento, ter tirado dele o melhor e, com o seu bom humor, ter tornado a situação agradável. Faturou bem e, com isso, acabou lucrando naturalmente.

Quando a gente nega o próprio reconhecimento, acaba gerando a falta de reconhecimento nos outros. E você sabe como isso influencia a sua carreira. Portanto, rever isso é começar a pensar no reconhecimento pessoal. Se você é vaidoso, vai sempre competir para ser o melhor. Mas quando a gente quer ser o melhor é porque fica se comparando com os outros e não está em si, não está buscando a própria realização.

Realizar-se não tem nada a ver com os outros, nem com a preocupação em ser mais ou menos. Não interessa a sua cotação no mercado. Só se realiza quem procura curtir o trabalho que faz, quem se satisfaz naquilo que está fazendo, sem se preocupar com os resultados que virão depois. A pessoa que se preocupa com o resultado é como o torcedor que sofre, por antecipação, durante o jogo por medo de perder a partida. O cara se pressiona tanto, fica tão rígido que, por isso mesmo, seu desempenho se torna péssimo e ele acaba ajudando o seu time a perder. Sofre as perdas com muita humilhação, com muita dor e revolta. Tem cada vez mais medo de arriscar, pois não quer perder. Vive na vaidade, porque tudo o que faz é *para os outros lhe darem consideração,* em vez de fazer para *se considerar.*

A modéstia, ao contrário, leva a pessoa a centrar-se em seu eu. É isso que gera o próprio valor. Ela não está na vaidade, está na curtição do que se faz. É daí que vem o capricho, que é uma qualidade da alma. A nossa essência é sábia, é perfeita. A energia que emana dela é o que produz um efeito diferente, porque causa uma atitude boa. Ora, a boa ação não causa o bem, só a boa atitude causa o bem. Se você não estiver de bem consigo, o bem não vai fluir na sua atitude. Pois...

...o bem só está com você quando você está de bem consigo

A gente vive negando o bem, mas o bem, o bom humor, o espirituoso é muito atraente, porque nós somos constituídos dessa qualidade espiritual. O que não significa que você tenha que ser santo ou religioso. Uma pessoa é espirituosa de mil maneiras. Pode fazer alguém rachar de rir ou apenas dizer algo inteligente que tenha vivacidade. Isso é espiritual. E você precisa usar esses elementos, afirmando-os. Isso é se valorizar.

Valorizar-se para poder atrair coisas boas é uma das leis da prosperidade.

A valorização consiste exatamente em fazer o seu melhor, pois quando você não faz o melhor, significa que está desvalorizando suas capacidades

A maioria de nós foi educada a não valorizar os próprios sentimentos. Seguimos o critério do sentimento dos outros em primeiro lugar, enquanto os nossos ficam sempre para segundo plano. Isso se reverte numa grande desvalorização. Se tivéssenos um pouco de autovalorização, enfrentaríamos qualquer situação colocando a nossa verdade, pois há modos respeitosos de colocar os próprios sentimentos sem desvalorizá-los. Mas a gente está muito acostumado a se perverter para tentar se adaptar àquilo que as pessoas esperam, cobram ou querem e, com isso, desvalorizamos o próprio sentir. Acreditamos que esta é a maneira de conquistarmos a admiração dos outros. Porém, ignoramos que é justamente isso que nos leva ao inverso, à desvalorização.

Na verdade é nossa energia de autovalorização que produz a credibilidade nos outros. Desvalorizar-se é não dar importância à nossa verdade, enquanto valorizar-se é ter respeito até com um aspecto da nossa personalidade menos desenvolvido, aquilo que nós erroneamente chamamos de defeito. "É assim que eu sou, pelo menos por enquanto." É o respeito que você mesmo se dá e é a ele que os outros e a vida vão reagir.

Valorização não é apenas ficar dando consideração às suas virtudes. Muitas pessoas pensam: "Ah, eu faço, faço, e nessa empresa ninguém me valoriza. Ninguém dá bola para o que eu faço". E não dá mesmo, porque você também não se dá. Quanto mais você agir assim, menos vai conseguir do mundo uma resposta. A melhor maneira de conseguir um bom retorno é mudar por dentro, sem fazer disso nenhum alarde, mas começar a apreciar o próprio trabalho. Você faz seu trabalho com capricho, com gosto? Procura pôr seus bons sentimentos nisso? Valoriza seus momentos? Vê a coisa pelo lado mais positivo? Você se envolve com o seu trabalho com capricho? Ora, se você não tem mais ilusões de que precisa trabalhar para sobreviver, nem besteiras do tipo achar que é um escravo, pode muito bem curtir o que faz.

Trabalho é uma das coisas mais espirituais que pode nos realizar muito quando fazemos com o coração, com o que há de melhor em nós, desfrutando para que as horas gastas no serviço sejam momentos de verdadeira realização, de satisfação plena. Se a gente não pensar bem, por mais bonito que seja o trabalho, a gente estraga tudo. É uma questão de atitude interior, não só no sentido profissional, mas uma atitude positiva em relação a si: "Eu sou bom. Logo, meu trabalho tem que ser bom, porque faço com todo o bem que tenho no coração". E você só pode ser bom se fizer com todo o seu bem. Isso é se valorizar.

Claro que existem pessoas com opiniões diferentes das suas que compartilham o mesmo ambiente de trabalho. Às vezes, elas querem nos proteger com medos, negatividades ou com fofocas, o que é muito comum. Mas é você quem dá uma importância muito grande a isso. Pois ficamos nos queixando que os outros são fofoqueiros, invejosos. Isso é o que mais ouço: o negativismo das pessoas umas com as outras. Estão sempre falando mal de alguém. Percebo que gastam 90% do dia delas metendo o pau em alguma coisa. É triste, porque cultivam o negativismo, e a vida delas é muito cheia de problemas. Mas elas acham que estão se valorizando ao criticar um, criticar outro, fazendo parecer falsamente que elas são melhores. Elas acreditam que rebaixar os outros para se sentir superior é procurar se valorizar. Mas não vêem que isso lhes consome uma grande dose de felicidade diária. Brigar e queixar-se só levam à própria insatisfação. O que elas precisam perceber é que procurar ser superior desta forma apenas reforça a crença de que elas são inferiores e que sua infelicidade e inferioridade vêm do modo como elas se vêem e se tratam a todo instante.

O que é se valorizar, então? É ser positivo. Muita gente acha que ser positivo é ignorar que existem situações até dramáticas. Eu não ignoro que certas pessoas possam ser perigosas, só não dou importância. Já percebi que todo mundo é relativo, tem o lado positivo e o negativo. Mas acredito que estou aprendendo a puxar o lado melhor das pessoas, e isso faz com que a minha vida se torne melhor, porque estou me valorizando. Eu quero estar bem comigo. Minha verdade é essa. E isso é o máximo de valorização que posso me dar.

Cada vez mais, estou aprendendo as formas de me valorizar, de não entrar no negativismo dos outros. E, para isso, uso uma fórmula: tudo o que me faz sentir mal, digo não ser meu, e que não quero pensar nem investir naquela idéia. Se não souber pensar bem da coisa, é melhor nem pensar: "Ah, não vou mais cultivar esse pensamento negativo, porque já estou mal e, daqui a pouco, vou estar depressivo. Vou pensar em outra coisa: só o bem é real". Assim mudo de faixa vibratória. Mas isso é um exercício, uma ioga. O que me reforça a continuar são duas coisas: uma é que na hora eu melhoro, e a outra é a resposta positiva do mundo, que vem logo em seguida.

É impressionante notar que nas épocas em que estou me valorizando menos, recebo mais críticas. Mas quando fico no meu melhor, muda tudo. As pessoas param com as críticas, há um fluxo maior de prosperidade, porque elas recebem bem as minhas idéias. Quando estou com alguma crise negativa, imediatamente isso se reflete. Quem trabalha com clientes ou tem algum tipo de negócio pode observar bem como isso se altera.

Mas eu me considero uma pessoa fora do mercado. E, apesar de o país estar em crise, meu negócio não está em crise, porque eu não estou em crise. Posso ser uma pessoa única. O que é crise, conflito? É justamente investir contra. A gente tem um lado a favor e um contra. Investe no contra e o lado a favor fica brigando. Aí a gente fica do lado a favor e, depois, volta a dar força ao lado contrário. Fica indo de lá para cá.

Como acaba a crise? No momento em que entro no meu bem, no meu íntimo. Qual a atitude que me faz sentir levinho, gostoso? Os espíritos também me ensinaram isso: "Pense numa atitude que seja o seu melhor". Eu refutei, claro: Mas isso não é falso? Não é forçar a barra? E a entidade me respondeu: "Nada é falso ou verdadeiro. Tudo é o que você acredita. Se você acreditar que uma idéia negativa é verdadeira, vai nutri-la e ela vai dominá-lo. Se, em vez disso, pegar uma idéia boa que lhe faça um bem e investir nisso, ela o leva para uma coisa melhor. Então, idéias são meios de criação do homem. Cada um cria o seu destino a partir das idéias. É difícil discernir se uma coisa é falsa ou verdadeira, porque, afinal de contas, você não tem tanto discernimento assim. Não conhece muita coisa. Mas há outro meio de avaliar se é o bem que essa idéia provoca. O que é esse bem dentro de você? É a sua alma, dizendo: é por aí mesmo.

Descobri que me recriminar não combina com a minha alma, com o meu espírito, não combina comigo. Então, não quero mais pensar. Estou aprendendo a renunciar às idéias, sem discutir muito. Pára, vou me pôr numa idéia boa. A opção está aí: há idéias boas e há as más. Eu vou para onde? Sou eu o capitão do meu barco, e o que importa é que me sinta feliz. Qual a idéia que pode me dar felicidade agora? Pois não quero me iludir com o futuro. Ah, não quero mais me recriminar. Se isso não foi bom, vamos ver se dá para eu não repetir mais. Afinal, sou ótimo, porque faço de tudo para as coisas irem bem e não mereço a minha própria desconsideração, a minha desvalorização. Então, abraço o bem em mim.

Devagar, vou entendendo que o meu ser, a minha

alma quer ser diferente do que planejei para mim. Queria ser um homem sereno, calmo. Calminho, não vou ser nunca, pois tenho uma inquietação, uma energia para fluir. A gente vai então se integrando com o nosso jeito de ser. Percebo que posso ser um pouco mais solto, mais amoroso comigo, um pai melhor do que foram os meus pais. Vou me dando uma consideração e vou me tornando tão meu amigo que tenho prazer em ficar comigo, principalmente porque reconheço o meu bem. Como é importante que a gente reconheça isso!

Ser bom não significa que o bem que se está fazendo seja suficiente. E eu aceito que possa exigir mudanças, porque adoro melhorar. Mas preciso reconhecer que sou bom para mudar pelo bem e não me forçar a ir pelo mal, pela culpa, pelo julgamento, pelo perfeccionismo. Sei que a intenção é boa, mas o resultado é negativo, e não quero alimentar negatividades. Então, a valorização consiste nesse trato amistoso comigo. Não quer dizer que eu deva me mimar ou deixar de puxar pelos meus talentos, porque eles precisam de força, de manutenção, de empenho. Preciso renunciar ao que não tem nada a ver para focalizar a minha energia onde tem a ver. Sei que não posso me abandonar, querer tudo na moleza para que isso reverta em alguma forma de abandono. Não! Também não quero ser um perfeccionista, exigente, cobrador, o herói. Também não preciso ser nada disso.

Procuro agir como a criança que é movida sempre por motivação e boa vontade. A gente pode se soltar e talvez não faça o que havia programado, mas pode fazer outras coisas. Que importa o que eu faça? Importa a qualidade de vida que eu possa ter. Então, também parei de me perseguir com essas coisas. Eu gosto de fazer grandes coisas, de ser ousado, de fluir com as minhas empolgações e de respeitar essas coisas todas. Tenho que respeitar o meu jeito e ficar de bem comigo. Tudo isso é valorização. Digo: Luiz, você sabe que o seu coração é cheio de coisas boas, vamos em frente. Não mereço ficar no pobre de mim ou acreditar que só porque o mercado está em crise eu também vou estar.

Antigamente até pensava: ah, todo mundo é assim, também sou, porque todo mundo é. Larguei mão: eu quero ser eu. Vou sustentar o que penso, porque é o meu melhor. Não entro mais na mente social. É por isso que a minha carreira está fluindo bem, mesmo que pareça que o mercado está ruim. E depois, cada um tem seu próprio mercado, até profissionais do mesmo ramo. O mercado é apenas o reflexo ambiental do que eu faço de mim.

Vejo que certas lojas vão muito bem, enquanto outras ao lado estão mal. Percebo então que as pessoas que estão bem são muito confiantes em si, positivas, não ligam para a crise, enquanto as outras vivem se queixando. Sei que o país tem ondas positivas, depois vêm as ondas negativas, mas eu posso me isolar disso tudo e manter uma energia positiva que afete tudo o que é meu. Tenho visto muita gente agir assim, até sem ter muita consciência desse processo. Elas dizem: "Ah, eu sou positivo. Não acredito, não dou bola..." E vejo gente que tem vivência, com formação acadêmica, mas a vida deles é uma porcaria. Pois isso não depende do nível de instrução. Claro que se o povo fosse mais instruído faria uma boa diferença em vários setores, mas a mentalidade não depende do grau de escolaridade. A gente vê gente simples, até sem estudo nenhum, com uma cabeça ótima. Depende da vivência espiritual de cada um.

Valorizar-se é mudar a nossa atitude para conosco. Aí você vai poder medir a resposta do ambiente. Vai perceber que você é um ser cheio de qualidades e que precisa apoiar essas qualidades. Precisa pensar bem de você e do mundo até para não se misturar com os outros. A gente é que aprende a viver diferente, porque ninguém vai mudar a cabeça de ninguém. Cada um é que vai mudar a própria cabeça. A pessoa vem com a loucura dela e você anula: "Ah, vou ficar na minha!" E aí percebe que ficar na sua é se tornar muito mais forte do que você pensava. Pode até se tornar um pólo de progresso, pois o seu progresso é também o progresso de todos nós. E quanto mais as pessoas vencerem, maior a energia de positividade e melhor para toda a coletividade. Melhorar o mundo não é dar ouvidos às negatividades dos outros, mas ser um vencedor e espalhar progresso. Quem tiver olhos para ver, que veja. Quem quiser aproveitar meu exemplo de sucesso e entrar na minha, que aproveite. Quem não quiser, eu respeito, mas não quero ter nada com isso.

O que significa valorização profissional?

A vida não tem muito significado se a gente não se realiza. Realizar-se é mais que garantir satisfação na área profissional. Pois se você não consegue tirar realização do próprio trabalho, a vida fica sem significado.

• **Significa a relação entre a sua valorização como profissional e o seu salário.** O indivíduo que tem maior valor profissional tem também um maior salário. Isso porque ele se torna mais valioso para a empresa, indispensável até e, portanto, tem melhores condições de negociar salário. Se você tem uma boa empregada doméstica, não vai fazer de tudo para pagar mais para não perdê-la? Se é uma empregadinha fuleira, você não faz a menor força para mantê-la. Isso é comum.

• **Valorização é a segurança no emprego.** O patrão também tem uma instabilidade, porque se a empresa não der certo, ele pode perder a sua fonte de renda, pode falir e se ver obrigado a ter que fechar seu negócio de uma hora para outra. A estabilidade do patrão também é equivalente à valorização dele no próprio mercado. Claro que se ele souber se dar maior valor profissional vai ter muito mais segurança para enfrentar as possíveis turbulências e instabilidades, evitando assim o risco de alguma crise. Vai conseguir manter o seu nível de produção, ao mesmo tempo em que garante o de qualquer outra função. Então, a valorização gera garantia de emprego para todos. Quanto menor a valorização, mais facilmente se perde o que se tem. Quanto maior a valorização, maior a força para manter o que já se conquistou.

• **É a questão do progresso no sentido da promoção, do ser e do ter mais.** Tanto com relação ao patrão quanto ao empregado, é a mesma coisa. Se eu tiver um alto grau de valorização profissional, vou me promover, me levar para a frente e, em conseqüência, vou fazer os meus negócios crescerem. Obviamente, o funcionário que tem baixa valorização não tem crescimento. Vai crescer para onde? Não consegue nem dar conta do recado, como vai poder se expandir? Então, a valorização leva à expansão e ao progresso.

• **No caso do empregado, consiste na valorização individual dentro da empresa, quer dizer, na consideração pessoal que se ganha.** Isso é sincero, é honesto. Quem está no cargo de chefia sabe disso. A consideração aumenta no sentido do valor que o funcionário tem. As pessoas mais valiosas na sua vida não são também as que você mais considera? Quem não tem valor, você nem liga. Tem gente que acha que todo mundo deveria ser tratado igual, mas isso é besteira, porque as pessoas não têm o mesmo valor. Você acha que o filho da vizinha tem o mesmo significado que o seu filho? Não tem. Essa política socialista de que todo mundo é igual e tem os mesmos direitos não funciona na prática.

• **Tem direito quem tem mérito.** Se eu tive o mérito de me formar psicólogo, obviamente tenho os direitos de um psicólogo, de exercer a profissão, de abrir um consultório etc. Agora, vou querer ter os direitos de um psicólogo sem me formar? Mas o povo acha que é injustiça. Claro que existe o valor da pessoa, o que ela se fez ser, o que fez para crescer. A consideração vai naturalmente para quem tem mais valor e os que não têm geralmente são os que mais se queixam, mais reivindicam, fazem greve. Os que têm valorização profissional não precisam fazer isso, porque já são naturalmente valorizados. Pois o patrão já fica com medo de perdê-los, então acaba valorizando ainda mais.

E quem não tem muita valorização é como os psicólogos ruins, ninguém dá mesmo crédito. Vejo quantos milhares de psicólogos se formam a cada ano, mas quem são os bons por quem você teria a coragem de arriscar a própria cabeça? Não passam de meia dúzia. Ninguém nasce do nada, mas é claro que todo mundo pode se fazer. E se a pessoa não fizer por si, não vai mesmo ter. Essa é uma relação muito natural. Agora, a gente fica revoltado, porque acha que tinha que ter. Na nossa cultura, perdemos muito essa noção de mérito.

• **A consideração se dá em função da autovalorização.** Isso ocorre também na nossa vida pessoal. Se você não se dá valor, acha que alguém vai lhe dar muita bola? Passa por cima com o trator. Você mesmo não dá bola. "Humm, chegou aquela chata", você diz. Provavelmente é a que não se dá nenhum valor.

• **A sua valorização no mercado de trabalho é medida em função do seu valor profissional.** É isso o que nos dá uma maior segurança. Amanhã eu posso sair daqui e arranjar outro emprego porque eu tenho valor. Posso arriscar outras coisas maiores na vida, porque sinto que tenho valor. Como eu me garanto me considerando positivamente, eu sei que a vida terá que fazer o mesmo.

• **A valorização tem a capacidade de nos dar prazer.** Se a gente não cultiva o valor, não tem prazer e também não tem segurança. A pessoa que tem uma baixa valorização profissional é insegura, vive à mercê dos altos e baixos, das oscilações do mercado. Valor profissional é riqueza que a pessoa carrega consigo. A pessoa que tem valor, em qualquer idade, arranja serviço. Ela se vira, não passa fome nem necessidade. É como um dinheiro estocado na gente. Tem isso com ela e pode dar conta do recado, transcende o próprio momento, porque são conquistas espirituais e, portanto, eternas. Ninguém vai poder conquistar isso por você. É uma coisa muito pessoal, independente do que você está fazendo consigo agora. Isso é básico na nossa vida como trabalhadores, não importa se você é patrão ou empregado.

• **Valorização não é uma coisa inata.** A vida não faz todo mundo nascer igual, sob as mesmas condições. Nem todo mundo nasce com cara bonita. Nem garante os mesmos direitos. Mas ela é igualmente abundante em nos dar chances e potenciais para ser desenvolvidos. O que a vida homenageia constantemente é o mérito. Ora, quem tem alguma coisa é porque fez para ter. Quem aceita o conceito de reencarnação, entende que a vida não começa no útero, e que a gente tem uma situação melhor ou pior dependendo do que plantou em vidas passadas. Mas as teorias socialistas não aceitam a reencarnação como uma realidade, seus defensores acham que todo mundo deveria ser tratado igual, embora na Suécia ou na Suíça continuem existindo marginais e nasçam pessoas com problemas. Ou seja, nascer em um país que garante as condições básicas para uma vida melhor não impede que haja pessoas que escolham levar uma vida à margem e que prefiram mesmo viver nas ruas, como mendigos.

• **Valor é uma conquista da gente.** Graças a Deus, porque se você está se sentindo desvalorizado pode fazer algo para mudar essa situação. Já imaginou se fosse inato? E agora vou ter que agüentar o resto da vida? Não existem desprivilégios, apenas o que você conquista ou não. Gosto dessa idéia, porque vou, faço e conquisto, como muita gente já fez. Valor depende muito de cada um, de o quanto quer se promover e o quanto quer conquistar. Não há nenhum impedimento e suas potencialidades estão esperando você detonar. Se você fica na posição conformista, então pode se revoltar, mas é só você que vai beber do seu fel. A sua vida vai sempre ser o que você fizer dela. E, como somos diferentes, a vida se encarregará de fazer com que nós nunca nos conheçamos por falta de afinidade, e assim quem lucra sou eu, que não terei de viver vendo a sua cara de frustrado.

• **Valorização depende da autoconsideração.** O quanto você se considera? Não é só aceitar as qualidades que você desenvolveu: sei fazer isso, fazer aquilo, posso isso, porque já provei que posso. A outra parte é:

eu mereço o melhor. Significa eu tenho que me puxar para conquistar o melhor, para estar no melhor. Quando me considero positivamente, eu sinto que sou capaz . E se me considero negativamente, sinto que não sou capaz. E aí vou ficar na falta: "Ah, isso é muito para mim. Ah, isso é difícil. Não sou uma pessoa boa com números". Se você se considerou negativamente em algum aspecto, não vai fazer nada para mudar. "Ah, não gosto muito", diz, mas isso lhe tirou a oportunidade de crescer. Tanto que seria muito bom, para testar, tentar fazer justamente o que você não gosta. Já fiz a experiência e aprendi que de tudo se pode tirar prazer. Se alguém está tirando um barato de alguma coisa, o que ele vê ali? Deve ter alguma coisa interessante. Você já se permitiu *ver com bons olhos* as coisas? Qual é o barato de mexer com computador, por exemplo?

Quanto preconceito temos contra as coisas e como cultivamos uma imagem negativa em relação ao trabalho, porque no Brasil todo mundo é patrão na cabeça, lógico. "Não gosto dessa palavra empregado." Mas você é. Empregada doméstica é mais humilhante ainda. Só que continua sendo empregada, porque tem um contrato social. Isso é uma distorção da visão real. A gente não olha de forma individual para entender que cada coisa tem o seu lugar. Se a faxineira não vem, a empresa vira um inferno para todo mundo. Se a balconista da livraria falta, tumultua. Quem é bom é insubstituível, é natural. Tem valor, porque é bom. Se for péssimo, é péssimo, independentemente dos títulos que a pessoa possa ter. Mas ela só se torna realmente importante quando tira o preconceito da posição dela.

O que significa ter consideração positiva?

Se assumiu um emprego, há uma série de coisas que estão implícitas. E uma delas é o capricho. Se não caprichar, você se desvaloriza. Capricho é dar-se. É olhar para o que fez e ter a sensação de que aquilo é você. Se faz com prazer, você tem satisfação.

Dar o melhor significa ver-se também como o melhor. Por isso, o *capricho depende da bondade*. Quem não é bondoso não capricha. O barato da bondade é se sentir bem. Capricho é o afeto que se põe no que se faz e, com isso, você cresce, porque o afeto vem da alma, enquanto relaxamento, desculpismo queixoso e negligência vêm da malícia ou do mal que cultivamos. Maldade é o nosso negativismo a criar as desgraças do dia-a-dia.

Ser bondoso não é ser bonzinho, de fala mansa e aspecto santificadamente ingênuo, ou nunca ofender os outros e jamais dizer "não" para ninguém, ignorando que as coisas são relativas, mas sim cultivar o otimismo, ou seja, o ótimo de tudo. Se existe é porque deve ter uma boa razão para isso, ou, caso contrário, a natureza já teria eliminado. Pelo menos, é isso que nos dizem as leis da evolução de Darwin. Ser bondoso é cultivar a compaixão, ou seja, ver a razão positiva que existe por trás de tudo. É, sem dúvida, uma arte.

Temos medo de ser afetivos. Quanto menos afetivos e quanto menor a capacidade de pôr essa bondade para fora, mais tensos e propensos ao erro nós somos.

O relaxamento, portanto, é proporcional ao recalque dessa afetividade. Capricho é querer fazer bem. Se eu sou bom, meu ato tem que ser bom também. O meu prazer de viver é olhar para o que estou fazendo como um bem. Capricho é este bem externalizado. Por isso, ele se caracteriza por um estado de relaxamento em que meu desempenho é o melhor possível e o prazer é sempre presente.

Acredito que a bondade com o que a gente está fazendo é muito mais importante do que receber amor das pessoas, porque você está provocando em você esse sentimento e pode curtir o bem a toda hora. Está tão pleno com o que está fazendo que não está carente de nada. Quando está enchendo o saco dos outros é porque, ao contrário, está traindo a sua bondade. Você é um carente afetivo? O quanto você se permite experimentar a sua bondade? A bondade, primeiro, é para com você, porque é você que sente. O que importa é que você esteja se sentindo bem.

• **Quando faço com bondade, entra a questão da continuidade.** "Mas você vai fazer isso até o fim?" Pronto, já começam a pôr maldade. "Vou passar a semana toda fazendo essa merda desse serviço?", e já cai o seu ânimo. Quando você fica sem fazer nada é exatamente o que você vale: nada. Quem planta nada, nada colhe. Menospreza toda a sua possibilidade de realização, porque você é ruim. Você vai olhar para o que fez e depois se sentir bem? Não, então espera lá, está faltando afeto.

O melhor é experimentado com afeto, mas tem que ter continuidade. Você começa a fazer com capricho e depois desanda a fazer de qualquer jeito? Já acha que todo mundo está numa boa e só você fica ali se matando? Cuidado, esqueça os outros, pois eles nada ou muito pouco podem lhe dar. Valorize-se!

Você não aprendeu a apreciar o gostoso pelo trabalho, aprendeu a apreciar o elogio. "Minha mãe não me amava..." A pessoa, então, acha que caprichar é puxar o saco dos outros para ganhar elogio. A gente pensa assim. Infelizmente. "Caprichei, e ninguém ligou. Pensei que não era para fazer mais, e não fiz..." É porque não ganhou festinha, paparicos, aplauso, aumento de salário. Não tem satisfação e aí também não tem valor profissional. Claro que nunca fica satisfeito. Os outros têm que elogiar a toda hora. Quem tem prazer consigo não espera elogio, nem precisa disso. E também não se acha esquecido por isso.

O capricho depende dessa dose de bondade que lhe dá prazer, da continuidade e da ordem mental.

Nós não temos, contudo, ordem mental. Nascemos e vivemos na maior confusão. O cara não é prático, é complicado mesmo. Não respeita que as coisas têm princípio, meio e fim. A noção de tempo é perturbada. A atenção é muito frágil. Se você tem alguma é porque conquistou. Nosso prazer em ignorar as regras é básico. Ordem, para a gente, é mando. Mas você está aqui para ser mandado. "Hum! Cara antipático, já está mandando em mim." Tem que parecer que é uma sugestão, que é ele que está a fim de fazer. "O chefe não gosta de mim." Cada um arruma um adversário imaginário. Senão, quando ele fizer a burrada, em quem vai pôr a culpa? "Ele não vai com a minha cara . É por isso que eu errei. Fico nervoso, faço tudo errado."

Para nós, disciplina é vista como escravidão. Nem precisa ter ninguém mandando. Eu mesmo corrompo a minha disciplina, não obedeço às minhas próprias ordens vindas dos meus planos e metas. Temos essa falta de consciência da obediência. Se não obedecer ao seu organismo, no entanto, como você vai viver? A vida é ordenada e disciplinada. Até pode fazer tudo o que você quer, mas vai ter que agüentar as conseqüências disso. Ora, a gente quer fazer sem arcar com as conseqüências. Isso não é liberdade, é libertinagem. E acaba sempre se dando mal por isso.

• **O meu valor cresce à medida que aprendo a obedecer a ordens, pelo menos as profissionais.** Disciplina só é justa quando torna as coisas mais fáceis. Se você não aceitar ordens, até as suas próprias, não vai a lugar nenhum, nem chega a ter um emprego. Bagunça a sua vida. Também é importante saber discernir ordens absurdas, que são verdadeiros mandos. Mas, uma vez que você escolheu estar na profissão, tem que obedecer a determinadas ordens e regulamentos e respeitar os superiores. Você pode até reivindicar a partir do momento em que tem algo melhor a propor, quando acredita que suas idéias são boas e que não estão sendo ouvidas. A gente acha, no entanto, que as coisas podem funcionar individualmente, porque é egoísta. "Ah, no meu caso, não quero fazer isso..." Bagunça com a ordem. E a conseqüência cai em cima da gente mesmo. Quantas vezes você sacaneou suas chances de aprender inglês e até hoje isso faz falta na sua profissão? Corrompeu e, quando a vida cobrou, você não tinha. Teve que agüentar a frustração. E daí fica com ódio de si próprio.

• **Ordem mental significa, portanto, saber seguir ordens, regras e respeitar a disciplina.** Não quebrar. Quando você corrompe, está assinando um contrato que a corrupção pode estar na sua vida. Que tipo? Coisas que eram suas lhe são tiradas por roubo, perde a sua vez, sua cabeça começa a falhar. A vida parece não querer cooperar com você, mas é porque você não coopera com a ordem. E ela também não coopera, chega a sua vez, e você perde a chance, a oportunidade. A ordem natural das coisas não flui legal.

Ser limpo, ordenado, também é uma questão de ordem mental. Sua mesa é o retrato da sua vida interior. Parece que a pessoa tem uma disfunção na psicomotricidade. Não desenvolveu a noção de tempo, de espaço, de tamanho, de proporção do necessário. A limpeza e a ordem são características espirituais. Dá harmonia ao ambiente. Você vê na hora como aquilo gera ordem e paz.

É a pessoa doente, desequilibrada, rebelde, revoltada que aceita a desordem, pois bagunça é rebeldia. É uma negligência que gera uma desvalorização da inteligência. Como a capacidade da inteligência é negligenciada, você sai perdendo. A vida vai avacalhar com você. Começam a quebrar coisas de que você gosta, a perder objetos de valor, os compromissos se encavalam, as coisas passam a acontecer na hora errada, você esquece as coisas importantes, as pessoas passam a fazer confusão com o que é seu, não entendem o que fala, imprevistos aparecem aos montes etc. Para mim, esses fatos são um recado da vida: você está avacalhando. Em vez de explorar a sua inteligência e crescer em suas habilidades, começou a avacalhar com você. A natureza passa a reproduzir aquilo na sua vida. Nossa cabeça é como o corpo, quanto mais exercitar, mais bonito ele fica. Caso contrário, ela atrofia e emperra.

Preguiça, então, é desvalorização do seu potencial

Qualquer tarefa que você executa está desenvolvendo os seus potenciais. Está praticando funções. Trabalhar é praticar. No capricho, entra a limpeza, que é exatamente a prática que você tem de desenvolver o seu potencial. Mas não adianta você falar se o funcionário não se automotiva, se não percebe que precisa se ligar. As habilidades estão todas em nós, mas elas só acordam se você se ligar nelas. Tudo o que você já se tocou, foi para a frente.

Quando o indivíduo consegue pôr harmonia no que faz, as coisas são proporcionais, não há excessos, também não há falta. Começa a desenvolver o senso estético, de beleza, e é isso que tem refinamento, espiritualidade. É uma questão de sensibilidade. Dali para a frente, a sua vida ganha um significado muito mais profundo. No descuido, não há harmonia nem paz. Por isso, antes de me deitar, eu arrumo tudo até para poder dormir sossegado, em paz.

- **A ordem mental obedece a um ritual.** Começa com o exercício na ordem dos objetos, na ordem do que você está fazendo, e isso vai sendo interiorizado. Você vai ficando com ordem na formação de idéias, do pensamento, e a vida vai se tornando simples. Vou direto ao ponto, sou objetivo, o pensamento é ligeiro e claro. Meu trabalho se torna lucrativo e não cansa. Já o desordenado é complicado, tem que refazer sempre o serviço, não resolve os problemas, ao contrário, só cria mais confusão. Ele está sempre devendo, faz, faz, faz, e nunca rende. O relaxamento leva a uma baixa produção na empresa, ao mesmo tempo em que ela não gera recursos suficientes para aumentar o salário dos empregados. Ficam elas por elas. É a nossa cultura que não ajuda. Como as coisas são muito estragadas, malfeitas, rende menos a produção. Tudo demora mais. Você perde a mercadoria, a firma vira um rolo, desperdiça-se muita coisa. Bagunça sai muito caro. E, como há um grande desperdício em tudo, a produção é menor e o benefício de todos também fica bastante reduzido.

Você quer valer mais, quer aumentar a valorização do seu trabalho? Comece com a disciplina interior. "Vou fazer isso. Puxa, mas que dia lindo... Não, agora vou me concentrar nisso aqui." Tem a hora disso. Estabeleça também um tempo, independente do trabalho, para descansar. Não adianta tirar férias se você não está de férias da sua cabeça. Muda só de ambiente, mas volta cansado das férias. Se não puser ordem na cabeça, não vai se divertir nunca. *Se puser ordem e tiver capricho, você se diverte enquanto trabalha.* É uma atitude de ordenação interior que serve para qualquer coisa. Você vai sempre curtir o que faz, mas tem que haver um controle na atenção. Quando você estiver com problemas, com essa loucura na cabeça, meta a cara no trabalho. Você tira o foco do problema e alivia a tensão.

• **Uma das medidas mais importantes é fazer o melhor dentro das condições reais.** A gente é muito do tipo: "Ah, se eu tivesse uma máquina assim... Aí eu poderia fazer um bom trabalho". E como não tem, é mais um motivo para avacalhar o serviço. Nessa hora, você vira substituível. Claro, a pessoa incompetente é facilmente substituível. "Se não tenho, então, vou fazer o melhor dentro das condições reais." Aí você faz o melhor com o que tem à mão. Isso faz parte do capricho e da autovalorização, porque você aprende a ficar no real e a improvisar sob determinadas condições. É isso o que nos torna ricos. Mas se a gente ficar esperando as facilidades caírem do céu para fazer as coisas, vai morrer na espera. Brasileiro improvisa até demais. Prega o prego com o sapato, por preguiça de ir pegar o martelo...

• **Aí entra a questão da inventividade, mais do que a criatividade.** Quando a gente está apertadinho com a coisa é que inventa. Quando está muito farto, já nem inventa mais. Fartura demais em certas condições só prejudica. Você começa a comprar tudo pronto, já nem inova mais e vai emburrecendo, porque já não explora mais as suas habilidades. Por isso é que o dinheiro pode ser um perigo muito grande na vida da gente. Deixa a pessoa mimada, burra, incapaz. Se não tiver a cabeça boa, vai só se prejudicar com o excesso de facilidades. Elas são boas para quem tem a cabeça certa, para quem sabe usar bem. Todo desafio e limite são estimulantes, porque você tem que criar em cima daquilo. Tem que saber jogar até com os limites do próprio conhecimento. Portanto, vamos parar com essa idéia pobre de que falta coisa na vida. Não falta nada. Isso é contra a prosperidade. Talvez esteja faltando porque de alguma forma você precisa ser estimulado a improvisar.

Para exercitar a ordem, acredito na evocação: eu quero fazer isso com ordem. Quero botar ordem na minha cabeça, no meu quarto. À medida que você solicita, começa a enxergar as questões relevantes àquilo. Começa a desenvolver as suas habilidades para perceber, relacionar as coisas pelo tamanho, ter noção de proporção. Ordem com limpeza diz respeito também à lei da conservação, do mínimo gasto, do lucro maior, que gera economia, pois quem desperdiça não tem lucro. "Ah, ser econômico é ser mesquinho... Que gente mesquinha nesta empresa." Mas se começam a dar muita folga, a gente já acha que pode se servir à vontade, pode levar para casa. Vai lá e pega, como criança.

Ser econômico é um dom da inteligência de saber aquilatar o necessário e usar só o suficiente

Mesquinhez é fazer tudo apertadinho, quando seria melhor fazer com uma certa folga. O desperdício, no entanto, gera sempre desvalorização de potenciais.

Quando limpa o guarda-roupa, por exemplo, você está desenvolvendo um senso das coisas, porque a área do cérebro correspondente à ordem está sendo estimulada. A noção de proporção se estabelece também na vida cotidiana, no passo que você deve dar. "Ah, vou dar um passo desse tamanho. Mas eu não vou fazer porque não vai dar certo." Tudo o que a pessoa tem é porque foi desenvolvido, estimulado. O cultivo da ordem vai desenvolvendo funções que vão afetando sua vida em outras áreas: proporção de ganho, percepção do futuro. Quem não tem uma boa condição de lidar com o presente, dificilmente terá uma percepção clara do futuro e vai bater muito a cabeça. Por isso, em tudo o que eu faço, procuro pôr ordem.

• **Sem ordem, não há lucro.** Se fizer na bagunça, você mais gastou do que ganhou. Fazendo a coisa bem colocada, você tem lucro. Tem que ter ordem, senão não chega lá. "Ah, deixa pra depois." É negligência, desordem, porque acumula, complica, aí quer jogar na mão dos outros. Como isso repercute na nossa vida? É como se você dissesse para a vida: "De qualquer jeito, está bom". A vida assume isso como um valor, e as coisas começam a vir na sua vida de qualquer jeito, começam a desmontar. Compra o carro que você queria tanto, e roubam. Você é avacalhado, se desvalorizou, e a vida o desvaloriza também, tira a proteção. Deixa acontecer desgraças.

Se alguém está tendo sucesso é porque tem algo que quem está no fracasso não tem. Basta observar. Funciona, tem lei. Disciplina concerne muito mais a regras, enquanto a ordem pode até ser improvisada, artística. Pode-se até quebrar as regras vigentes para encontrar uma nova ordem que seja, digamos, artística.

Você é um modelo para a sua vida. Se age com atropelo, imediatamente a vida à sua volta começa a ficar atropelada e confusa. Vêm quatro a cinco convites para o sábado. É porque você é bagunceira. Olha a bagunça que é ser ansioso, querer viver o futuro em vez de viver o agora. Ordem mental é viver no presente. A gente só consegue fazer bem-feito quando a cabeça está calma. A ansiedade poder ser controlada quando queremos nos impor, firmar a atenção só no presente e pôr o futuro no tempo certo. O futuro é para se pensar depois, quando vier a ser presente e passível de ser encarado. Ninguém pode agir no futuro. O agir é sempre no presente. Na ordem mental, aprendemos a ordenar nossa atenção no tempo real. O presente é o único tempo em que podemos atuar e interferir. Um presente bem vivido garante um futuro promissor, pois o hoje cria o amanhã e pode anular o passado.

Agora, você precisa fazer uma escolha importante: ou a cabeça o domina e vive bagunçada ou você vai tomar posse de si e dominar a cabeça. As faculdades mentais são passíveis de controle, pois podem ser facilmente disciplinadas. Então, a mente já não o domina tanto. É você que domina a mente.

As pessoas licenciosas logo querem bagunçar e corromper a ordem das coisas. “Ah, Gaspa, por que você não faz assim...” O mundo tem que girar em volta delas para ficar “facinho” para elas, enquanto ignoram a coisa mais democrática. Quem não sabe respeitar a disciplina é infantil e ignorante, porque não consegue perceber que aquele é o modo melhor de ser feito. Negligência é burrice. Tudo o que eu aprendi foi com muita disciplina. Nossa revolta não quer aceitar a disciplina. Mas o valor depende dessa conquista: eu vou fazer e não vou deixar a minha mente me bagunçar.

O que impede o seu sucesso profissional?

Quando tiver sucesso, todo mundo vai olhar para você como se estivesse num palco, completamente nu. Todo mundo vai ver quem você é. Porque o sucesso vai deixá-lo exposto. Se a pessoa não tem medo de se expor, na hora em que o sucesso chegar, ela vai se sentir perfeitamente à vontade. E se o sucesso vier e puser você nessa situação, o que vai acontecer? É aí que começam as nossas resistências.

Vamos dizer que você estava num cargo que não representava nenhum tipo de ameaça. Mas bastou receber uma promoção e virar o centro das atenções na empresa para se tornar uma ameaça, já que você não é do tipo que tem muita segurança em si. Quando tem medo de alguma coisa, as suas forças de defesa, as mesmas que agem para impedir que você se machuque, também seguram o seu sucesso. Elas atuam em função de conter o que o ameaça para protegê-lo. Na verdade, é você mesmo quem segura o seu sucesso.

Se você está bem, sua carreira também vai bem, pois o bem e o mal estão em todo lugar. É a gente que se sintoniza com eles. Mas é só algo começar a ficar ameaçador que as suas defesas, inteligentemente, criam os obstáculos ou aproveitam aqueles que estão à sua volta. O cara é um ladrão. Sempre foi seu vizinho, morou anos lá e nunca roubou, mas naquele dia foi roubar logo o seu. É porque a sua energia usa o ladrão para roubar o seu carro, para segurá-lo, evitando assim que você possa ir pra frente. "Quer dizer que a minha própria energia foi lá pegar o ladrão para me atormentar e me cortar os caminhos? Hum, hum! Para protegê-lo contra o perigo do sucesso, pois para você ele representa uma ameaça.

É importante tomar consciência dos valores resistentes, do que é tão ameaçador para você no progresso. Ninguém gosta de se fazer essa pergunta.

"Ah, não tem nada, Gasparetto. Não sei o que é."

Nem quer saber se tem algo. Porque no dia em que ela tomar consciência de que há alguma coisa negativa, vai se bater tanto que é melhor mesmo ela não saber. Por isso, ela cria a dificuldade para evitar saber o que está fazendo. Em psicologia, isso se chama *inconscientizar*. Significa que, se está acontecendo algo, deve ter um motivo, e esse motivo está em você, e que se você não vê é porque jogou no esquecimento, ou seja, no inconsciente, que funciona automaticamente.

— Ah, mas não consigo achar!

— Vê lá o que te ameaça — insisto ainda.

— Não tem nada. Não vejo nada.

Ela não quer ver. Não quer ver porque nem deu tempo de olhar e já está respondendo.

Ver-se naquilo que não está bom é, para a maioria das pessoas, um desprestígio e um motivo para se humilhar e se deplorar. Então, você se defende contra as próprias surras, inconscientizando o que teme ver. Mas não é difícil achar, porque estão aí os seus medos e receios. Só que você prefere não ver para não ter que enfrentar o seu juiz. Tanto que você gosta de parecer uma pessoa maravilhosa só para enganá-lo. Assim, ele fica quieto.

Se você se prometer que não irá surrá-lo por esses conceitos negativos que você adotou quando isso lhe pareceu ser o melhor e se concentrar na intenção de fazer mesmo o melhor, verá que suas idéias resistentes acerca da riqueza vão passar na sua mente como um videoteipe.

A resistência e os riscos de ser feliz

Será mesmo que você pode ser feliz neste mundo? Ou você é daqueles que acreditam que a felicidade não é deste mundo? Ou ainda que felicidade é coisa rara, só para alguns momentos especiais e nada mais? Que a vida é sempre luta e sofrimento? Eu sei que você gosta de pensar no melhor, mas, na realidade, em que é que você acredita?

Muitas pessoas foram criadas em um ambiente onde a riqueza era sinônimo de desonestidade ou de tentação que nos levaria, caso viéssemos a prová-la, a uma vida fútil. Ou, então, que o luxo nos faria perder a humanidade, tornando-nos frios e decaídos, tendo como resultado final não só a desconsideração de quem amamos como também a desaprovação de Deus e uma possível punição por isso. Em resumo, a riqueza é sinônimo de perdição. Fica claro nesse exemplo que desenvolvemos defesas contra a riqueza. E, caso começarmos a chegar perto do que consideramos riqueza, os mecanismos de defesa disparam criando impedimentos para o nosso progresso.

A verdade é que a maioria de nós tem uma série de crenças contra o sucesso das quais nem sempre estamos conscientes, mas que nem por isso deixam de atuar com perfeição. É o caso daquele comerciante que, enquanto tinha apenas duas lojas, uma que ele mesmo tomava conta e outra que a sua esposa dirigia, tudo ia bem. Porém quando resolveram abrir a terceira — o que segundo os critérios deles já era considerado como o início do estado de riqueza — nada mais deu certo. Não só a terceira loja não foi para a frente como começou a afetar o desempenho das outras duas. Quando eles, a contragosto, fecharam a terceira, as outras duas voltaram ao normal. E assim foi para o resto da vida. Tudo que tentavam fazer, além das duas lojas, jamais deu certo. Para eles, a riqueza era perigosa e sempre que conversavam com os filhos sobre as verdades da vida pregavam em bom português o indiscutível valor e a honrosa decência que era a vida deles, apesar de não terem muito dinheiro.

Isso tudo não lhe soa familiar?

Você pode saber lidar muito bem com uma promoção até um certo nível salarial sem que represente a menor ameaça. Mas, dali para a frente, se ganhar mais dinheiro, passa a se considerar rico. Claro que é preciso levar em conta o que é ser rico para um e o que é ser rico para outro. Para alguém que vem de uma família pobre, ter um carro, uma casa já pode ser considerado sinal de riqueza. Mas se a pessoa já vem de uma família que tem tudo isso, talvez só vá se considerar rico a partir do momento em que tiver a segunda empresa. Vai depender então do nível de ameaça, que não é o mesmo para todos.

Se a pessoa tem medo da riqueza e seus negócios progredirem até o momento em que ela começa a se ver como rica, suas defesas serão acionadas automaticamente para impedir as possíveis desgraças da riqueza. Muitas vezes, basta iniciar as negociações para uma promoção para que o indivíduo já passe a se ver como rico e as defesas iniciem seu processo de impedimento. Por isso, basta apenas dar uns passos para a ampliação de sua empresa para que os pepinos comecem a se multiplicar.

A pessoa não entende, por exemplo, por que consegue se sair bem como um funcionário contratado, mas quando decide ser autônomo na mesma área em que já atuava com sucesso, pronto, dá tudo errado. Ou então, basta ela passar a ser chefe para dar rolo. Depende do que para cada um é considerado sucesso, das suas experiências e até da forma como foi educado, dos padrões de pensamentos que carrega desde a infância e dos preconceitos catastróficos que cultiva. Se seus pais obtiveram sucesso, você vai encarar com naturalidade, mas geralmente os filhos superam o sucesso dos pais, o que é natural, pois nós fomos mais bem preparados do que nossos pais. E como estamos sempre fazendo mais e também nos arriscando mais, então tende a ser menos perigoso para nós. O nível de sucesso vai ficando cada vez mais alto mesmo que ainda alimentemos alguns preconceitos. Os bons exemplos e a busca individual para melhorar a vida profissional têm aumentado consideravelmente no Brasil, o que me motivou ainda mais a escrever este livro.

A maioria das pessoas, apesar de procurar a felicidade, a paz, o sucesso amoroso e profissional, na realidade, alimentam crenças que criam as resistências. Desta maneira, a maioria das pessoas acredita que:

- O medo previne contra grandes catástrofes. É considerado um bom guia para orientação. Por isso, deve dar ouvido aos medos como um guia seguro.

- O autoquestionamento evita assumir a si mesmo, evitando, com isso, a rejeição dos outros.

- A irresponsabilidade e a anarquia evitam o escravismo que o peso das responsabilidades pode causar. E, portanto, tudo o que pode representar responsabilidade e organização deve ser evitado.

- O planejamento de conduta (ensaiar o que fazer, o que dizer, inventar desculpas, vigiar ardentemente o próprio desempenho, censurar etc.) evita erros. Por isso, novos empreendimentos são ameaçadores, já que errar é humilhante.

- A preocupação evita catástrofes. Por isso, é preciso sofrer as dores da preocupação, se quisermos ser vistos como pessoas responsáveis e não agirmos inconseqüentemente.

- A malícia evita ser enganado pelos outros.

- Regras morais aceitas pela maioria evitam a marginalização.

- Ser normal e igual aos outros é saudável e evita a marginalização.

- Obrigação evita pobreza e desconsideração social. Fazer as coisas por prazer deve ser evitado, por implicar o risco de ser visto como um cuca-fresca, alguém indigno de confiança. É preferível sempre a atitude de pessoa séria e lutadora, que se mata de trabalhar e que, por ser um herói, deve sempre inspirar elogios.

- Preocupar-se com o que os outros pensam procurando agradar-lhes evita rejeição, gozação, desconsideração. Ouvir as críticas é sinal de abertura da mente e não dar bola para as pessoas pode levá-las a nos julgar um indivíduo de mentalidade estreita.

- Agressividade e grosseria evitam a invasão e o abuso dos outros. A gentileza dá muito espaço para os outros abusarem da gente e, por isso, é ameaçadora e deve ser evitada.

- Limitar-se é modéstia e evita, por sua vez, desequilíbrios e pretensões, levando conseqüentemente à desconsideração dos outros. Qualquer reconhecimento de virtudes e qualidades deve ser evitado para proteger a nossa popularidade.

- Negar-se, esconder-se e forçar-se a ser educado evitam desaprovação. A sinceridade é ameaçadora, e a mentira, a melhor desculpa. Isso é ser realista e educado.

- Mentir evita desaprovação e punição.

- Desonestidade corta caminho e evita a pobreza.

• Fazer pose e ser orgulhoso evitam a desconsideração dos outros.

• Contar vantagem gera admiração e evita a desconsideração dos outros.

• Ser coitadinho evita a condenação dos outros, quando erramos.

• Não se esforçar é autoconsideração porque evita-se passar por bobão.

• Criticar é sinal de ser exigente e superior.

• Queixar-se é mudar o que nos atrapalha e evitamos assim perpetuar o erro.

• Temer ferir os sentimentos dos outros evita ser classificado de malvado e, portanto, ser desconsiderado.

• Ser pobre evita seqüestro, amigos falsos, parentes parasitas, pedintes, culpa pelos que não têm nada, a perdição pelas tentações, as responsabilidades de administrar a fortuna, estar em destaque e ser alvo de críticas.

• Não ter sucesso evita estar em destaque e ser alvo das críticas alheias, o excesso de expectativas, a cobrança pelo seu desempenho, o ataque daqueles que o invejam, os puxa-sacos, a falsidade dos amigos, as responsabilidades para com a família, ter que se atualizar com freqüência, o assédio dos fãs, o excesso de compromissos.

• Não ter sucesso afetivo evita ser enganado pela pessoa amada e sofrer a desilusão, ser invejado pelos outros, ser dominado pela pessoa amada, ser visto como um bobo, ter que satisfazer os desejos da pessoa amada, ter que fazê-la feliz e lidar com a desilusão de não conseguir, ter sempre que ter um desempenho sexual satisfatório sob pena de ser visto como um impotente.

• Ter dificuldades evita uma vida monótona, viver sem motivação, pois os problemas são estímulos para nos superarmos, correr o risco de não ser devidamente valorizado, pois só o que é difícil tem valor.

• Ser carrancudo, pessimista e desanimado evita ser desiludido.

Você sabe como é: quem vai com muita sede ao pote... Quem ri hoje, chora amanhã. Sabe que ninguém gosta de gente muito assanhada. Já imaginou, as pessoas estão sofrendo, e você chega toda alegre? Alegria também incomoda. Vai ao velório, alegre? Então, é melhor conter sua alegria, não ter muito entusiasmo, só um pouco. O suficiente para não se arriscar.

Você também tem medo de ficar muito feliz e de se entregar ao prazer. Você não se deixa ter nenhum tipo de aventura, não deixa porque é contra a sua segurança, contra a idéia de conforto. Só de saber que corre esse risco, já pode começar a disparar em você o sistema de resistência. Aí, surgem os empecilhos que você coleciona: falta de dinheiro, problema financeiro, familiar e de saúde. Aquele que estiver mais à mão, você pega. Diz que as coisas não estão dando certo porque não são para você. Quando forem, elas virão na mão. Você se conformou e, se por um lado ficou triste, por outro sentiu até um certo alívio.

Como pode ficar feliz se cada vez que você pensa nisso vêm todos esses empecilhos? Acha que não é o seu caso, porque não quer ver. Mas será que você vai se deixar ter um minuto de felicidade? Claro que não pode ter tudo certinho na vida, porque você acha que tudo certinho é monótono. Será que quer mesmo ser feliz?

Para ser feliz, definitivamente, você precisaria não acreditar em coitado, em dificuldade, em problema, em luta, em heroísmo, nem em "vitimismo". Precisaria ter a ousadia de ser você, de fluir com o seu entusiasmo, de acreditar em motivação. Mas você não quer deixar de ter problema, porque o desafio o motiva. Também faz muitos anos que você não sente motivação espontânea. A gente está tão preso nesse modo de pensar que não sente mais a espontaneidade do entusiasmo e da vocação.

É por isso que as pessoas dizem: felicidade é algo

bonito, mas não é deste mundo. Num de outro, talvez. Estamos aqui nessa vida para passar provações e sofrimento, para pagar o carma. Não é assim que a gente aprendeu? E se não for bonzinho, vai para o inferno. Mas você já está vivendo num, só que esse é um inferno familiar. O outro pode ser pior, você imagina.

"Mas eu me dou por feliz de a minha vida não ter grandes tragédias. Só de não ter isso, já está bom demais. Afinal, coisa pior poderia acontecer! Nessa hora você não acredita mais em causa e efeito. O universo joga dados. Se cair um na minha vida, posso sofrer. Ainda bem que não sofri tanto, tem gente que sofre até mais." Não é o que você diz? "Também não vou cuspir no prato em que eu como. Tentar uma coisa melhor, com uma qualidade de vida melhor? E se não der certo, quem me garante? É muito arriscado, tenho medo. Eu não vou."

Então, você vai continuar o mesmo, porque é perigoso mudar. Qualquer mudança, a gente já tem que encarar com desconfiança. Mudar sem preparo psíquico? Não! Com essa cabeça que você tem, jamais vai ter a menor chance. Não pode nem ter entusiasmo, porque é perigoso. Não pode ficar contente, porque depois pode se decepcionar. Sobrou o quê? Sofrer pode, porque é seguro. Não adianta nem eu dar uma fórmula para você ser feliz, porque, se o ameaçar, não vai seguir. Você vai continuar igual.

Você está pronto para uma catástrofe

Toda vez que você quer fazer algo maravilhoso, vem a ansiedade, porque fica esperando a desgraça acontecer. Se a felicidade passar dos limites, a desgraça tem que vir. E se for muito perigosa a situação, a felicidade tem que ser brecada com algum empecilho, com algum problema psíquico. Você não vai conseguir chegar onde quer, porque pode ser ameaçador para a sua segurança. Se passar da sua zona de segurança, tem um mecanismo pronto para disparar.

Quando chegar perto do seu limite, aciona o alarme de perigo e suas defesas criam os empecilhos. Você não vai além daquilo.

É porque a natureza assume o que você faz.

— Puxa, mas precisava trazer tanta desgraça para cortar o meu barato?

Pois é. Veja só como a natureza é caprichosa. Ela trouxe a desgraça assim que você precisou dela para servir de empecilho, evitando então que você tivesse muito dinheiro e corresse os riscos que imaginou que iria correr.

— Gaspa, mas isso é uma loucura!

Pode até ser! Mas, muitas vezes, chamamos a desgraça para impedir que a nossa vida vá para a frente, porque temos medo de que vá muito rápido. Você está, por exemplo, assistindo a um dos meus cursos. Eu, em determinado momento, digo que vou escolher uma pessoa da platéia para subir ao palco e responder a perguntas íntimas. Você logo vai se sentir apavorado e começará a criar resistências. Como você se impedirá de ser escolhido para falar comigo no microfone? Vai fazer de tudo para não deixar você falar. "Ai, desgraçado, nem olhe para mim. Dá de esse cara olhar. Ainda bem que eu sentei aqui atrás", diz. E fica naquela tensão, porque você vai encarar essa parada, não vai? Você vai falar, porque não está morto nem nada e eu vou tirar o pêlo da sua cara. E, o que é o pior, você ainda tem que dar um sorrisinho. E vai ficar se controlando, porque senão também tiraria o pêlo da minha cara. Mas você não é louco de largar o controle, porque não quer fazer feio.

Numa situação dessas, seria até bom perder a voz ou dar um branco para não ter que dizer nada. Se você não diz nada, também não se arrisca. Todo mundo vai dizer que está bloqueado e, aí, você vira um coitado. Coitado e bloqueado, é logo desculpado e assim você não se expõe. Vê como a catástrofe é legal? "Ah, eu quero sumir, se ele vier falar comigo". Dá um branco em você e some tudo. É um modo também de você sumir.

Nós puxamos certas desgraças para evitar outras piores, como ficar doente para não ter que enfrentar alguém. E assim por diante. Veja como até as desgraças caem do céu.

As pessoas se colocam as maiores limitações e, depois, reclamam quando a vida vem com alguma coisa que consideram desgraça.

Toda vez que tentar fazer algo, você vai desencadear tudo aquilo que considera perigoso. Se ficar muito entusiasmado, já fica esperando um balde de água fria, porque é assim que você acredita. E a gente faz acontecer justamente aquilo que acredita.

Por isso que todo drama da sua vida, toda dificuldade, sofrimento ou empecilho é você quem faz. Faz porque quer.

— Imagine se eu iria querer criar algum empecilho na minha vida. Trabalho feito um louco para me livrar dos problemas.

— Mas você nunca fica sem. Se não tiver nenhum, você pega o problema dos outros. Porque é ameaçador para você ficar sem nenhum empecilho. Tudo é ameaçador, porque desestabiliza a sua segurança. Você se fechou nessa crença e sua vida vai de acordo com isso, porque é você quem cria a sua vida assim. Para você, isso é seguro.

Você se culpa, se não tiver um comportamento que considere ideal. Acha que vai se perder na vida. Então, se soca para dentro, como quem diz: "Preciso me punir, me recalcar para aprender a não fazer mais isso". Não tem consideração por si, afinal de contas, sempre foi tratado assim.

Você fez algo errado e, como acredita em punição para se consertar, vai arranjar alguma forma de se punir. Tem que causar algum desprazer em você para se sentir aliviado da culpa. Machuca, então, o dedão, erra na tintura do cabelo, bate o carro. Tem prazer em ficar mal, porque, senão, o que vai ter para se mortificar? Senão, como vai se sentir livre das suas culpas? Pois você acredita que a dor e o sacrifício redimem, não é verdade? Mas o sofrimento não lapida ninguém, ao contrário, dilapida.

A culpa só pode ser vencida depois que você sofrer algum castigo. Se for punido, você fica aliviado. Bateu o carro, ficou calmo. Estava tão tenso por causa da culpa que os outros jogaram e você pegou que, depois da batida, deu um alívio interior, um misto de raiva e de relaxamento. É por isso que o seu subconsciente vai buscar aquele louco pra bater justamente no seu carro.

A gente não gosta de olhar esse lado do prazer que sente com a coisa ruim, mas tem. Tanto que se passa uma semana sem acontecer nada, você já começa a ficar com medo porque alguma coisa ruim tem que vir. Você sabe que não pode ficar muito tempo numa situação boa. É suspeito. Você, com tanto defeito, como é que não está acontecendo nada com você? Deve ter algo errado. É o prenúncio de alguma tragédia, e isso vai mexer com a sua segurança. E tem as que exageram e pensam: “Se eu ficar muito bem, as pessoas não vão me querer. Vou perder a atenção e o carinho dos outros”.

Você não muda porque resiste a qualquer mudança

Houve uma época na minha vida em que eu achava que iria ajudar as pessoas. Dizia para elas: “Faça assim, faça assado. Você vai melhorar”. Mas, quanto mais eu fazia, mais elas diziam: “Não consigo. É difícil! Não sei, estou confuso”.

Achava que era eu que iria solucionar o problema delas. Até o dia em que percebi: acorde, seu burro! Ninguém muda ninguém. A pessoa não consegue mudar porque ela não quer. É o “eu não consigo”. Então, fui falar para a tal pessoa: “Você não está fazendo assim, não que não possa fazer, mas porque não quer. Diz que não consegue porque no fundo não quer conseguir”. Se você visse a cara de revolta que a pessoa fez!

— Você está duvidando de mim porque não está na minha pele. Você não é bom psicólogo, porque não me entende.

— É você que não quer conseguir, diabo ruim!

— Será mesmo que eu não consigo porque eu não quero? Eu, que tenho feito de tudo, lutado tanto para conseguir? Não é possível, não acredito. Não posso crer.

Ela não quer ver, porque ameaça a segurança dela

Quando comecei a perceber isso, descansei. Ameaçou, pode até ser uma falsa segurança, mas é como a pessoa concebe. Se ela não quer ver, vai resistir e se impedir até de ficar consciente. Todo mundo vê, mas ela não. E como ela não vê, o problema não existe e, já que não existe, ela não precisa fazer nada para mudar.

O ser humano é assim: resiste até em ver a própria resistência, na medida em que isso garante a sua segurança, ou o que ele imagina que é estar seguro. Se ameaçar, ele larga todo mundo e fica na fantasia dele. Vai sacanear até a própria vontade. Vai pôr empecilhos. Primeiro, os empecilhos mentais:

— Não consigo, porque tenho criança para cuidar. Queria tanto trabalhar fora, mas não consigo arranjar empregada.

— Mas, e aquela outra que apareceu?

— E você acha que eu iria deixar aquela louca cuidar das crianças?

Ela está dizendo que não tem empregada. E a colega tem lutado para lhe arranjar uma empregada. Mas ela diz que *não tem*, não adianta. Claro que, diante do público dela, tem feito de tudo para parecer uma mulher emancipada.

E ele, o que tem feito para curar aquela dor nas costas. Já foi fazer tração, massagem, já pensou em operar, em pôr uns pinos, qualquer coisa. Mas se ele parar de ter dor nas costas, a mulher vai começar de novo a exigir isso e aquilo, porque ela fica só no quer-quer-quer. Não interessa o quê. Qualquer coisa. Ele já não agüentava mais. Mas estava acostumado a engolir, a prender as suas emoções para resolver os problemas dos outros. E como não queria ver o problema da mulher, jogou para trás. Aí, as costas começaram a ficar pesadas. Acha que agora ele vai perder o problema? Custou para ele jogar o problema nas costas. Ele chega em casa, a dor dobra. Você acha que ele vai querer saber se isso é ou não psicossomático? Nem morto, porque aí vai ter que curar. O pior é ter que se enfrentar, porque não sabe dizer "não".

Resistência é todo pensamento que nos impede de sermos felizes, que cria obstáculos, dificuldades ou empecilhos em nossa vida.

São condições que nós nos impomos, em busca de uma pseudo-segurança. Criamos nossa própria prisão e nossa própria armadilha. Somos mestres em esconder de nós mesmos os nossos medos e os nossos limites. Somos mestres e atores em dizer que buscamos a felicidade. Mas isso não é verdade. A verdade é que nós a tememos, que nós resistimos.

Não vai ter jeito mesmo. É melhor ficar como você está. É mais seguro. Você não vai tomar uma atitude dessas, de a partir de agora levar a sua felicidade a sério. Primeiro, porque você não acredita em si, em suas promessas. Quantas vezes já fez promessa e quebrou?

Você não tem valor para si mesmo porque se pôs lá atrás. Não é assim que você mantém o amor e a consideração das pessoas? Bancando o mártir? Você acha que vai largar esse conforto de todo mundo ter consideração pelo seu martírio e tentar ser feliz? Você vai dizer que o mundo é de trevas e perdição. Vai dizer que não está bem por causa dos outros: "Eles não me ajudam, não me dão apoio".

Mas se apoiarem, você vai ter que tomar uma decisão, então é melhor mesmo que não apóiem. Quando a pessoa vem oferecer apoio, você não aceita. E se o pessoal der apoio, um empurrão, aí você vai ter que ir? Com o medo que você tem? Então é bom ter uns quatro ou cinco empecilhos de reserva. É por isso também que ninguém vai tirar você daí, a não ser você mesmo.

— Mas eu faço tudo o que é bom.

— Benhê, se tem coisa ruim na sua vida, quem faz? O Espírito Santo? É você quem faz, inconsciente ou não. É você quem breca. Tem um exu bravo, mas por que está aí? Por que isso veio parar na sua vida?

— Não sei. Deve ser inveja dos outros.

— Você continua evitando, continua resistindo. Azar o seu!

Se está na sua vida, tem que ter uma causa em você

— Você está dizendo que eu sou culpada?

— Não, você não está num tribunal. Sei que você está acostumada a se malhar, a se fazer de coitada, a se rebaixar para ganhar afeto e aprovação dos outros. Mas esse não é o caso. Estou falando que se existe algo, nunca lhe passou pela cabeça que é você quem faz tudo acontecer, que alguma coisa de errado você deve estar fazendo?

— Não sei. — E como a pessoa se sente ameaçada, evita achar a causa.

Existe um ponto, porém, em que a pessoa que está criando resistência está pronta para mudar.

É única e exclusivamente quando ela está cansada de sofrer, quando está convencida de que o sofrimento não levou a segurança nenhuma

Só levou mesmo a uma vida de mesquinhez e de faltas. Quando isso convencer a pessoa, então, ela se abre:

— Estou muito mal. Nada pode ser pior que isso. Estou com a corda no pescoço, vou tentar olhar.

É a única situação em que se consegue fazer a pessoa procurar e achar a causa de tudo.

Por isso, fazer uma lista de seus pensamentos resistentes e procurar substituí-los pode ser um bom início.

Só quando é cem por cento apoiada por nós, a felicidade acontece

Será que você é capaz de pensar seriamente na sua felicidade a ponto de não ser mais importante que a segurança, que a família, que os outros, que o poder, que o dinheiro, que as suas crenças, que o seu orgulho? A felicidade exige um preço alto. Ela quer tudo. Ela só acontece na nossa vida quando a gente joga tudo. Com ela, não tem senão. Um mínimo senão, você se segura e a felicidade desaparece.

No fundo, no fundo, a gente sempre soube que a tal da felicidade estava ali na nossa frente e que não era impossível acontecer. Mas só depois de conquistá-la e de apoiá-la cem por cento é que nós nos convencemos de que ela é mesmo possível. Na verdade, tínhamos era medo de arriscar nossas crenças e perder o apoio e a segurança.

É por isso que falar de resistência é falar de como você faz a sua vida miserável. É falar que você não vai ter esperança, a menos que tenha a coragem de olhar para isso. Deus não interfere, porque do jeito que você pensa que Deus existe, Ele não existe.

Você está na posição profissional em que se colocou

Nem uma promoção a mais nem um grau a menos. Está exatamente onde a sua cabeça, as suas idéias lhe permitiram chegar. Nada o impede de ir mais adiante senão você mesmo. E é isso o que quero conversar com você, porque esse é um assunto muito sério. Essa mesma lei se aplica à vida profissional, à carreira, ao sucesso, a ganhar dinheiro.

Uma mulher, certa vez, me contou que se ela ganhasse muito dinheiro, iria se desmotivar e não lutaria tanto quanto lutava na vida. E que se ela não lutasse, iria cair de padrão. A motivação dela não vinha da perspectiva de conquistar mais status ou ganhar mais dinheiro, mas era na medida exata das suas despesas. Por isso, ela acabou contraindo o hábito de fazer dívida. A dívida era a motivação que ela precisava ter para trabalhar, pois não podia sobrar um tostão no fim do mês. Se o dinheiro fosse além do pagamento de suas dívidas seria considerado um excesso, e o excesso estava associado à desmotivação.

Ela ia bem no trabalho e tinha um salário razoável. Mas foi só ganhar um aumento e passar daquele limite apertado de orçamento para disparar o alarme do seu sistema de defesa. As coisas começaram a engripar e ela passou a ter problema de desmotivação: "Não sei bem o que eu quero na vida".

Viver para pagar dívida estressa qualquer um. A pessoa produz por medo de que o dinheiro não dê para chegar ao fim do mês. Acaba se estressando e desanimando, porque ela luta, luta, luta, faz, faz, faz e não sai daquele sufoco. Estressa, porque dilui a pessoa. Se ela consegue se controlar para não fazer mais dívidas e se vê com uma boa soma em dinheiro, ela já está programada para se desmotivar. Chamo isso de previsões catastróficas.

A mensagem é: "Quando envelhecer não vai mais ter serviço para mim. Pois meu pai perdeu muito dinheiro e passamos a vergonha das vergonhas". Ter muito dinheiro, para ela, está associado à perda. E perder é uma vergonha que a vaidade da pessoa não pode suportar. Então, essa pessoa nunca vai ganhar muito dinheiro. Se o seu trabalho começar a crescer, a energia dela vem e corta. Ela não consegue ir além de determinado patamar.

Capítulo 4

A lei da integridade

O melhor o protege

A vida parece possuir uma capacidade de autopreservação. Essa qualidade é mantida pelo sistema de defesa e de seleção natural criado justamente para preservar a integridade de todas as coisas. A medicina chama esse sistema de imunológico, as religiões chamam de providência ou inteligência divina. Mas ele exerce influência não só sobre o nosso organismo como também atua em relação a todo o ambiente. Esse sistema tem integridade e autonomia, e mantém a própria existência. E, apesar das mudanças constantes, ele preserva o nosso ser por inteiro, nossa identidade e integridade. Isso significa que, quando algum elemento estranho invade o nosso sistema, ele logo é expulso. É por isso que o corpo, por exemplo, eleva a temperatura e provoca a febre, como um mecanismo de defesa para se ver livre dos vírus e das bactérias.

Parte desse sistema está sob a influência do arbítrio; parte está entre o inconsciente e o consciente; e parte ainda sob a função só do inconsciente. O olfato e o paladar, por exemplo, detectam o alimento estragado (inconsciente) e seu sistema de defesa, para protegê-lo, provoca o enjôo como meio de alertar que aquilo não é adequado ao organismo. Seu consciente é que decide: "Não quero comer". Sempre que for necessária a intervenção da consciência, portanto, o inconsciente cria sinais para provocar a reação dela. Cria o nojo, a repulsa, para que o consciente possa tomar a decisão de não ingerir aquilo. Assim como a dor, o enjôo, a tosse, o espirro, o bocejo são reações ou alertas do nosso sistema de defesa.

A dor é o sinal de alerta para preservar o seu organismo, pois esses cuidados vêm de funções que estão sob o domínio da consciência. Quando você fica muito tempo sentado numa mesma posição, a circulação começa a ter problemas e, para saná-los, é necessário que você mude de posição. Mas mudar de posição é função da consciência, que por estar alerta tem o controle dos músculos. Se você estivesse dormindo seria diferente. Então, o seu sistema de integridade criaria a dor como um alerta para a consciência de que algo está acontecendo naquela região e que só ela pode interferir. Assim, sentindo a dor, você se movimenta e o inconsciente pode voltar a fazer o seu serviço. Caso você teime em não se movimentar, a dor aumenta, alertando sobre o risco de comprometer a integridade daquela área do corpo. Se você insistir em não ouvir, a coisa pode chegar ao pior. Em todos os sentidos, a dor nos avisa de que precisamos fazer alguma coisa e que isso está sob a função da consciência, pois se fosse do inconsciente ele já teria reagido. Se nós podemos mudar o corpo de posição, o inconsciente não precisa interferir por nós. O nosso sistema age sempre no melhor de si. O inconsciente faz o melhor de si e exige que a consciência também faça o seu melhor. Mas ele só o protege daquilo que você ainda é inocente, e não do que já é consciente.

Só tem problema quem não está fazendo o seu melhor

A integridade só conhece e age pelo melhor. Mas toda vez que você, conscientemente, não faz o seu melhor, o seu sistema de integridade não o defende.

As coisas podem ser olho por olho, dente por dente. Se uma pessoa é agressiva consigo mesma, nem sempre ela desencadeará a agressividade em sua vida.

Se ser agressiva for o seu melhor, o sistema de integridade lhe trará o melhor. Mas se ela já sabe lidar com as coisas sem ser agressiva e de repente responde com agressividade, o sistema de integridade não vai interferir, pois não é mais de sua responsabilidade defendê-la, pois neste particular ele sabe que a pessoa está capacitada a fazê-lo por si. Daí, a coisa vira pau pau, pedra pedra.

Esse sistema age como um selecionador que fica na porta do seu inconsciente. Quando você toma uma atitude, ele seleciona se as conseqüências vão para o departamento do melhor, que funciona como um filtro onde está memorizada a seleção do que você considera que é o melhor na vida. Daí passa para o sistema realizador ou vai direto para o sistema realizador sem filtragem. O sistema realizador é o nosso poder inconsciente de transformar atitudes em realidade.

Se assim não fosse, os inocentes sofreriam. O que nunca acontece, pois só sofre quem não faz o seu melhor. Senão, esse sistema não seria justo. E, portanto, sua proteção seria falha, não obedecendo a nenhuma lógica.

Com isso, podemos entender por que pessoas que nos parecem tão evoluídas passam por dificuldades, doenças e outras desgraças. É claro que, no nível delas, elas não estão fazendo o melhor. Como também há pessoas que nos parecem tão atrasadas e cruéis e parecem ter uma vida relativamente boa. Por certo, essas estão fazendo o seu melhor de acordo com o seu nível de evolução.

Tudo o que você faz para manter o seu melhor é sua grande defesa

Mas o que vem a ser esse melhor? Depende muito das suas experiências vividas.

O critério do que é o melhor, ao contrário do que se pensa, não está na cabeça, mas nas sensações provocadas pelo corpo. A verdade, por exemplo, é uma sensação que bate lá dentro de nós. Provoca um alívio, um bem-estar pelo sistema de integridade e independe do nosso intelecto. É o que chamamos de bom senso ou o senso do bem.

A consciência parece ser um aspecto muito pequeno em relação a todo o nosso ser. Mas, apesar de pequeno, desempenha um papel muito importante. Quando a consciência não sabe se o que faz é adequado ao seu todo, o sistema inconsciente responde provocando sensações que nos guiem. Assim, se pensamos em fazer algo, logo sentimos a repercussão desses pensamentos em nosso corpo, por meio das sensações. Se o que pensamos em fazer é bom para o todo, o inconsciente produz sensações de prazer, se for neutro, não produz nada, mas se for mau, ele provoca o desprazer. Você pode muito bem avaliar se algo é bom ou não para você pela sensação que aquilo provoca. Se algo o faz sofrer, ficar tenso, nervoso, angustiado, como pode ser o melhor para você?

Muitas vezes, estamos diante de uma situação e a interpretamos de certa forma, o sistema de bom senso reage, então, de acordo com a nossa interpretação, apontando se o que estamos pensando é bom ou ruim. Assim a maneira de ver as coisas também é julgada e selecionada pelo nosso bom senso.

É belo ver como a natureza nos concedeu um guia interior quando nos colocou dentro de um mundo desconhecido e cheio de perigos. Por isso, quem ouve a si mesmo jamais se machuca.

Isso nos leva a crer que o que é o melhor para um pode não ser para outro. Portanto, querer ser igual a todo mundo é um erro pelo qual se pode pagar caro demais. Querer fazer o que lhe dizem é altamente arriscado, pois os outros nos aconselham o que é o melhor para eles e o que pode ser, em caso de levarmos avante esses conselhos, o pior para nós. Ouvir os outros tem sido a causa de cem por cento das desgraças que as pessoas me relataram nos meus 34 anos de aconselhamento.

Escutar a si mesmo é o ideal. Levar em consideração a sua sensibilidade ou escutar o seu senso, principalmente quando estamos navegando em águas desconhecidas, é uma atitude que garante o sucesso.

Tente ser igual a alguém para ver o que acontece. Você vira um infeliz, um frustrado. Tente seguir algum modelo e logo estará totalmente desintegrado, desajustado. É por isso que todo sistema que busca uniformizar as pessoas, como o comunismo e o fascismo tentaram fazer, é contra a própria natureza, pois ela procura preservar a sua harmonia, mantendo as diferenças individuais. Ela trata cada um como coisa única e especial. O sistema está sempre preservando a sua integridade e, não importa o que faça, você sempre vai se manter íntegro. No fim, a dor sempre vence e somos forçados a reconhecer que erramos e que temos que retornar ao nosso melhor. Isso porque nenhum fracasso pode perdurar para sempre. É apenas uma questão de tempo ou de caminho que tomamos. Há caminhos mais fáceis e há os mais difíceis, mas todos os caminhos levam ao bem. A vida só entende a linguagem do sucesso. Sempre!

O bem funciona de acordo com o seu grau de consciência. Ou você vive o que já sabe ou se dana, porque arruma um monte de encrencas. Em qualquer área da sua vida, você cai. Se entra nessa postura do bem, você sobe. É tão interessante notar como a gente pode estar numa área com uma postura e em outra com outra postura completamente diferente!

Você vai para o trabalho e assume a sua melhor atitude, volta para casa e pega a pior. Isso é tão comum! Ali em casa é a meleca. Lá no trabalho é dez, porque você está no melhor da sua atitude. É uma outra pessoa; então, fica bem. Chega em casa e veste a coitadinha, que quer colinho, enquanto no trabalho é a fortona, a durona. Mas a coitadinha para você não cola mais. Então, sua vida familiar vai de mal a pior.

Às vezes, você tem uma atitude boa num só departamento. Pode ser em casa, enquanto no trabalho a sua atitude é a de ficar com medo e de se diminuir diante das pessoas. Ou chega na casa da colega que é mais rica, mais culta, toma um guaraná e diz que fez mal para o fígado. As coisas começam a dar errado, porque você não está na sua melhor atitude. Se no serviço você dá uma de bunda-mole, logo é mandado embora e não sabe nem por quê. Mas em casa toma uma atitude melhor, fala direito. Agora, chega no trabalho, tem que fazer tipo: "Ah, porque ninguém vai me aceitar. Ah, porque em casa estou à vontade, aqui não posso..." Tira a atitude boa e veste outra que não é mais o seu melhor.

Muitas vezes, a gente quer sair de um emprego ou de um lugar porque acredita que o ambiente é perturbado, mas perturbado é a gente. É sempre assim. Eu já aprendi que o perturbado sou eu, não tem lugar que seja perturbado. Quando você está no seu bem, não tem nada que o amole, todo mundo é uma gracinha. Você tem mais força e fica bom, lógico, porque está protegido. As energias ruins batem e não o pegam. Então, a culpa não é dos outros, que têm inveja ou que têm carga pesada. No mundo tem de tudo, se você não pega nenhum mal é porque está com defesa, tem imunidade. A proteção existe, mas ela obedece a uma regra:

Se está no seu melhor, você só tem o melhor da vida. Se não está no seu melhor, você começa a ter o pior. É a gente que muda de uma posição para outra

A gente gosta de ficar naquelas atitudes viciadas, automatizadas, apesar de já conhecer outras atitudes melhores. Resiste em abandonar as antigas e partir logo para assumir as novas posturas. "Ah, isso aqui não quero mais. Não serve mais para mim..." Por isso, é muito bom quando a pessoa desenvolve atitudes de ousadia para o novo.

Essa ousadia, porém, só deve ser usada a partir da seleção do bom senso. Se o bom senso selecionou, vá com tudo. Não pense mais, não desconfie do seu senso e, por favor, jamais escute os outros. Também pare de se preocupar. Preocupar-se é duvidar de si. Pois a preocupação só leva ao tormento, ao desgaste, à dificuldade para a ação. Pare, então, porque essa não é a melhor atitude diante de uma situação que você quer mudar.

Busque qual a atitude que o faz sentir-se bem. Se você está no bom senso, vem a idéia do que fazer. Vamos dizer que você teve alguma idéia que causou um bem-estar, mas quis pensar e deu ouvidos às vozes na sua cabeça, é onde você se perde. Pensou, melou. Você não estava se sentindo bem? Então, só pode gerar o bem. Não pense mais, vá com tudo.

Você vem colecionando o que os outros lhe disseram e o fizeram pensar e se impressionou de tal forma que sua cabeça arquivou aquilo tudo. E agora aquilo tende a se misturar com o que o seu bom senso tenta lhe mostrar. Cuidado! É por isso que se diz que o primeiro pensamento é o mais espontâneo e autêntico, porque não está ainda confundido com o lixo que você infelizmente ainda preserva em você.

Para os espiritualistas hindus, esse lixo chama-se "maia" ou ilusões e compõe o falso eu, ou ego. Para nós, ego é o orgulho. Por esse motivo, diz-se que o orgulho é cego. Aprenda a diferenciar o bom senso, as sensações agradáveis das sensações desagradáveis. Seja lá o que você pensar, falso ou verdadeiro, as sensações do seu peito jamais o enganarão. É também por isso que, quando temos dúvidas, as pessoas nos dizem: "Procure sentir a resposta em você e faça o que o seu coração lhe disser".

O bom senso parece ser um selecionador, situado no inconsciente, que repercute no nosso sistema sensível. Ele também tem demonstrado possuir a habilidade de ver além do tempo e do espaço. Quantas vezes o meu telefone tocava e eu, enquanto ia atendê-lo, ouvia o bom senso me dizer: "Não é bom". Eu sentia uma sensação desagradável no peito, algo como uma ligeira angústia. Mas minha cabeça educada, com os condicionamentos sociais, dizia: "Tudo isso é bobagem. Vá atender, que a pessoa está esperando, e não se pode deixar os outros esperarem". Ou mesmo, "pode ser uma coisa importante e urgente, e você vai se arrepender de ouvir essas bobagens fantasiosas que você chama de intuição". Como qualquer ser humano, a minha vaidade de ser intelectual e razoável me levava a atender. E qual não era minha surpresa ao ouvir aquela pessoa chata do outro lado da linha com aquela conversa que eu não suportava mais! Mas você pensa que eu aprendia? Que nada! Demorei muito para me conscientizar de que o ideal é confiar no meu senso ou *feeling*, como se diz modernamente.

Se eu estou bem, é porque estou gerando o bem na minha vida. Pois de que adianta o bem que não está na minha vida? Não é meu, então, não usufruo dele. "Ah, os outros não estão gostando..." Não me interessa! Sou eu que tenho que gostar. Ou vou passar o resto da minha vida fazendo uma coisa de que não gosto, só porque os outros gostam? Vou ficar só agradando aos outros? Que vida é essa? De palhaço dos outros? Agora, se você quiser ficar fazendo gracinha para os outros, esteja à vontade, mas tem um preço: seu vazio interior, sua infelicidade estarão garantidos. Vai pagar o preço, porque se você pode ser feliz de um determinado jeito, a natureza não aceita mais que seja infeliz. Vai minando tudo o que a pessoa faz e ela vai caindo, caindo. Você vê a pessoa acabar sem nada, quando teve tudo na vida. Acabou velha, uma porcaria, mental e financeiramente arruinada. Como pode ser uma pessoa fina, rica, inteligente e de repente acabar naquela meleca? Como a gente pode ficar se prendendo a alguma coisa em vez de responder às renovações que a vida exige? Precisamos responder ao novo e ser atuais no que nossa vida quer se renovar. Vida é transformação. Por isso, não lute contra. Ao contrário, deixe-se levar, além de mais fácil, é mais produtivo.

Também, se você quiser resistir, vem sempre a dor, que a vida produz para tirá-lo daquele seu sonambulismo hipnótico e conformista. E ela vai mesmo chacoalhando os parados. Vai aumentar a pressão até uma hora em que começa a dar choque para ver se a gente acorda. O choque é mais grave, mais forte quanto maior for a agressão que estamos fazendo contra o nosso melhor. Agredir alguém não é tão grave quanto agredir-se, não fazendo o seu melhor. E agrediu o seu melhor, vai responder por isso. Pois a vida só aceita o melhor, só dá o melhor e só trabalha pelo melhor. Você vai entender muita coisa a partir do momento em que começar a observar a vida sob esse ângulo.

É importante ter em mente que quando você tem algum problema é porque não está fazendo o seu melhor. O melhor, portanto, é mudar uma atitude e não apenas a maneira de pensar, nem só seus atos externos, mas é vestir um outro pensamento. Só então seu bom senso funciona, mostrando-lhe, através das experiências físicas, das sensações, se aquilo se encaixa, o quanto se encaixa e o que produz em você. É isso que você precisa passar a consultar. É natural que isso vá causar um choque com o seu modo costumeiro de agir, que vá criar conflito, porque você ainda quer manter o modo antigo, apesar de a situação já ter mudado. Saber largar o velho faz parte de manter o melhor e é condição irrevogável ao sucesso em todos os campos da nossa vida.

A atitude está presa ao seu modo de enxergar. Mas as coisas são o que são. É você que faz o melhor na medida em que se coloca no melhor. A gente diz que o bem ou o mal estão fora de nós, mas tudo depende da leitura que se faz. É como aquela situação em que o sujeito perde o emprego. Ele acha que isso só pode ser mau, mas dali a pouco aparece alguma coisa melhor. Claro que, visto de fora, ele só pode interpretar aquilo como um mal: "Puxa, que azar! Estava tendo umas atitudes tão boas de autovalorização e me mandaram embora justo agora". Se for medir por fora, você também pode ser levado a concluir: "Devo estar numa atitude péssima para ter sido despedido. E agora?"

Se a interpretação for muito assumida, depressiva, corta o que viria em seguida. Pois a natureza estava trocando você de um emprego para outro, para um lugar onde seria mais valorizado. Mas você assumiu: "Eu sou um desgraçado, sou um desempregado". Com isso assumiu a atitude de desempregado, de depressivo, enfim, do "ninguém me quer, ninguém me valoriza", e se pôs para baixo. Cortou o que viria em seguida. Mas vamos dizer que você seja casado com uma pessoa meio lúcida. "Não, benhê, você saiu de lá porque vem coisa melhor. Tudo é para o bem. Não fica assim." E você resolva entrar na dela. "Tá bom. Vamos ver o que acontece." Dali a pouquinho, surge o emprego onde você é mais valorizado. Isso porque preservou a atitude de autovalorização que só pode mesmo gerar valorização.

É muito difícil medir pela aparência, mesmo porque você pode interpretar uma situação de forma errônea. Pode também chegar a esse emprego novo e as pessoas lhe darem a maior importância, apesar de você não reconhecer isso:

— Ah, faça como você achar melhor.

— Mas como? Eu preciso de uma orientação.

— Faça como você quiser.

Aí você começa a entrar em pane, a voltar para a sua desvalorização. A firma está lhe dando a maior valorização, mas você não vê assim.

— Aqui, ninguém liga para mim.

Como não liga? É você que está interpretando errado. Eles estão dizendo para você fazer, porque já mostrou que tem valor, que o que você fizer está bom. Mesmo assim, você insiste:

— Isso aqui é uma bagunça. Você quer o quê? Que eu faça o que eu quero?

Já começa a se sentir desamparado, a entrar numa fria, porque não reconhece que está sendo valorizado, que estão lhe dando carta branca. E ninguém lhe dá carta branca, se você não tiver uma certa valorização. Mas se você não pensa assim, acaba fracassando lá.

É interessante notar isso, porque às vezes você interpreta as atitudes de valorização erroneamente. Toma uma atitude contrária e sabota aquilo que seria realmente uma promoção na sua vida. Daí o perigo em acreditar nas coisas em si, isoladamente. Por isso, o termômetro para avaliar qualquer situação são sempre as suas sensações. Estou me sentindo bem por dentro? Então não quero nem saber. "Ah, mas a vida mudou. Agora é assim..." Não quero saber. Se estou no meu bem, significa que esse é meu bem. O que acontece? O bem vem.

Quem permanece no bem só enxerga o bem

Esse tipo de coisa acontece com as pessoas inconstantes. Se por um lado ela toma uma atitude de valorização, por outro ainda guarda alguns antigos valores e tende a se apegar a eles, a não ficar no melhor e a criar problemas. Basear-se no aparente é muito ilusório. Se você, por exemplo, está vivendo situações novas, pelas quais nunca passou numa empresa e está sendo valorizado de um modo como nunca foi, é porque você assumiu atitudes novas de autovalorização que começaram a surtir efeito, de uma maneira que nem sempre você tem condições de avaliar de imediato. Então, é um risco interpretar o que você não sabe, principalmente se se guiar pelos velhos padrões. É, no mínimo, mais prudente dizer: "Está bem, não sei se é bom para mim, mas vou ficar no meu melhor aqui, com umas atitudes que me façam sentir bem, do tipo: 'Ah, Deus sabe o que faz, tudo dá certo'". Você joga, então, para o Universo, se coloca numa atitude positiva, confia, e as coisas tendem a ser produtivas. E se você se mantém assim por dentro, a situação se mantém no bem e acaba sempre se mostrando boa, não importa que, por fora, a impressão que você teve foi ruim.

— Puxa, como foi bom trocar de empresa e vir para cá! A princípio, fiquei meio assim, mas deixei acontecer. Agora, só depois de um tempo é que estou podendo avaliar o quanto foi bom, o quanto estou me dando e o quanto estou recebendo em troca. Não poderia ter mesmo visto isso naquela época. Só agora posso perceber que é o lugar certo para mim.

Não dava mesmo para ver no momento, porque era algo que você ainda não havia experimentado. Você não chega a um emprego novo já sabendo de tudo. Às vezes, precisa de um bom tempo até ter condições de avaliar e discernir se aquilo é mesmo para você. Mas se mantiver sempre uma atitude positiva, você garante o bem.

Pode parecer loucura, mas o bem se garante é com nossas atitudes, mesmo quando, aparentemente, fazemos uma burrada. Se você "acha" que fez uma besteira, diga: "Eu nunca faço besteiras. Sou sempre ótimo". Claro que os outros ou mesmo os seus velhos padrões de moral em sua cabeça vão argumentar: "Ah, mas você não pode ser assim, porque não está reconhecendo os seus erros, e não está sendo humilde". Mas, na verdade, você não está deixando é que o erro tenha efeitos. Se você assumir, "Eu só fiz o meu melhor e fico tranqüilo", pela lei da atitude, tudo toma um outro rumo, muda e se transforma em algo positivo. Mesmo que fosse um baita erro, dá em nada, porque você ficou legal. Pois é você que controla a vida, controlando a si mesmo.

O ato não causa a reação. É a atitude que causa

"Ah, fiz uma besteira e agora vai cair o mundo." Isso é o ato. "Fiz uma coisa e só depois percebi que não era bem legal. Ah, mas também vou ficar legal. Não vou pensar em nada ruim. Deus cuida. Estou numa boa, não carrego a menor culpa. Não vou fazer nada. Só tenho o bem em mim." E fico na minha. Aquilo some. Você também já teve essa experiência e o que temia que pudesse dar o maior rolo foi virando e não deu em nada. Tinha até polícia, advogado no meio, mas não aconteceu nada, porque você ficou na fé, quer dizer, numa atitude boa, e aquilo se transformou num bem. Se tivesse ficado numa atitude ruim, aquilo iria se transformar num mal.

O oposto também é verdade. Quantas vezes agimos corretamente com algo ou alguém e, de repente, tudo se vira contra nós? Fazemos de tudo para ajudar alguém, porque nos sentimos apiedados e, no fim, a pessoa acaba nos dando uma facada pelas costas. É que piedade não é um bem como muita gente pensa; se fosse uma coisa boa, então não doeria o peito quando sentimos dó! A piedade, no fundo, é o menosprezo da capacidade que cada um tem em si. Piedade é mal e só pode gerar o mal. Ajudar não é fazer pela pessoa ou dar para ela e sim fazê-la se desenvolver para poder ser independente e dar para si mesma.

✱Compaixão é diferente, pois nela entendemos que as pessoas têm suas necessidades e também têm suas capacidades. A pessoa é vista como normal e capaz, não importando a história que ela conte. Ajudo, se ela me permitir, ensinando a pescar, mas jamais dou o peixe que eu pesquei.

Pior do que sofrer todo o mal de não estar numa boa posição é se transformar no próprio mal. Ou seja, pior do que sofrer as conseqüências do mal é viver no mal que acarreta essas mesmas conseqüências. É todo esse tempo em que você se sente mal, que aquilo pesa, que é um problema, e aquele peso que carrega é muito pior do que o que possa vir a responder mais tarde. Tudo depende de como você interpreta.

Se lhe disserem: "Agora você vai ter que vender a sua casa para poder saldar suas dívidas". Mas se você ficar numa atitude do tipo "quer saber de uma coisa? Já que tenho que pagar, é melhor vender logo a casa e não me amolar mais", não sofre mais. Tome, portanto, uma atitude boa: "Essa casa não era para mim mesmo. O que é para ser meu, vem na minha mão". Também pode continuar chorando a casa que perdeu. Ou continuar no mal e perder o resto: a saúde, os dentes, a visão. E quando não tiver mais bens materiais para perder, lá se vão as chances, depois a vida, porque a pessoa se pôs na atitude de perdedor.

Perdas são para aqueles que assumem atitude de perdedor

A questão reside na maneira de interpretar. Pior é viver no mal como no caso da pessoa que a vida inteira viveu no medo e o medo gera uma atitude ruim como sensação, é desagradável; muitas vezes pior do que ter feito algo e ter dado errado. Ou pode resolver faturar em cima do erro. "Ah, tenho que pagar? Pago o preço, mas também não vou lamentar. Também não quero que doa." Despreza a dor e não dói. Você é livre para mudar. E quando reage assim, as situações que você mesmo criou mudam. Lembra quando você não ligou mais e tudo melhorou? Não é sempre assim? Foi porque você mudou de atitude. Quem segurava aquela coisa ruim na sua vida era você. Na hora em que você mudou de atitude, a coisa melhorou. Se mudou por dentro, por fora também mudou, e acabou.

Isso é ver a vida do ponto de vista da atitude e não dos atos. Você está sempre pensando nos atos e nunca pensa nas atitudes. Está sempre no "que fazer por fora", sem perceber que o poder está por dentro. Parece uma loucura o que estou dizendo, mas é assim que funciona, pois é o único jeito de mudar rapidamente o curso das coisas. Se você se vê entrando numa pior, não dê bola. "Esta coisa ruim está querendo me pegar, me fazer sofrer e me pirar a cabeça, mas espera que vou ficar ótimo já, já. Não aceito depressão. Estou ótimo." Em dois minutos, você se põe para cima. "Ah, não tem essa besteira de medo, raiva, cobrança, ansiedade e outras formas de maldade."

Essa atitude anula o mal, porque você anulou aquilo tudo. E dali a pouco estará se manifestando e anulando também a própria situação que gerou tudo aquilo. Você já fez isso várias vezes inconsciente do que estava movendo, mas fez, e deu certo. "Ah, me cansei de me amolar com esses problemas, não quero mais saber disso. Vou largar na mão de Deus", e sumiu tudo. O que você fez? Mudou a atitude.

O ato em si não é bom nem é ruim, depende de como você o vê

Querer se preocupar, querer ser negativo a pretexto de ser cuidadoso, na verdade, faz com que você acabe só criando problemas. A gente quer entrar na negatividade, na malícia para se prevenir e fica numa atitude má a pretexto de não errar, de ficar consciente dos problemas. Mas não é assim, não. É tornar negativa a situação. Claro que o mal não existe, pois é você quem faz. Está no seu poder. Você pode acreditar na coisa terrível, tomar a atitude do bem ou dormir na cama que fez; aliás, a caminha em que você já dorme — sinto informar — é a que você mesmo arrumou. Mas tudo é mutável.

Lembra aquele seu velho problema? O célebre, um

romance? Só pela atitude de chamar de "problema", mostra que vai continuar a ser um problema pela eternidade. Você percebe que a maneira de se posicionar faz a atitude e é o que conta? Você é capaz de pôr uma atitude nova, de dizer: "Isso aqui não é problema. Besteira, é tudo ilusão. Quanto mais fico pensando assim, mais vai ficando assim. Então, não olho para esse aspecto da minha vida como um problema, aliás, me recuso a dizer que tenho problema. Quando pensar nisso, vou sentir uma luz, que está tudo ótimo, que isso se resolve por si, porque eu não tenho problema. Vai mudar". Quer dizer, a atitude de encarar como um problema é que cria o problema.

A experiência que eu proponho é você avaliar os resultados e não pôr mais a atitude de problema em relação às coisas. Largue, não queira mais saber.

— Mas, Gaspa, eu queria ficar esperando para ver se o problema ia mesmo acabar...

— Falou "problema", virou problema. Não espere. Veja bem, você está fazendo um truque mental, mas não está mudando de atitude.

— Não, estou dizendo isso que o Gaspa falou para ver se o problema acaba.

— Então você está na atitude de problema. Está só mudando os pensamentos, mas não está mudando de atitude. Cuidado com isso. Não vai acontecer nada, porque você está reafirmando a velha atitude, em vez de mudar. Não é só para pensar. É para vestir o que você pensa. Vista: "Eu não tenho isso aqui, toda essa coisa de ser um problema, o que eu vesti, o que fiz em cima disso, o que passei, o que lutei... tudo é uma solene besteira. Eu, na verdade, estou só no bem".

Dê uma olhada nisso, na coisa lá, fora de você. Ponha longe para poder se desidentificar, tirando as garras dela de cima de você. Aliás, é só uma coisa, não é toda a sua vida, é uma particularidade mesmo. Tem mil outras coisas que estão ótimas. Agora vista outra atitude: *eu não tenho problema*. Tudo funciona bem. Não se impressione com as porcarias. Você é mais forte e importante que aquilo. Coloque-se na atitude de: eu não tenho problema na vida. Vista e veja como você se sente. Qual a experiência física? Leveza? Então, agora você está abraçando o seu melhor. Essa é a sua verdade espiritual. Pensar que existem problemas não é o seu melhor, só materializa problemas.

Na verdade, não existem problemas e sim cabeças problemáticas. Cabeças que acreditam em problemas e geram confusão quando querem confundir-se para tapear-se. Mas você diz que o problema existe, que ele é real, que está na sua frente, e no entanto outra pessoa chega e vê tudo diferente. Em dois tempos, ela resolve tudo. Para ela, o problema nunca existiu, e ela provou isso. Sua cabeça é que era problemática. Se você consegue crer no melhor, que nada é problema e, de fato, assumir essa atitude, sentirá imediatamente bem-estar (por estar no bem). Por que não sentir isso? E o resto? Dane-se! Esse é o meu melhor, então vou ficar no meu melhor. E é fácil. Basta dizer: "Eu quero ficar no melhor". Vista a atitude do melhor com firmeza.

Qual o melhor remédio para qualquer situação? Ficar no melhor. É o remédio para qualquer mal. Pintou? "Não aceito, estou no melhor." Só pegue o melhor sentimento, o melhor ânimo, o melhor interesse, o melhor pensamento, a melhor atividade, o melhor humor. E não faça mais nada a respeito. Se você fizer alguma coisa, do tipo procurar uma solução, é porque está admitindo que algo precisa ser feito em relação à coisa. Aí estará admitindo que é um problema. Então, não faça nada. Pare e diga: "Estou no melhor". Aí, você transporta montanhas. A coisa, então, trabalha para você.

O ambiente não tem poder.
Você é o poder,
e o ambiente é você.

Nosso sistema de defesa breca à menor ameaça

Quando alguma coisa para nós é vista como uma ameaça — e não precisa nem ser de verdade, basta que você veja assim —, nosso sistema de defesa, o mesmo que nos impulsiona para a frente, nos impede de prosseguir. A mesma força que está nos levando e construindo nossa vida também serve de breque. Essa força, que é a de realização, é disciplinada pelas nossas idéias. Só quando aprendermos a ver como bom aquilo que estamos fazendo e a acreditar que não representa mais nenhum perigo, essa força fica a nosso favor. E, neste caso, tudo nos é favorável.

Todas as idéias de resistência, no fundo, são atitudes que no passado lhe pareceram necessárias para protegê-lo do que lhe acenava como perigoso. Mas hoje só estão atrapalhando seu fluxo de prosperidade. Quero que entenda que você não está criando uma dificuldade porque quer ser ruim consigo. Mas que você faz de tudo para que o seu sucesso aconteça, mesmo que esteja, sem perceber, conspirando contra ele. Ou que seu inconsciente tem o poder de sabotar o que você quer ou ainda que existe algum poder mágico que pode fazer o que quiser na sua vida. Não é para entrar na culpa, mas para que você possa rever este assunto por um outro prisma. O que eu quero dizer é que adotamos tantas atitudes impensadas na vida e que elas agem como uma resistência contra o que queremos.

Quando queremos nos defender, não importa que o perigo seja real ou não, solicitamos uma das maiores forças que temos, que é a de preservação da espécie, da integridade do ser, ou seja, o nosso sistema de defesa. Ele tem força suficiente para fazer você falir, perder todo o seu dinheiro, atrair tudo de errado na sua vida, fazer com que a macumba ou a inveja pegue, ou com que tudo o que é bandalheira e maldade caia no seu caminho para impedir e evitar certas coisas que você acredita serem ameaçadoras.

Assim que você atingir um determinado patamar em que vislumbre algum tipo de risco, essa força entra em ação e fecha os seus caminhos para protegê-lo. E não há bode que mate, macumbeiro que vá, reza brava que faça você mover um milímetro adiante. Pode mandar a mulher benzer o local onde trabalha, pôr sal grosso atrás da porta, que não vai adiantar nada, pois o único obsessor que existe é você mesmo e não pode ser mandado embora, senão por você. O sal grosso só vai servir, então, para pegar as suas cargas.

Atrás de toda resistência, sempre existe algum medo

Você está resistindo e criando algum empecilho? Então, pode parar e se perguntar: "O que eu não estou querendo enfrentar? Deixa eu ver logo, senão essa energia de destruição vai começar a quebrar algum eletrodoméstico, a queimar lâmpadas". Se você assume e diz logo "não", ainda vai. Senão essa energia de impedimento fica contida e aí começa a acontecer todo tipo de acidente. Pode ver, os acidentes sempre acontecem com os indecisos. É a pessoa que está com medo de errar, de fazer feio na frente dos outros, porque a "princesinha" não pode errar.

Quando a gente está com medo, acelera essa energia de defesa que, muitas vezes, acaba criando obstáculos para certas coisas não irem, porque é você que está com medo de ir. Poucos de nós estão habituados a enfrentar o que é preciso. Não é à toa que o nosso país é campeão em acidentes de trabalho, porque é típico do brasileiro não encarar a situação de frente. Procura sempre resolver de outro jeito. Não é do tipo que reivindica e batalha de frente, como, por exemplo, o norte-americano costuma fazer. Ele faz por trás, corrompe e, quando não aceita alguma coisa, não é de chegar e de falar francamente, porque quer bancar o bonzinho. Mas, quando a coisa aperta, resolve escapar pela tangente.

Você já percebeu quanta energia de resistência existe

contra a ordem, contra as coisas funcionarem direito? E também quanto medo existe na gente? O brasileiro tem tanta ojeriza ao autoritarismo que basta colocar uma lei para ele opor resistência. Não pode dar certo. Também, ele não quer muita ordem, porque tolhe a liberdade dele. "Ih, será que é pra valer mesmo?" Não interessa o quê, ele já não gosta. Não somos brasileiros por acaso, é porque temos afinidade com tudo isso. Não há injustiça no mundo. Criamos exatamente o que acreditamos.

Atrás de todo problema meu, percebi que havia algum medo. Agora, se eu bater o carro, reconheço que é porque estou com medo de alguma coisa. Então, me pergunto: "Do que estou com medo na vida?" Na hora, vem à mente a causa. Do que você tem medo agora? A vida traz sempre um novo desafio a cada dia. Mas do que você anda com medo? Você tem muito sono, peso, quebradeira no corpo, problema de coluna, gripe constante, enxaqueca? São empecilhos que você mesmo se coloca.

O que será que você tem tanto medo de enfrentar para criar uma dor de cabeça que sirva de desculpa para não ter que encarar? Precisa ser humilde para encarar esse seu medo. Se vai pelo lado do orgulho e da vaidade, você não acha nada e fica se tapeando, só que esse mecanismo continua. Para se livrar do empecilho físico, da perturbação constante na sua vida, é preciso olhar de frente o que lhe dá medo. O que o ameaça? Geralmente é a vaidade. Qual é a coisa que você mais detesta que alguém lhe diga? Que está gorda?

Gordura é o retrato da resistência em pessoa. A gordura é um mecanismo de proteção contra a rejeição, que é fria. É o vício de acumular excesso de defesa, de mimo. Os gordos são sempre mimados, têm um orgulho do tamanho do corpo. Geralmente são indisciplinados, safados, sem-vergonha. Querem sempre parecer maravilhosos. Ficam com medo e se escondem dos outros. Mas são eles mesmos que se martirizam, que se rejeitam por causa dos outros, por querer ser o que não são. Temos tanta preocupação com a opinião alheia sobre nós que não nos sobra tempo para viver o que somos. Achamos, com isso, que estamos nos preservando. "Quando eu fiz aquilo, todo mundo ficou olhando, por isso eu disfarcei."

Quando você sentir que há alguma resistência, procure logo pensar qual o medo que está por trás. A nossa maior resistência geralmente é o medo do que os outros vão falar. E esse não é um medo que a gente goste de proclamar que tem. Gostamos de fazer um discurso de que não ligamos para o que os outros dizem. Mas se você for sincero, vai reconhecer que tem muito medo da opinião dos outros.

Agora mesmo você está se segurando e se impedindo de fazer certas coisas na vida porque tem medo. Medo da reação da família, do que vão falar. A gente tem vontade de ser mais expansivo, mais comunicativo, de arriscar mais, tem até mais vontade do que gosta de pensar, mas resiste. Os outros fazem o mesmo, e quando se está com medo do que os outros possam pensar de nós, eles estão com medo do que você pensa deles. Você já pensou nisso?

É importante observar o papel do corpo nisso. Vamos supor que você precise falar algo que teme, porque a situação assim o exige, mas está apavorado com a opinião pública. É impressionante como o corpo trava, dá um branco na cabeça, cria obstáculos, você treme inteiro. Olhe só a força que você precisa fazer para se segurar e se impedir de ir. Tem gente, por exemplo, que não se permite certas coisas na vida. Tem tanto medo de parecer vagabundo, desleixado, irresponsável, medo de ser visto como inconseqüente, louco ou ridículo que, quando precisa parar de se segurar para se expressar, é um verdadeiro drama. Um completo vexame!

Tenho um amigo que trabalhava muito, de um jeito que se cansava. Não é trabalhar muito o que cansa, mas o modo como ele trabalhava, doido, desesperado, porque tinha que ser responsável e tinha que fazer as coisas direito. Realmente, ele produzia muito, mas se esgotava, porque tinha uma equipe grande, um cargo de destaque na empresa. Ele fazia, fazia, fazia, mas não se valorizava, não curtia o próprio trabalho. Fazia porque tinha responsabilidade. Vivia criticando os irresponsáveis, como era difícil lidar com as pessoas, porque tinha aquele orgulho que só ele era o maravilhoso. Aquilo foi cansando, machucando, mas ele não parava. Tinha pavor de parar.

No auge do desespero, ele conseguiu deixar aquele emprego. Mas já estava com outro, claro. E, quando chegou lá, a pessoa com quem iria trabalhar diretamente não tinha nada a ver com ele. Ficou nove dias nesse emprego. Saiu, mas não conseguia parar mesmo assim. Então, estourou uma hérnia nele, teve que sair correndo para o hospital para ser operado. Aí teve que parar, pois não havia outro jeito. Ele achou que aquilo era um recado da vida. Era a sua maneira de interpretar, e, na verdade, foi ele quem criou toda aquela situação. Pois só assim ele conseguiu parar. Associou a hérnia a situações em que havia ficado doente quando criança e a mãe não o deixava ir à escola. Estava condicionado a acreditar que só lhe era permitido parar em caso de doença. Foi assim que ele se permitiu parar e pensar no que estava fazendo consigo mesmo. Começou a repensar, a trabalhar a situação na cabeça dele.

Depois disso, está cheio de cuidados consigo. Volta e meia, ele considera: "Não quero mais isso... Sei que vou voltar a trabalhar, mas não sei quando". Aprendeu a resistir às cobranças dos outros: "E agora, você não vai mais trabalhar?" Inventou uma expressão ótima para justificar a sua inatividade por hora: "Estou me reciclando". O seu negócio é parar mesmo. O melhor é ele não fazer nada por enquanto. Ficar só pensando e meditando um pouco. Entendo que se ele não se permitir isso, ele pode querer arranjar outro emprego, e como não está pronto para trabalhar com uma nova cabeça, seria repetir tudo de novo.

É claro que se ele não se reciclar realmente e não fizer as mudanças necessárias vai cair numa outra armadilha. Não era o serviço que o estressava, mas as atitudes que ele tomava em relação ao trabalho. Se ele nada mudar, para o sistema de integridade dele, o trabalho vai continuar sendo uma coisa ameaçadora e ele não vai conseguir arrumar outro emprego ou alguma atividade que seja produtiva para ele. No entanto, mudar a atitude, reaprendendo a lidar consigo, fará com que o trabalho deixe de ser ameaçador, e assim poderá atrair logo uma situação profissionalmente favorável.

Fico pensando: quantas vezes você também não precisou ficar doente para poder aceitar e confrontar certas coisas consigo mesmo? Quanta gente não consegue aceitar que não gosta do companheiro e vai criando situações para que o outro se afaste. Tenho uma teoria: quando alguém se afasta, é porque o outro quis que a pessoa realmente se afastasse da vida dele. Se estava tudo bem e um deles arranjou um amante e se afastou, na maioria das vezes, é o outro cônjuge que estava resistindo com medo de confrontar alguma situação, de falar certas coisas que tem pavor de falar. Tem medo de ser íntimo. O relacionamento vai chegando a um ponto de intimidade tal, que é preciso soltar as próprias defesas e se abrir, se jogar naquilo: "Ah, nem morto!" Então, o cara começa a se sentir mal. Aí acaba com aquele relacionamento e vai para outro. E não raro esse(a) companheiro(a) morre de ciúme e é ele(a) que está afastando, porque resiste ao amor. Põe empecilhos ao carinho e ao afeto.

A gente quer melhorar, mas, ao mesmo tempo, tem medo das melhoras, porque está acostumado a viver para o outro. Passa a vida vivendo do outro, esperando que o outro o entenda, que o ame. Sempre o outro. Não sobra espaço para viver você. A gente tem uma defesa enorme com tudo o que possa parecer uma vergonha na frente dos outros e, com isso, põe uma força contrária. Você pensa que tem medo de arriscar, porque acha que vai perder dinheiro e que vai ter que começar de novo? Isso não é nada comparado à vergonha social, familiar, de ter que dizer: "Pai, fracassei". Você se mata antes, porque sempre competiu com ele, a vida inteira.

O bem só pode acontecer quando existe uma boa idéia por trás

Nós, brasileiros, de modo geral somos muito desleixados. A gente vê o quanto a pessoa está perdendo com essa atitude. Ela atrai para si um monte de gente relaxada, que se sintoniza com ela pela sua vibração. Parece que as coisas para ela não vão, mas é porque ela é amarga, revoltada com a vida. Curtir valor é fundamental para quem quer coisas de valor na vida. Valorizar, portanto, é se limpar.

O medo na vida profissional

Acreditamos que ter medo é uma reação natural no ser humano, até por uma questão de defesa, para se proteger dos perigos da vida. Mas não é bem assim. Certa vez, lendo um artigo de uma antropóloga, fiquei surpreso ao descobrir que o índio não tem medo. Na linguagem indígena, não existe nenhuma palavra para designar "medo", porque ele desconhece tal sensação. Como ele não cultiva o medo, não se amedronta e, por isso mesmo, não é dominável. Isso prova por que o índio não se deixou escravizar como o negro.

Daí, concluí que o medo não faz parte da nossa natureza. Ou seja, não nascemos com medo, mas aprendemos a ter medo no convívio social. O que nos dá a esperança de um dia podermos viver sem ele. É fantástico observar o fato de que criamos o medo e o transformamos em um estigma cultural, que é passado de pai para filho e continua a se perpetuar no seio da humanidade. O que explica por que não se consegue erradicar as doenças correspondentes ao medo, como a síndrome do pânico, as fobias, as doenças infecciosas etc.

O medo só pode ser adquirido através do sistema de repressão, pois sociedades não-repressivas não desenvolvem o medo. Mas mesmo as tribos africanas primitivas já conheciam o medo, porque se deixaram escravizar. As culturas tribais foram aperfeiçoando o medo e criaram um sistema novo de repressão, que é a culpa, outra sensação que o índio desconhece. Ele não sente culpa, porque não tem constrangimento e, portanto, não desenvolve o recalque. A culpa foi uma grande inovação mental dos repressores, porque, quando se culpa, você próprio se reprime, e o sistema, então, não precisa fazer esse papel. Por isso, culpa é sempre auto-repressão.

Pegue uma culpa qualquer. Por exemplo: eu precisava dar tal recado para fulana e não dei. Portanto: *eu me sinto culpado, pois eu deveria ter...*

Esse é o lado do "deveria", do idealizado, do imaginado. E, como na culpa há sempre dois lados em conflito, o outro é o lado do real, da sua verdade. Dê uma olhada agora nesse lado e analise as suas razões para ter agido como agiu. Talvez você perceba que agiu de acordo com a sua cabeça, que fez o que lhe pareceu melhor na hora. Pode não ter dado o recado porque não lembrou ou porque não achou que fosse urgente. Agora, volte para o lado do "deveria". O que você sente? Percebe que você começa a se oprimir, porque acredita que "deveria" ter feito o que os outros queriam e não agido segundo a sua vontade? Daí, pode-se concluir que: *culpa é ficar contra nós, e não a nosso favor.*

Quando você fica do lado da culpa, do "deveria", não considera a sua situação real, não leva em conta a sua verdade. Mas, se você assume a sua verdade, não tem medo de dizer: "Não lhe dei o recado porque estava interessado em outra coisa". Assim, no futuro, não se comprometerá com algo que já sabe, de antemão, que não está a fim de fazer e não se proporá nada além das suas possibilidades. Quando você se aceita e se coloca de acordo com o seu natural, não arruma problemas.

Nós gostamos de ficar sempre do lado do "deveria". Com isso, ficamos contra nossa verdade. Não nos aceitamos como somos e também não aprendemos a ver o outro como ele realmente é. A culpa não ajuda em nada, só encobre a nossa verdade. Pois, quando você se sente culpado, vai falhar com o outro, vai falhar com você, e fica aquele rolo. Mas, se você se aceita como é, então é um jogo limpo. E, quando fica do seu lado, você não sente culpa nenhuma, porque está agindo de acordo com a sua natureza. Não "tem que" nada. Tudo é como você gosta e sente. Você assume a sua natureza, e os outros, a deles. Ficar do nosso lado, portanto, é rejeitar os elementos de idealização e de repressão. É a sociedade, no entanto, que nos faz negar nosso modo de ser. E toda vez que não combinamos com o modelo, nós nos batemos. Assim, não dá mesmo para ter paz.

Lembre-se de que pela lei da atitude a vida o tratará como você se trata, e se você está contra si, tudo lhe sairá errado.

Não basta enfrentar o medo

Procurando observar o medo em mim, porque somos o nosso melhor laboratório, percebi que ele é uma coisa automatizada e que, apesar do nosso arbítrio, nem sempre conseguimos eliminá-lo. A crendice popular, no entanto, costuma aconselhar: "Ah, enfrenta que você perde o medo". Mas nem sempre conseguimos acabar com ele, pois é só relaxar um pouquinho que o medo volta. Se observarmos bem, veremos que, em algum momento, já enfrentamos o medo de uma determinada situação e, apesar de não ter ocorrido nada do que temíamos, o medo não desapareceu. É só voltarmos a enfrentar a mesma situação para perceber que o medo continua lá. Esse negócio de dizer: "Ah, eu tenho medo de voar e vou me obrigar a voar"... Não basta voar para perder o medo. Se tomar outro avião, o medo estará lá de volta.

Embora o tema seja medo, não acredito que você queira realmente se ver livre dele. Será que você não usa o medo como desculpa para não ter que fazer o que não quer? Precisa ver bem se você quer mesmo enfrentar o seu medo. Não é melhor dizer "Não quero fazer, porque não é conveniente para mim"? Pois, só se quiser mesmo, você acaba enfrentando. Mas há pessoas que não querem perder o medo, porque ele funciona como uma proteção. É um escudo para não ter que encarar determinadas coisas, não assumir uma série de responsabilidades na vida, principalmente se encontram quem faça por elas.

Vergonha de ter medo

Outras pessoas escondem o seu medo. Homem ter medo já é um sinal de fraqueza. Tem que ser durão, corajoso, pois se quer ser um defensor, como pode mostrar medo? Não combina com a sua imagem. Eles nunca dizem que têm medo, só estão preocupados, nervosos. Algumas mulheres também se dizem assim: fortonas, duronas, mas só da boca para fora. Bem poucos assumem o medo. Para a mulher, é mais fácil assumir, porque não depõe contra ela. Ninguém vai ficar horrorizado se ela confessar seu medo. Dizer que tem medo é até natural. Afinal, a mulher não foi feita para proteger, mas para ser protegida. Pode ter medos e fraquezas. Tudo isso não passa de uma bobagem. Medo é medo e precisa ser enfrentado da maneira certa, como veremos mais adiante.

Os vários tipos de medrosos

É interessante notar como fugimos do medo para não ter que encará-lo. Talvez, porque nem saibamos direito o que é medo. Existem muitas maneiras de ser medroso. Que tipo é você? É um medroso com personalidade definida ou um medroso vulgar? Veja em qual desses perfis você se encaixa.

• **O medroso sem vergonha.** É o que usa o medo como desculpa para tudo: quando não quer assumir responsabilidades, quando não quer fazer ou quando quer que os outros façam por ele. Não tem a menor vergonha de confessar que tem medo. Aliás, a desculpa que dá é sempre a mesma: "Ai, eu tenho medo. Vai lá fazer por mim". Tem sempre aquela metidona que vai e faz. Adora exibir que consegue fazer, e a medrosa, então, usa e abusa. Não vai mudar nunca, pois sempre tem alguém que faz por ela. E manipula os outros com o medo que diz ter.

As pessoas adoram proteger o medo dos outros, porque acreditam que com o medo alheio não se brinca. Do mesmo modo que não se brinca com os sentimentos dos outros. Pelo menos é isso que reza o contrato social, embora o que mais se faça é brincar com o sentimento dos outros. É uma desculpa maravilhosa. O fulano não fez determinada coisa? Não fez porque tem medo. Coitado, você precisa entender.

É também o caso da mãe que diz: "Ah, tenho medo de ficar sozinha". Mas não quer arranjar companhia, não quer se virar sozinha. Quer ficar mimada e, com isso, arruma uma porção de doenças. Prefere jogar a responsabilidade da situação nas costas dos filhos. E nós acabamos assumindo o medo dessas pessoas com a nossa maneira errada de querer ajudar, de encobrir, em vez de dizer: "Ah, não, você que se vire, porque também não quer fazer nada por si". Agir assim significa incentivar a mãe a fazer por ela, a reagir da forma certa, a ter de volta a sua juventude e a se apaixonar de novo pela vida. Pois essas pessoas estão acostumadas, desde a infância, a se recalcar e a se reprimir.

As mulheres geralmente pertencem a esse grupo. É considerado até feminino não ser agressiva e ser mais medrosa. É próprio das mulheres que têm muita celulite, pois mostra o quanto elas estão largadas. Acham que determinadas coisas não são para elas, são só para os homens resolverem. Eles, ao contrário, são incentivados a lutar, a ser guerreiros e a vencer o medo desde pequenos. E, se tiverem medo ou insegurança, são obrigados a disfarçar. Procuram então distrair a cabeça, não ficar conscientes do medo. "Inconscientizam", o que torna a situação pior ainda para eles. Por isso mentem, dizem que não têm vontade de fazer certas coisas, que preferem ficar em casa.

• **O medroso disfarçado de corajoso** é um tipo difícil de identificar, porque usa o medo como um escudo. Não usa a expressão "tenho medo", mas "tenho vergonha, sou uma pessoa introvertida". Jamais confessa, por exemplo, o seu medo de falar em público. Alega que não quer se arriscar para não fazer ridículo. E, por temer que certas fraquezas e inabilidades suas se tornem evidentes, tenta esconder isso dele mesmo. Acha que, se ele admitir seu medo, vai ser considerado um fraco. E o homem jamais pode ser visto como um fraco, pois isso põe em dúvida a sua masculinidade.

Tudo na vida dele é em função de mostrar que é forte. É o tipo que não chora, não demonstra seus sentimentos, porque isso ainda é visto como uma atitude pouco masculina. É profundamente resistente a mostrar qualquer fraqueza. Admitir o medo não é só destruir uma imagem de pessoa segura, mas representa o risco de ter que encarar a própria insegurança. Pois, na fantasia dele, encarar uma insegurança é fraquejar e, se fraquejar, não há mais volta. Significa fraquejar em todos os sentidos, principalmente no desempenho sexual. É perder o vigor, não ser mais homem.

Esse tipo de temor é um tormento para ele. Às vezes, pensamos que esse indivíduo está preocupado com o trabalho ou com os negócios, quando, na verdade, está preocupado com a questão de se sentir seguro como homem, de ser potente. Desde pequeno, ele aprendeu a associar segurança com potência. Por isso, é um medroso disfarçado de corajoso. E se acontece algo que possa abalar a sua segurança, ele logo arruma desculpas e justificativas, do tipo: não sabe se é aquilo mesmo que quer na vida, tem dúvidas. Não que ele seja medroso, o que ele tem são dúvidas, pois é um tipo muito comedido, com muito discernimento. Ele pensa muito antes de se decidir, mas não é por medo. É que está tentando achar um meio para resolver as coisas, e isso abala a sua segurança.

Geralmente faz o tipo complicado, aquele a quem você tenta explicar uma coisa e, para tudo o que disser, ele arranja algum problema, alguma complicação. Está sempre explicando, argumentando e, quanto mais se explica, menos ele quer entrar em contato com o próprio medo. Quando começa com desculpas, do tipo "sabe o que acontece...", pode apostar que é tudo mentira. Ele vai fazer uma preleção, porque está inseguro. E se está inseguro, está com medo. Ao contrário, se ele fosse um homem bem resolvido, até na própria masculinidade, assumiria logo seu medo.

• **O medroso que se diz cauteloso.** Geralmente é o paranóico. Ele toma as decisões sempre baseadas no medo: "Vou fazer tal coisa, porque senão pode me acontecer assim... Ah, isso eu não faço, porque, se fizer, vai acontecer isso e aquilo". Tudo o que ele escolhe é em função de evitar tragédias. A vantagem dele é escapar das tragédias que ele próprio inventa. Nunca faz nada porque gosta, mas para evitar o perigo, porque está convencido de que a vida é perigosa. E só porque ele é esperto é que evita os perigos. O esperto dele é inventar coisas: "Ah, se não fizer isso, fulana vai ficar brava comigo. Aí, vou sofrer, vou ficar sozinho". Inventa o tempo todo, porque acha que assim ele pode se precaver. É uma pessoa supercontroladora, que acha que precisa controlar tudo para que dê certo.

É comum na pessoa que dá cada vez mais atenção ao medo, por considerá-lo uma voz sábia, que lhe avisa dos perigos. E acredita que, se não ouvir, ela vai se estrepar. Por isso, ela se considera uma pessoa prudente, do tipo que gosta de alertar sempre os filhos para os perigos: "Tome cuidado. Vê bem o que você vai fazer na vida... Estou falando para o seu bem, menino". Como ela profetiza um futuro catastrófico, resolve preveni-los, pois gosta de cuidar do bem-estar humano como cuida do próprio.

Seu sentimento básico é o medo, que ela chama de ser cuidadosa e responsável. Com essa postura, ela alimenta uma das maiores instituições da humanidade: a preocupação. Já virou até um condicionamento, pois ela acredita que para ser responsável *tem que* se preocupar. Ao contrário, quem se pré-ocupa e fica na loucura mental, não se ocupa direito do que está fazendo. Esse é um medo muito comum nas mães. Se o filho, por exemplo, ainda não chegou e já passa da meia-noite, ela tem que estar preocupada. Você não acha normal se preocupar? Acha que um pai ou uma mãe responsável pode dormir tranqüilo? E se aquela tia do interior chegar e perguntar onde está sua filha? O que ela vai dizer, que estava vendo televisão? Ela tem que fazer o tipo moderna, liberada, ao mesmo tempo em que faz a mãe preocupada. Não deve ser fácil!

O pai também tem que mostrar que é responsável, se preocupando em saber se o filho já chegou. Tem pai que não gosta nem que o filho saia, porque senão ele vai ter que sofrer. Não é que ele queira sofrer nem que sofra, mas vai ter que inventar que sofre. Também não é fácil ser pai! Ficar acordado até as 3 ou 4 horas da madrugada esperando, tendo que sofrer para mostrar que tem responsabilidade. Para quando o filho entrar em casa, ele ter que olhar com aquela cara de pai ensaiada durante horas na cadeira, com ódio e dizer: "Onde você esteve até essa hora?" E ainda ter que ouvir sempre as mesmas mentiras. Ele, pelo menos, dizia para seu próprio pai aquelas desculpas, então por que o filho não iria dizer? Pois, quanto maior a cara feia, maior a mentira.

A pessoa assim, no fundo, faz o tipo medroso por obrigação de ser medroso. O medo que ele tem de não ser medroso é muito maior do que de ser medroso falsamente. Pois, se amanhã acontecer algo com o filho, é a reputação dele que estará em jogo. Vão dizer que ele não cuidou direito do filho. O importante, definitivamente, é a reputação, a vaidade. Na verdade, esse é um medo vantajoso, pois o que a mãe teve que passar por aquele filho, no entender dela, ele vai ter que recompensá-la no fim da vida.

• **Os medos crônicos, fóbicos** recebem nomes sofisticados, como paranóia. É o medo de perseguição, em que a pessoa acha que todo mundo a está perseguindo, quando, na verdade, só quem a persegue é ela mesma. Medos fóbicos são aqueles que provocam ataques, ojeriza. Estes são medos exóticos, extravagantes, que recebem uma consideração social fantástica.

Agora inventaram a síndrome do pânico. Antigamente, chamavam de covardia, mas hoje essa síndrome dá Ibope, é considerada até chique. Recebe esse nome quando a piração chega a tal nível que a pessoa fica saturada das pressões que ela mesma se faz. Você já reparou como a nossa vaidade impõe pressões absurdas sobre nós? Vivemos preocupados em parecer ser o que não somos só para agradar aos outros. Gostamos de bancar o bonzinho, o maravilhoso só para ganhar aplauso. Fazemos tudo para obter a aprovação dos outros, mesmo contrariando a nossa vontade. Anulamos a nossa individualidade para agir como o grupo, sempre preocupados com o social. No final, nossa única escapatória é ter uma crise ou algum problema que não dê para controlar. Com isso, a pessoa tem uma boa desculpa para ficar em casa, pois tem medo de sair. Dá taquicardia e, como ela pensa que vai morrer, fica em casa. Não que ela ou ele seja vaidosamente covarde, ou esteja fugindo da responsabilidade. É que deu a doença e agora tem que ficar em casa.

Como é doente, ninguém pega no pé, nem ele mesmo, pois o pior é ele se achar um vagabundo. Para ele, ficar um pouco parado era ser vagabundo, ter algum prazer já era visto como irresponsabilidade. O ego dele queria sempre ser o herói, e a pressão foi tanta que ele pirou. Também era o único meio de escapar desse esquema louco e viciado. Ele não conseguia aceitar o fato de parar, de tirar umas férias e ficar sem fazer nada. Isso porque as pessoas viciadas em trabalho, que querem bancar as maravilhosas e que nunca acham que fazem o suficiente, são desequilibradas. O trabalho não faz mal a ninguém. Ao contrário, desenvolve os nossos potenciais e mantém a nossa juventude, mas a maneira de trabalhar é que pode ser terrível.

Por seu lado, a pessoa compra essa idéia, porque é condizente com o esquema psíquico dela. O que causou essa doença? Ninguém questiona. Dizem que a pessoa estava estressada. Mas, o que é estresse? A pessoa estava trabalhando demais. O que não serve de explicação. O médico é conivente com o esquema da pessoa que não quer ver o que está causando esse estado em que ela se encontra. Ele receita um remédio, que dá uma aliviada, pois a droga substitui o que faltava. Como a pessoa precisa de uma relaxada, porque é tensa, acha que o remédio ajuda. A droga acalma, e a família aprova, porque assim ela dá um pouco de sossego.

As características do medo

O medo é sempre uma fantasia concernente ao futuro.

Quando você diz "Eu tenho medo que...", está se referindo ao futuro, a algo que você teme, porque *acha que vai acontecer*. Não importa que essa fantasia esteja só na sua cabeça.

Vamos ver qual a diferença entre ter medo e ser uma pessoa prudente. Por exemplo, se eu for descer a escada, vou olhar para os degraus, porque sou prudente. Sei, por experiência própria, que os degraus exigem atenção para evitar que eu me machuque. Obviamente, vou tomar cuidado. Isso não é temer. É ser prudente, baseado em experiências passadas. Só de saber que alguém se machucou assim, já serve de aviso para mim. Também ao pegar um objeto delicado com as mãos, você toma cuidado para não quebrar, porque sabe que aquilo é frágil. Sabe que para dirigir o carro precisa tomar cuidado porque é perigoso.

Nós vivemos cotidianamente com o perigo. Por isso, temos prudência. Em que consiste a prudência? Você vai pegar o carro para sair, e o que acontece com seu corpo? Ele entra em estado de alerta, que só ocorre em situações com possibilidades de danos ou de riscos. Situações assim exigem o estado de alerta, que podemos acionar quando quisermos. Alerta significa liberar uma dose extra de adrenalina na corrente sanguínea para sensibilizar os nossos órgãos dos sentidos. Essa dose extra permite à pessoa ter reações repentinas e poder acionar todo o seu mecanismo de ação e de defesa a partir do alerta. Isso é uma reação natural do organismo. É excelente, como prudência.

Se vejo um cão bravo, preso numa corrente, por exemplo, entro em alerta, pois sei o que poderá acontecer se ele se soltar. Não estou dizendo *que vai acontecer.* Mas já vi acontecer e sei que pode acontecer. Sei que isso representa um perigo e entro em estado de alerta. Não é medo. Portanto:

Medo é o que eu fantasio que pode acontecer sem estar na frente de um perigo real.

Prudência é o estado de alerta diante de um perigo real.

Temor é o receio de que aconteça como já aconteceu.

Se percebo que estou sem breque, lógico que entro em estado de alerta para prevenir a dor e o acidente.

O medo é diferente da prudência. O medo chama o estado de alerta sem que haja na nossa frente um estímulo perigoso. Você ouve um barulhinho na cozinha, já pensa no ladrão e treme todo. Significa que você está se pondo em estado de alerta à custa de uma fantasia e não de um fato real. O cão ou o ladrão representam um fato real, porque há o perigo iminente; então, toma-se cuidado para evitar. Mas: se *eu imagino que... e ligo o meu alerta, isso é medo.*

Se estudarmos pormenorizadamente o medo como um estado mental, concluiremos que:

Medo é a projeção do entusiasmo reprimido e "inconscientizado".

Vamos explicar cada um desses conceitos para que você possa entender.

O entusiasmo reprimido

Para saber como você foi reprimido, basta observar como foi educado. Nas sociedades católicas, acredita-se que a criança, que é um ser neutro e sem vida passada, recebe uma alma quando nasce. Por ser uma alma completamente pura e ingênua, essa criança vai depender dos pais para tudo. São eles então que precisam moldar e fazer com que ela seja um ser social. E, para moldar, vale tudo: agredir, castrar, forçar a fazer o que não quer, não ter direito a pensar nem a sentir por si e nem mesmo à própria individualidade. Tem que seguir as regras para se tornar um bom homem. Na visão do catolicismo, significa ter que seguir os mandamentos para poder ser salvo e ir para o reino de Deus, para a felicidade que virá só depois da morte, e nunca nesta vida.

Você também foi criado assim. Nunca ninguém ligou para os seus sentimentos, nem para o que estava acontecendo com você. Sua vida se resumia ao "tem que", aos castigos e às opressões. Você era obrigado a seguir regras para não sofrer as consequências: desde o desamor e o desagrado dos pais até punições drásticas e pavorosas. Os pais faziam isso para que você crescesse um adulto com caráter. Mas o que é caráter? É um conjunto de características esperadas de um adulto: uma pessoa boa para com as outras, respeitadora das leis, que sabe se comportar em cada situação adequadamente, sabe usar as palavras apropriadas. Com isso, a pessoa virava uma máquina. Daí a grande margem de hipocrisia que existe na cultura católica. O homem tem que ter duas caras. Ninguém diz a verdade. Todo mundo tem medo de se mostrar como é. Só mostra o *pro forma*, o aparente. A verdade é considerada como uma coisa pecaminosa, pavorosa. As variações da natureza, da nossa individualidade são sempre vistas como algo terrível, porque não estão de acordo com o catecismo. Somos criados com tendência a ser muito frágeis em relação a nós mesmos e muito agarrados aos costumes sociais e às regras da boa educação.

Lembra daquele pai que era cheio de pose em casa e, fora, era outra coisa? Daquela mulher sôfrega, sempre se dedicando aos filhos, mas uma mulher burra, morta, acabada? Esse é o padrão da nossa cultura que vigora até hoje em muitas famílias, como parte dessa filosofia. As pessoas não eram educadas para existir individualmente, para ter a coragem de encarar as verdades da vida e da natureza. Hoje, há menos rigor nesse conceito porque outras crenças trouxeram seus contributos à nossa cultura. Mesmo assim, a nossa educação ainda está impregnada de tudo isso, a escola e o ambiente social são muito assim. Respeitar o seu pai é temê-lo, respeitar a sua mãe é obedecê-la cegamente. Ainda existe muito disso, embora as famílias mais modernas estejam apresentando alguma abertura.

A maioria das mulheres foi criada para ser uma

princesinha, uma sinhá-moça. Podia ser pobre, mas tinha empregada em casa que fazia de tudo. Só não estudou piano porque não estava mais na moda. Ao mesmo tempo em que todo mundo fazia por ela, ela não podia fazer por si. Então ficou burra e incapaz. Ao mesmo tempo em que era podada na sua independência, tinha que se manter dentro de um certo padrão.

Assim era a mulher feita para o casamento. Era educada para ser passiva e servil. Todas as outras coisas tinham que ser sufocadas e recalcadas, principalmente a agressividade, a coragem de fazer por si, o auto-apoio. Tinha que ser sempre dependente, pois era o homem quem deveria supri-la. Tudo era dividido: uma parte para a muher, outra para o homem. Ele deveria ser frustrado em algumas coisas e desenvolver outras. A mulher, frustrada em outras, deveria desenvolver algumas. Assim, eles achavam que um dia iriam combinar e se encaixar. Mas o que se vê é só desencaixe.

O homem tinha alguma experiência sexual, e a mulher, nenhuma. A mulher foi criada para rejeitar seus impulsos sensuais, encarar sua sexualidade como coisa perigosa. Ele foi encorajado a ter só um orgasmo de pênis. Pois o homem tinha que ser homofóbico: não podia gostar de homem, nem de si mesmo, porque era homem. Aí, eles noivavam com um pouquinho de empolgação, mas não muita. Casavam e, para a mulher, sexo era só com ele e ainda para sempre. O que sobrava? A mulher grudava afetivamente nos filhos, porque não havia outra escolha. "Vou viver para os meus filhos." Coitados, porque ela ia exigir deles uma relação de adulto, o afeto, o carinho, a responsabilidade por ela que só um amante poderia ter. Os filhos ficavam todos loucos. Ou ela se ressentia e virava uma mulher cruel ou ficava alienada. Era a maneira como ela sabia lidar com a situação. Isso é o que chamamos de catolicismo, de sagrada família, e que ainda está impregnada em nossa cultura. Por isso, precisamos educar nossos filhos de outra forma para que tenham uma chance de vida melhor do que tiveram nossos pais e avós. Mas, graças a Deus, já se andou muito em termos de mudança de atitude.

Se observarmos bem, veremos que todos nós sofremos algum tipo de repressão, seja através das idéias que nossos pais nos impuseram, dos conceitos sociais ou dos valores que nos faziam parecer que éramos ruins e que não podíamos assumir a nossa natureza. É por isso que a nossa sociedade vive cheia de medos. As nossas instituições: o Estado, a Igreja, a Escola, o exército se mantêm de pé até hoje à custa da repressão e do medo. São essas instituições que incentivam o recalque do seu entusiasmo natural. Esse recalque se dá até com a repressão física, para que nasça o medo e, através dele, você possa ser dirigido por eles. Esses dirigentes, por sua vez, também já são assim contaminados e medrosos, porque nascem nos mesmos lares que nós. O político, o sacerdote tiveram o mesmo ambiente social e, portanto, sofreram as mesmas influências.

Podemos chamar essas tendências de católicas, ou de atitudes cristãs, mas elas já existiam até muito antes do próprio catolicismo. O judaísmo e as culturas orientais também estão impregnados desses conceitos. Parece ser uma tendência humana muito mais antiga que a religião, essa necessidade de recalcar o indivíduo para dominá-lo. Reprimir para exercer o poder sobre ele. Os sistemas foram criados para manter a pessoa recalcada, para poder subjugá-la através do medo e da culpa e exercer assim o domínio sobre ela. E como isso é feito desde criança, crescemos com medo até da própria sombra.

Hoje, a repressão é menor. Por isso, tende a existir cada vez menos medo. Embora a repressão possa acontecer em qualquer momento da vida. Por exemplo, se a situação não parecer ameaçadora, a pessoa está bem. Mas basta assumir um novo cargo ou surgir algo que a ameace para que ela passe a se desequilibrar e comece a se recalcar. Por isso, a gente pode começar a ter medo depois de adulto. Mas é preciso tomar consciência de que a repressão existe para podermos vencê-la e recuperarmos o nosso entusiasmo natural, além de nos livrar do medo.

Mas como se dá a repressão? É preciso entender que:

Repressão é o processo pelo qual "inconscientizamos" sensações e atitudes condenadas

As sensações condenadas ficam impedidas de se expressarem nas áreas da consciência em que o arbítrio domina, indo aparecer nas áreas da consciência em que o arbítrio não domina. Aparecem por meio dos sonhos, no corpo em forma de doenças, nas situações ou pessoas em volta de nós.

Dinamicamente, o processo da repressão se dá em três níveis:

- espremer com o corpo a sensação para dentro = tensão
- desfocalizar generalizando
- "inconscientização"

A repressão e a "inconscientização" só se transformam em medo, dependendo do grau de evolução do espírito. Não se consegue reprimir os espíritos mais evoluídos. Eles têm domínio sobre si e não permitem que os outros o dominem. Por isso, quem não é reprimido, quem tem uma relação honesta e direta com seus impulsos, também não é dominável. Nas culturas em que isso é considerado importante, seus elementos não são dominados. Foi o que aconteceu com os nossos índios.

O indiozinho é criado sem a menor repressão. A criança pode berrar à vontade que a mãe não ergue um dedo. Ela faz absolutamente o que quer, pois não se reprime a criança. A mãe tolera e a tribo inteira também tolera tudo. A criança vai passando por fases e vai aprendendo, no convívio, a linguagem, as necessidades básicas, pois copia o ambiente à sua volta. Ela cresce sem medo e amadurece muito mais cedo. Por volta dos 12 anos, já enfrenta o ritual para se tornar adulta. O indiozinho nunca brinca ou estuda, pois tudo o que ele faz é em função do prazer de viver. A primeira coisa que ele recebe é um arco e flecha pequeno para começar a treinar, porque vai depender desse instrumento mais tarde para sobreviver.

Na tribo não existem doenças, a não ser quando os índios entram em contato com os brancos. As índias têm parto sozinhas, perfeitamente saudável e natural. São coisas assim que nos fazem pensar que o medo não é natural. Essas tribos e outras organizações, pensando e se educando de outra maneira, obtêm resultados diferentes do nosso. O que mostra que é a nossa cultura, a nossa forma de ver a vida e de pensar que geram o medo. Isso nos dá a chance de nos libertar.

Recalque e "inconscientização"

O recalque se dá em duas etapas básicas. Na primeira, a gente prende o impulso com o corpo. Por exemplo, você quer rir, mas acha que não fica bem. Então, contém a risada e procura distrair a cabeça com outra coisa qualquer. A risada é o impulso que você recalca. Mas, com isso, não recalca apenas a risada, segura também todo o seu entusiasmo. A segunda etapa é "inconscientizar", ou seja, fingir que não existe o motivo que provocou o tal impulso de rir, pois, se lembrar, vai dar risada. Portanto:

"Inconscientização" é o processo pelo qual nós podemos esconder da nossa consciência qualquer experiência. Para isso, usamos a capacidade de fingir. Fingimos que não estamos vendo ou sabendo e, depois, fingimos que não estamos fingindo, que é tudo assim mesmo.

Você pode esquecer ou lembrar o que quer e o que não quer. Pode também recalcar um estímulo anos mais tarde. De repente, passa a recalcar alguma idéia por ouvir os outros. O casamento costuma ser, para a mulher, um jogo de recalques, o que cria uma série de problemas. Claro que depende com que cabeça a pessoa se casa. Geralmente é só assinar o papel para se começar a fazer o papel de casado. Veste uma personalidade totalmente contrária à sua natureza. Mas há pessoas que permanecem como sempre foram, embora enfrentem novas funções. E há também as coisas que se recalcam dependendo de o ambiente permitir ou não, porém isso só conta para as pessoas que não respeitam a si mesmas. Se for mais permissiva, a pessoa se permite ser "si mesma". Mas são poucas as que são "si mesmas" em qualquer situação. Geralmente a gente é só um reflexo do ambiente, porque é muito vulnerável.

Também há coisas que você recalca uma determinada época e outra, não. Por isso, há medos que vão e vêm, porque dependem de quanto você está se recalcando. Às vezes, a pessoa recalcou seu desejo sexual por alguma razão e, dependendo do parceiro, ela pode ter uma relação boa ou não. A gente é muito mais dependente da reação dos outros do que acredita.

Há medos que a gente alimenta com certas pessoas e com outras não, dependendo do modo como elas são. Mas o processo é sempre o mesmo. Existe algo que o leva a se recalcar. Pode ser uma idéia, um pensamento ou certos comportamentos que o fazem se recalcar e, em seguida, você começa a ter medo. Há pessoas que têm isso tão automatizado que se ficarem muito felizes, logo dá um medão. Daí o ditado: "Quem ri muito hoje, chora amanhã". Está tão associado à idéia de sacanear o próprio entusiasmo que, quando a pessoa está bem, fica até esperando que algo ruim aconteça.

Entusiasmo + repressão = medo

Entender o medo é uma coisa interessante. Fui estudando, observando e foi surpreendente perceber que o medo era esse nosso entusiasmo recalcado. Quando a gente nasce, reencarna com todo o nosso entusiasmo. Basta observar a criança para perceber que ela é inteira no seu entusiasmo pela vida, na força e na capacidade de ser "si mesma". Isso representa uma ameaça muito grande para um mundo todo retalhado como o nosso. As pessoas não sabem lidar com isso e algumas, a pretexto de dizer que é para o bem da criança, se tornam até cruéis. É como a mãe que soca o filho hoje para que ele não venha a sofrer amanhã. E, conforme a mãe vai educando, a criança vai reprimindo o seu entusiasmo natural. É comum ouvir: "Não faz assim para a mamãe. Se você for briguenta, ninguém vai gostar de você. Tem que ser boazinha". A criança então vai aprendendo a segurar essa força, já que é tão malvista pelos outros. Ela vai se reprimindo e se castrando.

Quando se torna um adulto, está todo duro e retesado. E de tanto segurar o medo no diafragma e nas costas, os ombros vão formando uma leve curvatura. Parece uma pessoa comum, mas vive tensa de tanto se segurar. O nome disso é medo. A repressão faz com que o entusiasmo apareça em forma de medo. Todo medo é nosso entusiasmo natural, nossos impulsos de vida, como: sensualidade, força de se impor no mundo e se apoiar por si mesmo, que é conhecido como agressividade, vontade de expressão sincera, curiosidade, alegria, sentimentos verdadeiros como amor e desamor, que fomos reprimindo para nos tornarmos cidadãos respeitáveis. Por isso, parecemos meio mortos, porque carregamos essa crosta de tensão.

Temos uma visão de vida que impede o contato com as nossas forças naturais e o encaminhamento dessas forças para a nossa satisfação e realização. Mas somos nós que nos reprimimos. Tanto que achamos natural morrer doente, embora algumas pessoas, as que estão em paz com a sua natureza, morram naturalmente. A maioria das mortes no planeta é suicídio, não é morte natural. A pessoa se desgastou de tanto sacanear o próprio entusiasmo, de tanto se segurar e se reprimir, que acaba congestionando todo o sistema. Entope as veias e daí fica esclerosada. Os ouvidos e os olhos já não funcionam bem, porque passa só um fiozinho de energia que não é suficiente para revigorar. E como a sua energia está toda contida, ela vai murchando e perdendo os órgãos dos sentidos. Vai morrendo viva, porque falta a energia da vitalidade, que dá o vigor.

Nem todos são assim, felizmente. Há velhos sacudidos, bem-dispostos, pessoas que, quando chegam à terceira idade, têm uma beleza até maior, tal é o vigor delas. São pessoas que aprenderam a se libertar dos padrões repressores. Sofreram algumas desilusões, mas aprenderam a jogar fora alguns preconceitos e envelhecem sem perder a vitalidade. Mas a pessoa depressiva, que perdeu o entusiasmo pela vida, não tem médico que cure. De uma gripe, ela acaba complicando para uma pneumonia, e assim vai até morrer. Às vezes, a pessoa leva um susto e resolve reagir, porque o médico disse que ela só tinha dois meses de vida. Passam dois anos, ela está linda. Pensavam até que iria morrer, mas ela lutou e acabou encontrando a cura, tal era o seu ânimo de viver. Se muitas mulheres ainda não têm condições de ter parto natural ou poucas pessoas morrem de morte natural é porque existem muitos elementos na nossa maneira de pensar e de viver que são contrários à natureza, como essa nossa moral repressora.

Padrões básicos do medo

Tudo o que você mais teme, na verdade, é o que mais o atrai. Pode parecer estranho, mas se você tem medo de algo é porque, no fundo, está atraído por aquilo. Tem uma atração incrível pelo que mais teme. Por exemplo: você só tem vergonha de cantar em público porque morre de vontade de fazê-lo. Se não tivesse vontade, isso nem teria importância para você. Mas como quer cantar e você segura esse impulso por causa do orgulho, vira vergonha. Quanto mais envergonhado estiver, significa que maior é a sua vontade. Então, fica com inveja, condena quando vê o outro fazendo exatamente o que você tem vontade de fazer. Claro que não é o que você diz: "Ah, como ele tem coragem?" É porque você queria estar no lugar dele.

A vergonha mostra que você está atraído, mas que está recalcando o impulso. Então, ele aparece como medo. Pode apostar que um dia vai acabar fazendo, porque o recalque e a resistência não podem ser eternos. A natureza precisa arrumar um jeito de liberar aquele impulso que você está prendendo para tentar reajustá-lo dentro da evolução. Algo a natureza tenta fazer. Por isso, o que a pessoa teme está sempre passando na frente dela, como se a estivesse perseguindo. E quanto mais medo você tem, mais intenso é o entusiasmo recalcado.

Toda vez que a gente recalca alguma coisa é porque tem um preconceito contra aquilo. Só recalcamos o que é visto como mau, inadequado, sujo etc. A natureza em si é positiva, mas a visão das pessoas é ilusória. Os nossos entusiasmos necessitam de educação, e eles de fato são moldáveis, mas, como são considerados erroneamente como coisa perversa, acabam sendo suprimidos. Tudo não passa de preconceito.

O preconceito básico que reprime nosso entusiasmo é: os outros sempre em primeiro lugar. Significa que para viver bem com as pessoas, eu tenho que me suprimir. Esse padrão é o pior, porque se você não é "si mesmo", também não pode dar a sua melhor contribuição para o mundo. É a política errada, da desindividualização e do empobrecimento social de uma multidão que segue os valores sociais vigentes e é incapaz de contestar e de inovar. E, dessa forma, nós não temos nenhum ânimo para renovar. Mal temos condição para cuidar da nossa vida, que dirá para pensar em um trabalho social de renovação. Essa compreensão ajuda a irmos nos liberando e a entendermos a natureza humana melhor.

Entusiasmo de sentir

Cultivar o tesão pela vida é fundamental. Tudo o que nos é adequado, o que responde verdadeiramente às nossas necessidades, causa essa sensação de delicioso prazer, que nos motiva e nos dá lucidez, esperteza e presença. É uma sensação boa que nos torna melhores. A palavra "tesão" não se refere só à atração sexual, mas ao desejo intenso pela vida.

Reprimido, esse tesão gera o medo de sentir prazer na vida. É isso o que diferencia o estado de saúde da doença mental. Quanto menos prazer a pessoa sentir, maior a neurose. Quanto mais prazer, mais saúde.

Para recuperar o entusiasmo contido

Só pelo fato de encarar o medo, ele já se reduz, porque é uma projeção. Você está introjetando, que é o contrário. Ah, então é mesmo porque essa sensação horrorosa está sempre aqui. Como eu provoco? Devo ter crenças que me levam a reprimir. Quais são os elementos repressores em mim? São idéias e costumes que você alimenta contrárias ao seu entusiasmo, ao seu vigor natural. É dessa sensação que você está fugindo e que alimenta de certa forma. Ela é apenas o resultado do impacto de conter o próprio entusiasmo. Dá para perceber que tipo de entusiasmo você está tentando conter? A vantagem de entrar em contato com ele, e não de suprimi-lo, é que assim o medo vai desaparecendo.

O medo é sempre bem-vindo, porque é por meio dele que você vai perceber onde está se segurando, em que aspecto está traindo a sua natureza. O medo só atrapalha e nubla nossa tomada de consciência, nossa realização.

Quem tem medo de dirigir, por exemplo, é louco por independência e tem tesão de autodirigir-se. Quem se reprime sexualmente é porque tem um interesse muito grande por sensualidade, que é, em termos gerais, o tesão de sentir, seja lá o que for. Quem reprime a sua agressividade tem atração pelas pessoas mais fortes. É por isso que a mulher passivona casa sempre com o déspota agressivo. Adora um machão ruim. Ele também não é louco de se casar com uma fortona, que de cara já dá um pontapé nele. São as passivonas, as bem castradas na sua força de se impor, que vão procurar um homem bem agressivo. O que mais temem é pelo que mais têm atração, porque o temor gera um entusiasmo semelhante àquilo e, por isso, atrai. Não é pela pessoa qua a gente se apaixona, mas por uma característica dela, por uma impressão. Depois que acaba a paixão, a gente percebe que, na maioria das vezes, não tinha nada a ver. Assim, a paixão não passa de projeção.

Toda tendência recalcada precisa ser orientada, canalizada para aquilo que dá lucro no trabalho. A pessoa que tem medo de dirigir, no momento em que consegue "desrecalcar" aquilo, vai ser uma excelente diretora, capaz de mandar, coordenar e organizar do jeito dela. É muito útil ter alguém que saiba mandar ou que tenha jogo de cintura suficiente para pegar um problema e resolver. São energias que foram aperfeiçoadas, agressividades que foram requintadas.

Há pessoas que reprimem a capacidade de aventura. O bom negociante tem que cultivar o seu entusiasmo pela aventura, precisa gostar de elaborar estratégias e curtir o barato de argumentar, de seduzir e de ser charmoso e sensual. É um manipulador nato, porque se compraz em ser habilidoso. Tudo isso vem das energias básicas: sensualidade, agressividade, expressividade. Quando a gente começa a se "desreprimir", encontra o suprimento de entusiasmo transbordando e disposto a ser empregado no que quisermos.

Se você quer recuperar o seu entusiasmo e perder todos os seus medos, focalize em suas crenças, naquilo que lhe foi dito e que você acreditou sem a necessária averiguação. Você costuma fantasiar perigos futuros. Isso é o medo de perder o medo. É o medo de ser "si mesmo", porque essa qualidade não foi reforçada na sua educação. Mas pode ser que agora, tentando recuperar o seu entusiasmo, vá encontrar a mesma coisa que encontrou quando era criança nas pessoas que estão em volta. Pensar nisso é sério, porque não queremos perder o afeto dos outros, o consolo, o apoio. Vivemos apoiados nos outros, como aleijados. Essas crenças estão em nós até hoje, como se fôssemos uma criança amedrontada e reprimida. Percebi que só tomamos a decisão de vencer o medo quando estamos sendo muito lesados. Quando estamos com a corda no pescoço, aí sim, tomamos a coragem de nos enfrentar, de enfrentar as mentiras e ilusões. Porém muitos, ao enfrentar o medo, enfrentam só o que temem. Mas são os preconceitos e as idéias falsas que vamos ter que enfrentar. Na medida em que vamos desmitificando essas idéias, vamos sentindo o impulso de recuperar nosso entusiasmo, e aí é que o medo desaparece.

Algumas vezes, ao enfrentar o que tememos, nos damos conta de que o que pensávamos das coisas era errado e refazemos nossas idéias. E, por destruirmos nossos preconceitos, acabamos por vencer o medo.

A libertação do medo e a recuperação do entusiasmo reprimido, de deixá-lo fluir livremente, vai muito da desmitificação inteligente do observador, que faz com que perceba que tudo isso é uma grande bobagem. E quando as pessoas vierem fazer pressão, já estaremos preparados para isso. "Não vou entrar mais nessa. Já sei muito bem que é uma mentira." Então, a consciência da coisa é o que liberta a pessoa de preconceitos internos e de falsos valores, de falsas promessas, das ilusões. Esse entendimento liberta e é por isso que a verdade é libertadora. É preciso usar a esperteza que todo mundo tem a serviço disso. É com essa sagacidade que a gente faz a reformulação.

Tudo o que você fizer para curtir o seu entusiasmo, para jogar fora preconceitos e para ficar ligado nas suas forças, obviamente ajuda a eliminar o medo. Mas enquanto acreditar que *o outro tem mais direito que eu;* ou *eu me reprimo para não incomodar o outro*, que são mensagens básicas da repressão, você vai manter seus recalques. Para liberar o seu entusiasmo, basta acreditar: *eu me ponho sempre em primeiro lugar.*

Nossos entusiasmos básicos são: curiosidade, expressão sincera (sentimentos reais), coragem (impulsos de ação e domínio do ambiente), ânimo (vontades da alma), a liberdade de sentir e agir por si.

Medos mais comuns referentes à área profissional

• **Medo de perder o emprego** pode ser gerado por outros medos básicos, como o medo de ficar sem dinheiro, por exemplo.

• **Medo de ficar sem dinheiro** é o medo de perder a valorização. De que forma você já se desvaloriza? Mostra o recalque do entusiasmo de ter prazer consigo e de ser "si mesmo".

• **Medo de perder a reputação** provocado pela nossa vaidade. De que forma você já se desclassifica? Recalque do entusiasmo do prazer de ser "si mesmo".

• **Medo de parecer ridículo** vem da vaidade, da pretensão de querer ser o que não é. De que forma você já se ridiculariza? Recalque do entusiasmo do prazer de ser "si mesmo".

• **Medo de perder a proteção da empresa ou da família, medo do desamparo ou medo de solidão,** tudo isso é gerado pela nossa insegurança, de quem não se segura em si, no seu bom senso. De que forma você já se desampara? Recalque do entusiasmo do prazer de sentir por si e de se guiar por si.

• **Medo de perder o sossego** provocado pela autoperseguição. De que forma você já se atormenta? Recalque do entusiasmo de deixar fluir, do prazer de sentir e ser espontâneo.

• **Medo de ser roubado, seqüestrado, abusado,** gerado pela autodeploração. De que forma você já se deplora e abusa de você? Recalque do entusiasmo do prazer de deixar ser "si mesmo", da liberdade para gozar.

• **Medo de falar em público** decorre da vaidade ou

constrangimento. De que forma você já se constrange? Ou de que forma você se superproteje? Ou de que forma você se oprime? Recalque do entusiasmo do tesão de se expressar.

• **Medo do fracasso** é gerado pela vaidade. De que forma você já reduz o seu potencial e se limita? Recalque do entusiasmo do tesão de saber fazer as coisas por si.

• **Medo de cometer erros** devido à autodeploração. De que forma você já erra com você? Como você se condena, se recrimina e se pune? Recalque do entusiasmo da curiosidade de descobrir o novo.

• **Medo de ser passado para trás** vem da autodeploração. De que forma você já está se pondo para trás? Recalque do entusiasmo do tesão de ser ousado e da liberdade de seguir para onde quer.

• **Medo de perder a promoção** vem da crença em perdas, autopiedade, desvalorização. De que forma você já se desclassifica e se vira contra si? Recalque do entusiasmo do tesão de gostar de si e de curtir os seus talentos.

• **Medo de não ser mais considerado capaz, habilitado para o cargo, medo da impotência, medo de não corresponder às expectativas** vêm do exagero em termos de expectativas, de querer ser o maravilhoso ou o super-homem. De que forma você já neutraliza as suas capacidades? De que forma está se oprimindo? Recalque do entusiasmo da liberdade de fazer o que se tem vontade.

• **Medo de não dar conta do recado** devido à insegurança. Você já se recalca e não liga para si mesmo. Recalque do entusiasmo da liberdade de criar e de ser original.

• **Medo de assumir cargos de liderança ou do poder** vem da autodeploração, da agressividade voltada contra si. De que forma você já se nega o poder e se massacra? Recalque do entusiasmo da agressividade ou capacidade de se impor ao mundo.

• **Medo de assumir responsabilidades** devido à irresponsabilidade. De que forma você nega o seu poder e se trata como criancinha? Recalque do entusiasmo da ousadia e do prazer de fazer por si.

• **Medo de autoridades e de pessoas em cargos superiores** vem da vaidade de ser bonzinho, da falsa modéstia. De que forma você se inferioriza? E de que forma você é autoritário com você? Recalque do entusiasmo do prazer de exercer poder no mundo ou agressividade.

• **Medo da riqueza, da prosperidade e do sucesso** devido a preconceitos religiosos, autodesvalorização, mesquinhez, pobreza de espírito. Está sempre relacionado a outros medos.

• **Medo de ser dominado** vem do dominador em potencial, do supercontrolador, dos delírios de grandeza, do complexo de inferioridade. Você se inferioriza, se supercontrola e se superprotege. De que forma você já faz isso tudo? Recalque do entusiasmo: prazer de deixar ser.

• **Medo de não ser valorizado**, pois você já se desvaloriza. De que forma você já faz isso? Recalque do entusiasmo do prazer de ser "si mesmo".

• **Medo do futuro ou do desconhecido** vem da fuga do confronto com a realidade. De que forma você está fugindo de ver a sua verdade agora? Recalque do entusiasmo da curiosidade e do prazer de conhecer o novo.

• **Medo de dirigir a própria vida** decorrente da infantilidade. De que forma a sua vida já está sem direção? Como você desvaloriza o seu bom senso? Recalque do entusiasmo da vontade de fazer o que quer.

• **Medo de tomar decisões** — ver medo do erro, das responsabilidades.

• **Medo de ter medo** vem da vaidade. De que modo você nega a necessidade de se confrontar? Recalque do entusiasmo da liberdade de ser "si mesmo".

• **Medo de críticas** é o criticismo em alto grau. De que forma você vive se criticando? Recalque do entusiasmo da curiosidade e do prazer de discernir ou de sentir com seus próprios sentidos.

• **Medo da inveja dos colegas** é comum no invejoso, frustrado e dissimulado. De que forma você se frustra e esconde o resultado de você? Recalque do entusiasmo da ousadia para fazer o que tem vontade.

• **Medo de ser prejudicado pelos outros** — ver medo de ser passado para trás.

Capítulo 5

A lei do vácuo

Deixe espaço para o novo entrar em sua vida

Uma das leis mais importantes da prosperidade é justamente a de limpar, de fazer espaço, livrando-se das tranqueiras que não nos servem mais. Quanta tranqueira você cultiva, tomando o espaço de novas idéias, de um fluxo amplo e gostoso! A gente é que se tranca na loucura dos outros, tranca coisas na nossa vida. Com isso, leva uma vida cheia de preconceitos.

Por que você guarda tanta tranqueira? Quanta coisa você conserva naquele quartinho dos fundos; o que tem de gente na sua vida que você não manda embora; o que tem de lembranças do passado que não servem para nada. As pessoas que gostam de limpar são chamadas de loucas. "Deu a louca nela, jogou tudo fora. Mãe, cadê? Já foi." A gente, porém, amontoa tanto lixo que isso acaba se refletindo no nosso modo de ser por dentro. Estou falando do efeito que isso causa em nós.

Engraçado como o corpo somatiza o nosso comportamento. É a coluna, o centro de tudo, que fica emperrada. Jogue tudo fora para se livrar dessas amarras. Se não tiver coragem de se desfazer das suas coisas, vá descartando tudo de olhos vendados. Só pelo cheiro.

Que idéias estão por trás desse tipo de comportamento, nos segurando? É a idéia de falta, de que "pode me faltar amanhã. Pode ser que um dia eu precise. E se eu precisar e, depois, não tiver?" Claro que isso só pode vir da pessoa que acredita em faltas. É ela mesma que emperra tudo. É coisa de gente pobre, pois só quem é pobre acredita nisso. Pobreza é um estado mental. Não tem nada a ver com a condição econômica da pessoa. O que caracteriza a pobreza são as crenças nas quais ela escolheu investir a sua fé. A crença na falta é um absurdo, pois não falta nada. É só uma maneira de ver.

Não é melhor pensar que se eu precisar, vou ter dinheiro para comprar? Mas a pessoa fica naquele impasse, segura, fica ensebando, nem larga nem sai de cima. Não toma uma decisão. O que causa isso são as idéias do amanhã. O medo não nos defende de nada. Ao contrário, se formos agir baseados no medo, vamos ficar com uma vida mesquinha, acanhada, pequena, perturbada. Que medo é esse? Claro que você não vai meter a cara, porque tem bom senso, ou seja, o senso do bem que só pode gerar coisas boas. Então, não invista na idéia de falta, de que não vai ter. Mas, e amanhã? Amanhã, Deus dará, como nos tem dado até hoje.

Vamos então nos livrar dessas coisas, porque a lei da renovação do fluxo é muito importante. Acreditar em faltas é uma maldade. E passamos a enxergar o mundo com maldade. Interpretamos os fatos como se a natureza tivesse sorteado alguns para ser infelizes. Acreditamos na idéia de falta: "Olha, você está gastando muito". Você ouve os outros e começa a ficar com medo, e aí aparece a falta do que não havia na sua vida. Não é para faltar nada para ninguém. Não endosse a idéia de que amanhã não vai ter. Você pode estar investindo para fazer alguma viagem, mas não está guardando porque amanhã poderá não ter. Está apenas poupando com o objetivo de realizar algum plano seu. Cuidado também com as idéias às quais você dá importância. A pessoa que guarda dinheiro ou investe em seguro de vida, por exemplo, acaba se danando mais rápido, porque acredita em desgraça.

É porque não acreditamos muito em nós. "E se eu

der uma escorregada? Então é melhor fazer o seguro. A minha mãe sempre dizia que eu era uma desmiolada." Quanta maldade feita em nome da boa intenção! Não é porque foi boa a intensão que o ato seja bom. Isso faz com que não confiemos em nós. Enfiamos na cabeça idéias de que somos menos. Mas não significa que as falhas sejam naturais. A virtude é natural, a falha é adquirida, como uma contaminação. Você estaria apto para agir se não fossem as idéias que truncam as coisas.

É preciso jogar essas coisas fora, fazer uma limpeza dentro de nós. Vamos insistir no bem, mas sem combater o mal, para evitar que o mal volte para nós mesmos.

A nossa única defesa é fazer o bem que sentimos em nós. Fora disso, não há defesa contra nenhuma desgraça

Está na hora de dar uma arejada, de abrir espaço para o novo em nossa vida. Vamos começar a agir. A lei do uso é usufruir. Acredito em usufruir o que há de melhor. Há coisas que você precisa jogar fora. Não só as coisas materiais, mas, acima de tudo, o seu lixo interior.

Para lhe ajudar, vou dar algumas idéias do inútil que você precisa se livrar para criar espaço para o novo.

• **É lixo toda forma de ressentimento ou raiva do que lhe fizeram.** Para mim não há nada para perdoar, pois tudo de ruim que fizeram para mim fui eu que atraí. Se há alguém a perdoar, sou eu mesmo. Costumo passar uma revista em minha memória e ver tudo e todos que me provocaram raiva, ao mesmo tempo em que dissolvo a raiva, assumindo responsabilidade pelo que aconteceu. Em seguida, procuro quais as atitudes em mim que provocaram esses fatos. Assim, mudo-as e fico em paz. Não me culpo, não culpo os outros, faço tudo friamente, com calma e respeito por mim. Com o tempo, minhas atitudes foram melhorando, e as coisas, inclusive as pessoas, ficaram mais favoráveis a mim.

Aprendi que responder com raiva ao que eu não gosto era uma coisa assimilada das pessoas com as quais eu cresci, e não que a raiva fosse instintiva, como eu pensava. Raiva é uma manifestação de nossa força de ação e coragem para enfrentar o mundo, sem a qual ninguém poderia sobreviver. No entando, ela é educável e reeducável, e só se mostra como raiva quando nós a educamos assim. Ela pode se mostrar como força, coragem, determinação, persistência, se for educada para tal.

Quebrar hábitos pode dar algum trabalho, mas sempre vale a pena. Quem quer ter tem de trabalhar por si. É a lei universal para todos.

• **Também é lixo tudo o que vem do passado.** O passado não pode ter força sobre nós. Não podemos prosseguir carregando o que fomos. Necessitamos de liberdade para mudar e melhorar. É inútil, portanto, preservar uma auto-imagem negativa, os foras que você acha que deu, o modo como você foi criado, os preconceitos religiosos, as culpas e os remorsos, achar-se endividado com os outros, as humilhações por que passou, as inimizades, as amarguras, as desilusões, as decepções, as frustações, as irritações ou implicâncias.

Para tal sugiro que dedique algum tempo de sua meditação diária para fazer uma limpeza em você. Isso vai lhe ajudar a criar espaço para o novo e aliviar a sua carga, tornando-se mais leve, ágil e satisfeito.

Para se limpar, é preciso que você tire a importância das coisas. Que você as veja e trate como uma bobagem infantil. Assim, elas perdem o poder de impressão e acabam se diluindo. Entretanto, elas podem ser úteis se você usá-las como indicadores de atitudes inadequadas para o seu bem-estar. Medite sobre cada um desses itens.

• **A auto-imagem negativa** nos indica o quanto vemos o mundo com os olhos dos outros e a que tipo de coisa nos habituamos a dar importância. Isso nos ajuda a procurar o oposto.

• **Os foras que você deu** podem indicar a falta de confiança em si e mostrar o que você precisa mudar.

• **As culpas** indicam o quanto você se deixou influenciar pelo perfeccionismo idealista dos medíocres com quem você conviveu. Isso o ajuda a ficar do seu lado e a aceitar-se como é.

• **Os remorsos** nos levam a perceber o quanto e em que nos impedimos de fazer o que nosso coração quer, uma vez que remorso é quando não ouvimos o bom senso.

• **O modo como fomos criados** é sempre um indicativo de quanto somos influenciáveis pelos outros e nos mostra em que devemos investir ou o que reforçar em nós. Há sempre o bem que aprendemos e queremos conservar e o mal que queremos mudar. Graças a Deus, nós agora somos adultos e donos de nosso próprio nariz.

• **Os preconceitos** religiosos nos indicam a necessidade de repensar com ousadia para encontrarmos as verdades da vida. E também nos alertam para o prazer da liberdade de pensamento.

• **As dívidas que achamos que temos com os outros** nos mostram o quanto nos apegamos às idéias de crime e castigo, de faz e tem que pagar. Isso nos abre a possibilidade de usarmos nosso amor e compaixão para conosco, exercitando e tornando cada dia mais fácil fazer isso com os outros. Passamos assim a ser uma pessoa nutritiva, respeitada e desejada.

• **As humilhações que sofremos** nos indicam o quanto nós nos deixamos iludir pelo orgulho e pela vaidade e o quanto nos privamos de experimentar e aprender com nossas experiências. Afinal de contas, só se sente humilhado quem tem orgulho. Fora isso, tudo é um barato!

• **As amarguras** são as desilusões que colecionamos, e elas nos mostram a nossa inflexibilidade em aceitar e aprender a lidar com a realidade que criamos. São o retrato de nossas resistências.

• **As desilusões** mostram-nos o nível em que sabemos lidar com nossa habilidade de imaginar. As desilusões são fruto de nossas ilusões, e estas, de nossa indisciplina de moderar o que pensamos das coisas. Uma pessoa prudente não faz idéia do que não conhece. O imprudente cria ilusões e gera desilusões.

• **As inimizades** nos revelam o quanto somos permissivos, frágeis, vulneráveis ao mal que nós alimentamos, principalmente contra nós mesmos, já que os outros nos tratam como nós nos tratamos.

• **As decepções** nos revelam o quanto somos descuidados em crer, prever e observar o mundo como ele é. Nos ensinam que devemos dar mais importância ao nosso senso interior e menos à aparência das coisas.

• **As frustrações** nos ajudam a reduzir nossas expectativas e nossas pretensões exageradas, as quais não temos ainda condições de alcançar, embora elas possam ser colocadas como metas futuras. Mostra nosso nível de arrogância, ou seja, como queremos que tudo seja como achamos, sonhamos, fantasiamos que "deveria" ser, sem darmos a menor confiança à razão, pois as coisas são como são. Arrogância é o nosso desrespeito à realidade, o nosso atestado de estupidez, e uma mostra de nossa incompetência em ser inteligente e esperto. Essa é a causa de qualquer sentimento de frustração.

• **As irritações ou implicâncias com os outros** me ajudam a ver os meus pontos fracos. Nós só implicamos ou nos irritamos com aquilo que também fazemos, mas escondemos de nós. Quando alguém mostra sinais de ser como somos, e fingimos para nós que somos diferentes, o bom senso dispara um alarme por todo nosso corpo, fazendo com que aquele comportamento da pessoa fique tão assustadoramente evidente que nos irrita. Queremos fugir para evitá-lo, mas a coisa se torna maior do que nós e acabamos por notá-la. Sempre que algo me irrita, pergunto a mim mesmo como eu provoco aquilo em mim ou nos outros. Assim, me dou a chance de mudar e melhorar. A partir daí, aquilo não me irrita mais.

Como você vê, tudo pode ser aproveitado com paciência, conhecimento e boa vontade para consigo. Isso me faz crer que a vida sempre me leva para o meu melhor, mesmo antes de eu ter o conhecimento que, ao longo deste anos, a vida me fez adquirir. O sofrimento parece uma forma de despertar minha consciência adormecida ou inocente para transformar-me numa pessoa lúcida, cheia de lucidez. Talvez seja daí que vem a expressão "espírito de luz", ao se referir aos desencarnados que mostram sabedoria.

Nada me segura, porque eu não me seguro em nada

Gosto de pensar e tomar a atitude de que: é a verdadeira liberdade que faz o fluxo da vida começar a mudar, que faz as coisas acontecerem, fluírem. Faz ainda o bem e o progresso dinâmicos. Se me deixo, de fato, fluir leve, é porque acredito no mais fácil. Descarto os pesos da vida com simplicidade e sou inteligente o suficiente para tirar deles o melhor.

A gente só segura essas coisas porque ainda não percebeu que elas são um peso em nossa vida. Mas é muito fácil se livrar disso. Quando a gente quer mesmo tirar, arranca do dia para a noite, porque não existe propriamente o mal.

O mal é só um modo de ver. Só o bem é real

Essa é uma grande chave. Se você passar a empregá-la, vai começar a alterar as coisas dentro e fora da sua vida.

A gente pensa nas coisas aqui dentro e as provoca na vida afora. A gente gosta de separar: o eu de dentro e o eu de fora. Mas a cada dia fica mais fácil entender que existe uma grande planície, onde todo mundo está ligado a tudo e que tudo é igualmente importante. Não existe essa coisa de dentro isolada da de fora. Tudo é uma atitude. Quando é, é. Essa atitude vale para o que está aqui, ali, ou onde quer que você tenha investido o seu poder.

Refiro-me à questão da unidade. Tudo me leva a crer que o universo é uma coisa única. A ecologia e a ciência, de forma geral, principalmente a física, falam que essa idéia de separação é uma questão de nível da consciência, de como cada um de nós observa a vida. Uma coisa é você observar a olho nu; outra, é observar por meio de aparelhagens que nos revelam novas dimensões do mundo em que vivemos. Numa dimensão mais profunda é tudo uma unidade que se estabelece em diferentes níveis de densidades da consciência.

Para alguns desses níveis, existe a sensação de tempo, de espaço e de individualidade como algo separado. Nós estamos vivendo numa dimensão, segundo a ciência da física, que caracteriza essa questão da individualidade, da divisão e da percepção das coisas como sendo distintas. Hoje temos aparelhos sensíveis que mostram que não enxergamos tudo, que existem dimensões coexistentes. E a ciência vai mais fundo, revelando que há um mundo em que tudo está interligado, que essa coisa de mundo de dentro e de fora num nível mais profundo não existe. Ali não existe nem tempo nem espaço. Talvez seja por isso que certas pessoas dotadas de uma sensibilidade especial podem ver o futuro ou o passado, ver lugares distantes e mesmo outras dimensões de vida até dentro de nós.

Existe outra coisa de que trata a psicologia que é a idéia de inconsciente, dessa dimensão que a gente não vê. A inconsciência está em tudo, pois há uma região que chamam de inconsciente coletivo, ou seja, comum a todos. Carl Gustav Jung foi um estudioso que dedicou a sua vida para provar isso.

Muitas vezes, não queremos ver e evitamos tomar consciência de algo e acabamos jogando para "o fundo", ou inconsciente.

Parte da minha capacidade está bem lúcida. Parece que pôr ou tirar a roupa é um gesto bem consciente, lúcido. Parece, mas tem tudo de inconsciente. É porque isso está relacionado a um universo que a gente não sabe o que é que faz o corpo se mexer. Você tem o desejo de se mexer e parece que o inconsciente aceita e realiza o ato, pois é ele o responsável pelas atividades do corpo. Embora tenhamos a impressão de que somos nós que fazemos, esquecendo que é o corpo que executa o movimento ao receber nosso comando. Quantas vezes as pessoas querem se movimentar mas têm problemas no corpo e não conseguem mais? É devido a alguma atitude inadequada que acabou comprometendo a relação entre consciente e inconsciente.

Não é a Vida ou Deus que cria os obstáculos para testá-lo, e sim as suas atitudes que provocam tais reações

Se você não segurar bem o copo, ele cai e se quebra. Você sabe que Deus ou a Vida não tem nada com isso. Qualquer pessoa que não segurar o copo direito vai acontecer o mesmo. Não tem nada de pessoal, apenas é a lei da gravidade. Suas atitudes são materializáveis e não têm nada de pessoal. Estão sujeitas apenas à lei da realidade. Tudo o que é real foi criado por uma inteligência que toma atitudes, e as coisas apenas refletem essas atitudes. A esses reflexos chamamos de realidade.

Não há sorte ou azar. O acaso não existe.

Imagine que você foi demitido do emprego e pense: "Puxa, mas meu serviço é superimportante e eu o faço bem-feito". E daí? A sua cabeça é boa, é próspera? Parece que não! Acontece que a cabeça do dono é, e você fica aí nesse medão. Vão cismar logo com você, porque eles sentem a sua energia. E *você* alega então que foi demitido por injustiça, mas foi você quem se limitou. A empresa tem direito de ir pra frente, e se você não tem cabeça para acompanhar, vai cair fora mesmo. É a vida que seleciona? Não, foi você que se excluiu. Os empregados que não são prósperos vão começar a se sentir tão mal que serão descartados naturalmente. Se você observar, vai perceber que a empresa tem tudo a ver com a cabeça do dono. É ele que atrai aquele bando de gente, porque tem afinidade com ele.

É assim também na sua família, pois foi você que criou aqueles parentes na sua vida. Ainda mais a mulher que escolheu. Você tem tudo a ver também com aqueles espíritos que chama de filhos.

— Não é a lei da afinidade, Gasparetto?

— Não, pois ela não existe. É apenas um modo de ver as coisas. Ela diz que os iguais se atraem, mas também os opostos e, por fim, os complementares. Desse modo, todo tipo de coisa pode ser atraído por todo tipo de coisa. Na verdade, não existe atração. Quando você toma uma atitude, ela em si se torna realidade. Na sua mente ela não passa de uma idéia, no seu corpo, de uma sensação, no inconsciente, de um modelo, e no mundo, de uma realidade. Tudo ao mesmo tempo. Na realidade, não há lei de ação e reação ou lei de afinidade. A realidade é constituída pelas nossas atitudes. Mudou a atitude, mudou a realidade ao mesmo tempo, pois elas são uma só coisa. Parece loucura pensar assim, mas é um modo novo de ver as coisas. Isso qualquer um pode comprovar, basta mudar a atitude e ver o que acontece na realidade.

Minhas idéias não vêm de divagações filosóficas, mas da análise dos fatos e da possibilidade de prová-los. Depois posso formar as deduções filosóficas que quiser e explorar suas conseqüências. Me esforço em manter uma atitude científica, embora poucos saibam realmente o que isso significa. Na verdade, a atitude científica é um conjunto de cuidados e disciplinas mentais para tentarmos estudar e compreender os fenômenos da vida, pois sem essa atitude científica teríamos maiores chances de criar ilusões ou incorrrer em erros. Ciência é o bom senso sistematizado, ou seja, o bom senso disciplinando as faculdades intelectuais.

Mas voltemos a você, o desempregado. E você ainda pergunta por que foi mandado embora? A sua energia era compatível com a da firma? Eles foram obrigados a fazer uma seleção, porque começaram a implantar uma nova dinâmica na empresa, e os velhos empregados, cheios de resistência, foram caindo fora. A seleção é justíssima, mas nem eles sabem que estão se valendo dessa justiça toda. Ou que essa justiça é imposta por todas as pessoas envolvidas, tanto as que foram como as que ficaram na empresa. Os chefes ou diretores apenas agiram levados por impulsos interiores mais fortes que eles. Claro que eles poderiam resistir e, com isso, pagar o preço de continuar tendo problemas na firma. Mas, cedo ou tarde, eles se cansam de lutar e, se estão sinceramente empenhados no progresso, acabam por aceitar que você deve ir embora, pois outro que merece o seu lugar já está ocupando a sua cadeira com a energia dele e a sua já está num outro lugar. Nem que seja na sua casa, esperando que você repense o que anda fazendo com sua vida.

Funciona assim também para o ladrão. Ele não sabe que é justo, mas só assalta quem é “assaltável”. Caso contrário, a energia da pessoa a protege de qualquer risco. É por isso que o ladrão só assalta quem ele sente que se põe na condição de vítima de assalto, de pessoa vulnerável. Até para ser bom ladrão precisa ser próspero, porque se ele tiver idéias resistentes, estará perdido. Lei é lei em qualquer situação! Roubar dá trabalho. Desonestidade também dá trabalho. Se ele está roubando e isso não é o melhor dele, a polícia vai achá-lo ou qualquer outra coisa terrível vai impedir que ele roube mais alguém. “Roubável” parece ser a pessoa que está deixando que alguém o invada e lhe tome algo de valor.

Parece que esse mesmo padrão ocorre quando estamos dando bola às críticas e o nosso melhor já não é mais dar confiança a elas. Se já sabemos pôr de lado as negatividades das pessoas e agir pela nossa própria cabeça, é uma falta grave ouvir as críticas dos outros, pois isso é permitir uma invasão. E a crítica sempre nos afeta de forma a nos desvalorizar. Críticas sempre são desvalorizadoras.

Se, ao ouvir essas críticas, você achou que deveria maneirar o seu jeito de agir com as pessoas, então o ladrão acaba levando o seu carro, pois o carro representa simbolicamente a liberdade social. Mostra que você está se negando a liberdade de ser e de agir como gosta. Se as críticas apenas lhe tiraram o gosto de fazer as coisas com as pessoas, ou seja, roubaram o seu ânimo, o ladrão leva só o seu toca-fitas, que é o símbolo de seu prazer de circular com liberdade social.

Tudo cai do céu. É... mas não para você

Mesmo que você esteja prosperando e que esteja menos resistente, ainda assim acha que as coisas não podem ser moles para você. O seu tem que ser sofrido, porque você acredita que o fácil não tem valor. Já pensou se na sua vida algo vem fácil? Não vem, porque você não deixa. Vem como, então? Vem como você acredita. É porque você ainda acredita, como seu pai, que na vida nada cai do céu, que tudo é luta, persistência, briga.

No almoço de domingo com as crianças à mesa, você não adora contar que começou a trabalhar aos 14 anos? E você, naquela luta de pai/mãe, conta como as coisas são duras. "É por isso que têm valor, meu filho." Você só aprecia o sacrifício: "Aquele fulano é bom, trabalha de sol a sol". Não é bom, é burro, porque não tem inteligência para fazer o trabalho dele render. Você também só valoriza o difícil, porque se a esmola for demais, o santo desconfia. E, para isso, você é santo!

Se vier muito fácil, a primeira frase é: "Não acredito que ganhei um aumento". No mês seguinte lhe tiram o aumento, porque o holerite estava errado. O seu nunca pode vir fácil. Quando você tem que enfrentar alguém mais complicado, na sua cabeça já faz um dramalhão que vai ser difícil.

— Você foi? — pergunta alguém.

— Ainda não. Estou me preparando psicologicamente para ir.

Veja só como é a cabeça de complicado, já está complicando antes. Nem chegou lá, mas já está enxergando a dificuldade.

— É, mas eu já sei como é a coisa, Gasparetto, fui me informar.

O pior é ir se informar, porque as pessoas passam as mensagens todas atrapalhadas, poluídas com os medos e as besteiras delas. E as coisas nunca são como os outros vêem.

Você chega lá e vê, com os próprios olhos, que é

tudo diferente. Você é outra pessoa, mas já entra na poluição dos outros, já se envenena e começa a criar dificuldades. Pois pode ter certeza de que você vai encontrar todas as dificuldades quando chegar lá, se chegar. Isso porque se não tiver sacrifício, você não dá valor. Não foi assim que você aprendeu? É por isso que na sua vida tudo é difícil, sua chance, aquela venda, até aquele cargo que podia ser seu é difícil, aquela oportunidade do bom negócio não vem à sua mão. Não cai do céu, pelo menos, não para você.

Só vêm à sua mão os negócios difíceis, enrolados. É o cheque sem fundo, as duplicatas vencidas já protestadas no cartório, os empregados que atrasam o serviço, a máquina que quebra e começa a complicar. Nada pode ser fácil para você, senão não tem valor. E não só não pode ser fácil como também não pode ser sem problema. Tem que ter problema, porque, senão, perde a graça. Problema dá um ar de pessoa responsável. E você não é mesmo responsável, é um bunda-mole, mas quer parecer, quer mostrar a todos que é alguém responsável, preocupado, que tem problemas. Esquenta a cabeça com problemas que você mesmo cria.

Tudo o que você faz poderia ser "facinho". Até pode, porque para o outro é assim. Só que a cabeça do outro é diferente. Mudou a cabeça, muda todo esse esquema. "Ah, o outro é sortudo, nasceu com o rabo virado para a lua." Todo mundo nasceu com o rabo virado para o mesmo lado. É ele que virou o dele para a lua e você que virou o seu para o inferno. Não é assim? O povo quer sempre parecer vítima, mas não é.

Bom é o que vem rápido e fácil, porque sai mais barato

Sabe por que você cria todas as dificuldades na sua vida? Para ser valorizado. Quando a pessoa quer se valorizar começa a contar as dificuldades, porque o fácil está associado a desvalor. Não é assim que aprendemos que é a forma de nos valorizarmos? Então você acreditou e investiu sua fé nisso. Foi você que deu força para o difícil, porque assumiu que só tem valor o difícil, então é só o que vem. Acha que dinheiro fácil é perdição. Não gosta do "facinho", porque você é encrenqueiro e metido a herói.

Uma situação aparentemente difícil pode ser usada como um meio de desenvolvermos nossos potenciais, e isso é ser inteligente. Mas assumir que dificuldades e desafios são bons estímulos para o seu crescimento é exagerar e criar encrencas inúteis, que vão acabar com seu prazer de trabalhar e terminam gerando só estresse. A melhor motivação é aquela que nos empolga, nos dá alegria e disposição de trabalhar. Ela vem do centro de motivação, ou seja, "a vocação", que é a voz da alma nos direcionando para onde está nossa realização. Ela nos leva a encarar tudo com genuíno interesse e entusiasmo. O resto é encrenca, medo, insegurança, falsa humildade, vaidade desenfreada e orgulho desbaratado.

É a pessoa que se põe numa posição tão inferior que nada vai para a frente e, depois, fica morrendo de inveja da vida de quem vai. Mas a gente está onde se colocou. Ela também teria condições de ir, se não tivesse se colocado naquela posição de vítima, porque se julga modesta. Desde quando o falso modesto sobe na vida? Acha que é lindo se pôr pra baixo. Como as coisas podem ser fáceis se o pensamento que rege o seu futuro é bitolado e se você só dá valor ao difícil?

Este País é complicado porque a gente acredita em complicação. Como os norte-americanos acreditam na praticidade, então, lá tudo é prático. Qualquer funcionário complica só para dar valor ao seu trabalho. Complica para ser herói. Põe tanta complicação, tanto empecilho, que tudo encrenca. Tudo é difícil justamente para poder cobrar mais caro pelo serviço. Muita gente cobra mais caro para parecer que tem mais qualidade, e você compra. E compra para se sentir valorizado e especial. Por isso, vaidade é o que mais se vende. Ilusão é o que mais se compra. O cinema, o teatro, os jornais, a televisão, os comerciais vivem de vender ilusões, pois o herói do dia-a-dia que leva uma vida medíocre e sem aventura quer se compensar com ilusões de vidas inventadas para criar falsas emoções, quase sempre vazias de conteúdos nutritivos. Tudo meleca! Só aqui ou ali se vê um produto honesto e de valor que possa realmente fazer um bem em nosso lazer.

O cara complicado torna seu trabalho mais difícil, enrolado. É um desastre, não rende. Trabalha, trabalha, e o dinheiro nunca chega para nenhum prazer. Tudo o que ganha, ele gasta nas necessidades. Quem acredita que é herói desvaloriza o prazer. Ganha só para o gasto. Diz: "Ah, vou comprar aquele perfume francês". O filho cai, e o dinheiro vai todo para engessar o braço da criança. Esse vai continuar usando a alfazema do supermercado.

Pobre, na verdade, é a cabeça. Problemático é o modo de ver. Se ele não parar para perceber, não nota que a cabeça é assim. Ele é um complicado, porque acha chique complicar. Gosta de ser um problema ambulante, porque pensa que assim é valorizado. Por causa da sua luta para vencer, é desculpado das besteiras que faz. E, por isso, ele não gosta de ser um cara despachado.

O funcionário complicado só vê problema. "Não tinha papel timbrado, eu não fiz." Digo nessas horas: "Por que atraí isso para mim?" Mas ele está ali porque tem afinidade comigo. A gente não gosta de ouvir isso, mas é. Despede aquele, vem outro igualzinho. Se você não acerta com os empregados é porque há alguma atitude em você que provoca aquilo. Eu resolvo assumir logo: sou eu que estou negligente, fazendo corpo mole, me enganando. Se você evita ver o problema, o que a vida faz? Traz gente mole na sua vida. Sabe aquele dia em que você está morrendo de pressa e surge aquela Kombi com uma velhinha dirigindo bem na sua frente? Pode crer que nesse dia você está se sacaneando.

Tudo o que não quer ver em si aparece exagerado à sua volta

Essa é uma lei que a psicologia chama de projeção. Essa lei tem um alcance mais amplo do que se imagina. A mulher tinha, por exemplo, um pai autoritário. Casa com um marido também autoritário. Mas é ela que não quer ver o quanto é mandona. Acaba, então, gerando esse tipo de situação na vida dela.

Eu também era muito autoritário, porque me achava uma pessoa responsável, que tinha que liderar, levar as coisas pra frente. Então pensava: tenho que mandar, porque senão isso vira uma bagunça — claro, isso para justificar o próprio autoritarismo. O discurso era: se não for eu o grande salvador da pátria, esse negócio não vai pra frente... Fugia de todo mundo que era autoritário, lógico! Não queria ver que eu era assim. Daí, atraía pessoas duras, mas resistentes, sempre briguentas. Às vezes, até se faziam de coitadas, mas eram resistentes. Naquela época, no centro espírita que eu dirigia só ia gente que não melhorava, gente resistente. Tinha que fazer seis meses de tratamento. No consultório, era a mesma coisa. Tudo o que eu atraía, dizia para mim: "Você é um resistente, um metido, quer ir na dura, porque você é ruim". Mas eu não queria ver, porque eu me escorava na minha vaidade.

Cada vez que me tratava assim, só me desvalorizava. Tinha vergonha do dinheiro, porque era espiritualista. Então, ganhava aquele dinheiro suadinho, só atraía clientes pobres. Para receber, era um sacrifício. Tinha que abaixar bem o preço, senão morria de fome. Devagar fui aprendendo a relação de autovalorização com dinheiro, de coisas que estou estudando. Às vezes, com medo de largar certos padrões, a gente se agarra àquilo. E só mesmo quando está convencido de que é aquilo que leva à desgraça, a gente larga, mas às vezes demora, o que é natural. Fui aprendendo como essa questão de pequenez interior faz a vida bem pequenininha. Pois quem aprecia tudo o que é mais difícil está idolatrando a dificuldade.

O fluir da carreira e das oportunidades depende do quão fácil você é

"Para mim, não tem problema, eu me viro com tudo." Uma pessoa assim é dez. Dá mais gosto de conviver, porque ela não encrenca. E a coisa anda porque não tem problema. Qual o melhor funcionário? Aquele que não cria problema. Você falou, ele vai e se vira. Esse é valorizado pela sua própria condição.

O empregado que faz tudo fácil é mais produtivo que o complicado, que fica com problema nos nervos, depois tem que ir ao médico no horário de serviço. É a complicação em pessoa. Se você dá uma tarefa para fazer em uma semana, ele leva seis meses, porque põe dificuldade, arruma rolo. Então, você gasta mais tempo, dinheiro, paciência e acaba saindo mais caro, porque ele atrasa a produção e cria uma série de problemas para você. Mas ele está ali na sua vida porque tem a ver. Vocês são irmãos na complicação. Poderia ter sido outro, com uma cabeça melhor.

O melhor funcionário é aquele que chegou, já despachou. Não esquenta, não enrola, não fica ensebando, resolve tudo rápido. O cara de valor é barato, porque facilita tudo. Por mais alto que seja o salário dele, ainda sai barato para a empresa. Assim, o empregado que ganha o mesmo mas segura tudo, porque não tem expediente, acaba sendo superdispendioso. Enquanto um complica, o outro tira de letra.

Tudo o que é complicado sai mais caro. Não só no sentido do dinheiro que você gasta, mas de o quanto você tem que dispor de energia, do desgaste que isso provoca. Complicar encarece as coisas, enquanto simplificar torna tudo melhor, mais barato e lucrativo. O fácil é também o mais econômico. Mas o fluxo fácil na vida só vem para quem trabalha pelo fácil. E, para trabalhar, tem que acreditar. O quanto você acredita nas coisas fáceis, hein, seu encrenqueiro?

A insegurança é o empecilho número 1 para a prosperidade profissional

O que mais complica a sua vida é o hábito de não assumir responsabilidades.

Agora acho que pisei fundo. Até estou vendo a sua cara ao ler isso:

— Irresponsável, logo eu? Não, acho que você se enganou de leitor. Você não está me vendo de verdade, pois quando você escreveu isso, você nem sabia que eu leria este livro e nem ao menos me conhece. Isso é apenas um estilo literário.

— Mas eu te digo que algo fez este livro cair justamente nas suas mãos e que em você há o desejo de melhorar. Por isso você viabilizou esses estudos.

Mas discutir não vale a pena. Afinal de contas, você só vê mesmo o que se deixa ver. Você é seu dono. Considere, pelo menos, se você não é do tipo que diz:

— Olha, estou assim mal por causa da crise. Ninguém está comprando.

— Em crise, você está desde que nasceu. Abra os olhos! Tem muita gente faturando. Se você está nessa miséria é porque é miserável de espírito. Você trabalha pela miséria, pela mesquinhez. Não assume que você é a causa.

— Ah, é minha culpa, então, Gasparetto?

— Falei em causa, não em culpa. Causa é poder. O poder é nosso. Mas se eu achar que sou vítima, não tenho poder. E a vítima não faz nada, fica lá feito boba, só se queixando.

O tanto de sucesso é o quanto não o ameaça

Será que você está mesmo preparado para o sucesso? Será que não chega determinado ponto em que começa a sacanear o seu sucesso? É comum isso acontecer com a mulher. O marido começa a se incomodar com o sucesso dela: "Você está ganhando mais do que eu, benhê. Não sou mais o homem da casa". É coisa do macho que não consegue encarar os próprios limites, porque ele também se limita. Também tem medo de ir mais adiante. Tem limitações porque não quer enfrentar suas verdades. Às vezes, a mulher até se daria bem no trabalho se soubesse se impor, mas ela morre de medo de progredir mais que o marido.

Até que ponto você está pronto para um grande sucesso? Eu sei que você está pronto para o sucesso que tem agora, que está se dando. Até esse ponto é permitido, mas daqui para a frente você se sente seguro? Você está pronto para subir no palco e tirar a roupa? Se não está pronto, vai ser terrível, porque é exatamente como você vai se sentir quando tiver muito sucesso. Vai se sentir nu. Se para você é natural e não o ameaça, enfrenta sem medo nenhum. Pode ter uma energia favorável, se precisar enfrentar o grande público, ser alvo das atenções e das expectativas da empresa toda ou da sociedade inteira, dependendo do sucesso que você alcance.

Vejo muita gente que está indo bem e de repente pára, não vai pra frente. "Comecei com uma lanchonete, agora tenho duas, mas também não consigo ir além disso." Você vê a oportunidade de mercado, mas não vai. É o problema do sucesso que o ameaça. Pode contar que se dali para a frente parecer ameaçador para você, a barreira vem. Pode lutar anos a fio que não sai do buraco. Seja qual for a qualidade do seu serviço, fecha as portas. Faz, faz, e aquilo escorrega pela mão. O dinheirinho sempre contado. Não importa o empenho. Significa então que você tem limites para o sucesso, ou seja, valores que restringem o seu sucesso, idéias que estão associadas à sua defesa.

Temos uma defesa fortíssima. Vivemos num mundo cheio de perigos e passamos ilesos e quando nos acontece alguma coisa é porque tinha algum motivo para acontecer. Fora disso, existe uma proteção fantástica, um poder imenso. Às vezes, você está dirigindo o carro com a cabeça distraída e o carro vai que é uma beleza. Quando a gente decide, isso é perigo, a energia de defesa fica estancada ali. Não adianta trabalho feito nem exu, porque a sua energia é mais forte.

O sucesso varia de acordo com a pessoa, com o seu conceito de ameaça. Para quem tem um complexo de inferioridade grande, um pouco já pode representar muito. Mas para quem tem uma visão mais ampla, é preciso chegar a um determinado patamar para a pessoa perceber que está tendo um grande sucesso e que isso pode ser ameaçador. As características, no entanto, são as mesmas para chegar ao ponto de causar algum impedimento. Até as forças malignas podem ser usadas como um meio de bloquear. Isso porque tem um mecanismo na pessoa que aciona aquilo.

Para muita gente, o sucesso se torna um peso, porque não tem na sua personalidade os elementos necessários para agüentar a barra, que geralmente é a questão da modéstia. O que mais nos prejudica é a vaidade. O sucesso no sentido da popularidade chegou para mim de repente, quando fiz o programa de televisão *Terceira Visão*. De um dia para o outro, me tornei popular. Percebi como isso é uma coisa "truquenta", pois as pessoas adoram pegar alguém para endeusar. E se a gente não tem uma noção clara de que é apenas uma pessoa como outra qualquer, se vê cobrando o próprio desempenho. O sucesso se tornou um peso para mim, porque não tinha a humildade de dizer não quando me pediam autógrafos. É como a pessoa que não consegue dizer não aos parentes. Isso apavora; então, é melhor nem ter dinheiro, não fazer sucesso.

Tem vendedor que tem medo do sucesso e só não é o melhor porque não gosta de ser apontado ou de ser visado. É muito vaidoso, quer ser perfeito e morre de medo de que os outros descubram que ele não é aquilo que gosta de aparentar. Como pode se destacar se ele tem medo do destaque? O sistema de integridade ativa as barreiras contra o sucesso para protegê-lo. Mas como na profissão dele, sem destaque é quase impossível atingir o sucesso, se isso for muito forte, ele não serve para atender o público. Todo cliente é visto por ele como um inimigo em potencial, e as vendas se tornam um fracasso.

Bom vendedor é aquele que não está nem ligando para o que acham dele. Pode conviver com a crítica do público. Não lhe é ameaçador, porque nem dá ouvidos.

Para você não barrar seu sucesso, precisa estar bem

com você, pelo menos à vontade com certas qualidades. "Ah, foi por causa daquela pessoa encrenqueira que tive de sair da empresa. Depois que ela entrou, o clima ficou insuportável." Foi sua energia que atraiu esse tipo de pessoa justamente para servir de empecilho e bloquear seu sucesso.

O que acontece na sua vida profissional mostra o que você se faz

Eu não sou responsável pela maneira como trato os outros, eles é que são. Quantas vezes quis ser bom com a pessoa e não consegui. Tinha que fazer uma força para ficar com ela e eu até fazia, por acreditar que tinha que ser bom. Ia contra a minha alma, achando que assim estava fazendo o bem. Mas não é porque você tem boa intenção que a atitude é a mais adequada. Comecei a perceber que tinha que ser honesto comigo, pelo menos tentar. Aí, quando a energia da pessoa não era boa, eu não insistia. Largava a pessoa falando sozinha.

Se a pessoa mente para si, então, merece mesmo uma porção de mentiras. Pessoas que não são "gostáveis", têm uma energia contrária. Antes de chegar ao chefe para pedir um aumento, chega a energia, que diz "não". Não adianta ser bom empregado, ter todos os direitos, o chefe acaba dando um jeito de você sair dali e pôr outro no seu lugar. Sua energia diz não, porque você diz não para si toda hora. Se não acertar primeiro com você, nem vá pedir aumento ou aquela reivindicação. Até poderia ter direito por uma questão técnica de trabalho.

Você cheira rua, porque você despreza o seu valor, vive no status, na aparência. Você é dispensável e a energia vai mesmo mandá-lo embora, independente do seu mérito ou empenho. O patrão, às vezes, fica até com remorso: "Puxa, esse cara tem tanto tempo de empresa... mas eu preciso mandar, porque ele só me arruma confusão. A situação mudou e ele não articula mais". Ouvi pessoas falarem assim: "A energia dele não é legal". O chefe fica num dilema, mas a energia acaba falando mais alto. E não adianta pedir emprego com essa energia, porque ela chega antes. Você entra para a entrevista e o cara já o recebe indisposto.

Quem já contratou funcionários sabe muito bem dessa coisa da energia. "Puxa, gostei do jeito dele. Tem uma cara boa!" É a energia. Antes de procurar um emprego, antes de pedir um aumento, antes de checar se tem alguma oportunidade boa para você no mercado, ou antes de começar qualquer coisa, pare e diga: "Primeiro, vou acertar comigo". Esse problema que você tem agora no trabalho tem que ser acertado antes com você. Significa que você tem um problema consigo. Vou acertar isso e, depois, vou ver o que rola. Provavelmente não precisa fazer nada depois, porque vem na sua mão. Você já passou por isso.

O que está acontecendo na sua vida mostra como você age consigo. Dá para você ver? O que tem no seu trabalho que não emplaca? É porque você não se valoriza. Vamos tentar olhar essa questão.

Procure experimentar a atitude do: "Eu faço o que gosto e me solto. Nunca me critico. Está tudo bom para mim. Não sou perfeccionista". Se está gostoso em você, chove na sua horta. Significa ser gostoso com você. "Ah, valorizo o que é bom e só dou bola para isso." O ruim, você apenas vê e desvia, que nem o buraco. Muitas vezes, nessa exigência de ser autêntica consigo, a pessoa é bruta, ruim, se nega a própria doçura. Acha que é fraqueza. Mas doçura é sensualidade. O doce deixa tudo mais gostoso. Açúcar é fundamental para dizer certas verdades. A alma é o carisma, é a vida da pessoa. Se ela vai ficando rude consigo, a energia se resseca e aí não tem condições psíquicas para atrair o sucesso. Não tem alma.

Para mim, um bom funcionário não é só aquele que tem condições profissionais adequadas ao cargo, mas também psíquicas para desempenhar um bom trabalho. Por isso, vou dar a ele o emprego. Você não contrata só o profissional, mas emprega também a energia do cara que vai conviver com você. Quero, então, estar perto de pessoas que possam somar comigo para irmos pra frente. As capacidades profissionais desta pessoa podem ser melhoradas com treinamento e cursos, mas mudar a cabeça da pessoa é difícil. Por isso, procuro sempre escolher profissionais a partir dos seus atributos de personalidade e energia e deixo para segundo plano a experiência.

Cuidado para não se superdefender do mundo, pois quando você se fecha para o mundo, o mundo se fecha para você. A alma precisa de livre acesso, do nosso apoio para se realizar. Ninguém faz de má intenção, pensa que está se defendendo e se protegendo, mas no fundo se colocou numa situação que acaba resultando nessas coisas. Pense como você precisa se soltar como pessoa. Já imaginou nunca mais pegar no seu pé, ter bondade consigo? Quando a gente é bom, não se trata como coitado, mas com valor. Não me cobro, me respeito.

É o que funciona. Ficar legal com a gente é uma das melhores coisas. Quebrar as regras do preconceito. Gostar de si. Harmonizar-se com você, com seu corpo, com sua energia. Claro que você se olha no espelho e tem uma porção de coisas de que não gosta, mas seu corpo ficou assim por causa da sua desarmonia consigo. Beleza é uma questão de harmonia interior. Quando você se harmoniza, fica bonito.

No trabalho, você precisa de uma personalidade que abra os seus caminhos, não só por dentro, mas que a sua energia não o defenda de você mesmo. Ao contrário, que trabalhe a seu favor.

Novas funções na vida exigem de nós novas habilidades. Quem tem modéstia se adapta logo. "Opa, deixa eu responder às minhas necessidades." Mas quem tem preocupação em fazer tipo não se flexiona. É uma ameaça estar em certas posições, e elas acabam não vindo mesmo para essa pessoa. Pois só o medo já afasta qualquer chance.

Quem vive muito para o aparente torna-se vulnerável às pessoas. Aí o medo de mostrar-se como se é.

Paternalismo: o mal do Brasil

Talvez o erro mais grave do chefe ou administrador é se colocar na posição de pai dos funcionários. "Ah, porque quando eu for chefe, vou ser bom com os meus empregados." Vai se danar, porque vão fazer dele gato e sapato, como fazem com pais e mães muito metidos a bonzinhos. O chefe, que você classifica como bom, nunca é o que dá moleza, nunca é o paternalista. O bom administrador, na verdade, é o que leva você a produzir, a tirar satisfação do próprio trabalho e não o que faz por você. Ele deixa você segurar o pepino, se envolver consigo e agüentar sua barra. Ele fica do lado. "Ah, agora você se vira. Vou esperar. Estou dando força para você se virar, para ser você."

Quando o chefe é paternalista, começa a assumir responsabilidades pelo funcionário, quer ajudá-lo na vida particular e se envolve. E o empregado vem com desculpas, dores e problemas. Ele vai marcar consulta no horário de serviço. "Eu me viro no trabalho. Dou uma desculpa qualquer." Sabe que tem um burro como chefe. Ele não vai valorizar muito esse chefe. Vai enganar e tripudiar em cima o quanto puder. Segundo, qualquer problema de insatisfação vai se queixar de que ninguém reconhece o seu valor e que precisa ganhar mais. Se o patrão não der, ele se vinga, fala mal, mete o pau na empresa, faz complô, sabota o serviço, deixa o chefe na mão.

O empregado está certo, pois o patrão também não é uma pessoa respeitável. Não virou pai? Não se sacrifica para o filho ser feliz? "Pode judiar, porque a mamãe é lindinha. Faz tudo o que o filhinho quer." O empregado é a mesma coisa. Fica mimado, quer privilégios, daqui a pouco o patrão começa a ficar constrangido de dar uma ordem. Está pedindo licença para não incomodar. E o empregado passa a mandar no patrão, que vira empregado dele. O errado é o patrão. Pode ser uma pessoa até com certo potencial, mas não soube dirigir, perdeu. O ex-empregado vira inimigo, como o filho que descarrega em cima de pai e mãe, e eles ainda se sentem culpados.

O problema do Brasil empresarial está centrado no paternalismo piedoso, tanto da parte do empresário, do administrador, como de quem está sendo administrado. A relação é dolorosa, porque o empregado espera que o patrão tenha um comportamento afetivo de pai, que se responsabilize por ele, que fale direitinho com ele, que assuma as responsabilidades no lugar dele, tudo aquilo que ele queria do pai e da mãe. E daí o empregado tem uma relação infantil com o patrão ou chefe.

O paternalismo é a pior desgraça. Chega a tal ponto que a Justiça do Trabalho está literalmente contra o patrão, porque o empregado é coitadinho. Patrão tem que dar tudo, tem que pagar tudo, arcar com qualquer prejuízo que o empregado venha a causar na firma, tem que dar creche, convênio médico, cesta básica, vale-refeição, transporte.

Se o sindicato fosse realmente bom, iria cuidar dos seus membros, iria ele próprio garantir saúde, escola, curso de formação, de especialização, alguma coisa que realmente desse suporte e garantias ao profissional. Isso é encargo do sindicato. O patrão está ali para garantir o mercado de trabalho, cuidar da produção, e não para pensar no bem-estar do empregado no sentido social. Quem deveria pensar nisso é o sindicato, já que o governo se mostra incapaz de prover isso.

As negociações deveriam ser feitas entre sindicato e patrão num sentido diferente. O patrão poderia contratar as pessoas por meio do sindicato, que ofereceria garantias ao empregador e ao empregado. Os sindicatos poderiam ser de vários tipos dentro de uma mesma categoria, para que o empregado pudesse se filiar àquele que melhor lhe conviesse. As negociações seriam então mais equilibradas e também mais justas.

Se o funcionário é bom ou se é do tipo que prejudica e estraga a mercadoria, o sindicato é que deveria se responsabilizar por isso. Se ele estragar o meu produto, eu me queixo para quem? Pago o prejuízo agora, se eu não pagar um tostão dos direitos dele, estou perdido. Ele tira três vezes mais, pois o juiz e a lei são os paizinhos dos coitadinhos. Isso é paternalismo, falta de justiça entre os dois lados, e cria uma inimizade mútua. O indivíduo quer os direitos, sem pensar no que deve dar em troca. Claro que você, como empregado, merece mais. Mas você tem com que trocar os direitos exigidos? Quer mais salário, mas tem qualidade de serviço para dar em troca? Quem tem qualidade de serviço não está nem ligando para sindicato, nem para reivindicação, porque a própria qualidade de serviço do empregado já lhe garante um bom salário.

Na hora em que você, como patrão, tem que dispensar alguém, devido a alguma situação, nunca manda o melhor funcionário. Despede o menos qualificado. O mais qualificado, você quer manter para segurar a barra. Então, esse por si só se garante. Quem faz greve é porque não tem qualidade. Na verdade, acredito em sindicato, na reivindicação, que é um processo importante na nossa vida, mas muito mais no reconhecimento do próprio indivíduo, na emancipação do próprio empregado, pois exigência sem emancipação é ridículo. Ele exige direitos, mas se não melhora a sua qualidade de ser, então não adianta. A emancipação depende da qualidade do serviço que a gente troca. O sistema ainda é muito paternalista. E o conceito, por isso, é de uma mediocridade imensa.

A melhor atitude para um profissional de sucesso

Cada um age segundo seu grau de evolução. Sua consciência utiliza o seu aparelho mental de acordo com suas experiências e cria uma personalidade que vai sendo alterada conforme suas vivências e vontades. Suas atitudes são, portanto, o resultado de sua evolução. Se tivermos uma visão dos níveis de evolução da consciência, poderemos trabalhar com mais segurança para a nossa melhoria.

A consciência se encontra nivelada em estágios evolutivos bem característicos.

Eles podem ser três, segundo a metafísica moderna: o pessoal, o impessoal e o transpessoal.

Tenho observado que o estado impessoal é o encontrado na maioria das pessoas de sucesso. Seja em suas condições mais plenas ou em estado avançado de formação. A mudança de estado se dá gradativamente e, à medida que ela avança, acelera o seu desenvolvimento.

Características do estado pessoal

Para melhor compreensão, vamos pensar em alguém que esteja completamente dominado pelo nível pessoal. É raro, porque a tendência é a gente oscilar de um estado a outro. Mas vamos imaginar alguém só no nível pessoal para poder caracterizar esse falso eu ou eu pessoal.

• **O domínio do ambiente sobre si.** É a pessoa que não tem posse de si e se deixa dominar totalmente pelo mundo. Tudo são os outros: o desejo, a vontade, as queixas, as críticas dos outros. A desculpa é sempre a mesma: a sociedade cobra. A conseqüência disso é que a pessoa se torna vulnerável, porque o poder está fora dela. É tão vulnerável que é facilmente atingível, provocável e vira a típica encrenqueira. Claro que se ela não fosse atingida com tanta facilidade não seria encrenqueira. Encrenca para se defender. E se pode ser atingida é porque é muito aberta, vulnerável. E é vulnerável, porque o ambiente para ela assume uma importância muito grande, exagerada até, em detrimento da pouca importância que ela mesma se dá.

Isso porque ela vai construindo desde pequena um falso "eu", o chamado eu pessoal. Podemos trocar esse falso eu por ego: "Ah, a pessoa é tão egoísta. Tem um ego do tamanho de um bonde". Quer dizer, um orgulho extremado. É o chamado eu pessoal, que se localiza no peito, cobrindo a alma. Toda dor que você carrega no peito é a expressão do seu eu pessoal, encobrindo e impedindo a passagem da alma. Esse eu pessoal é artificial, porque é fruto da imagem que os outros fizeram de você. Se sua mãe, por exemplo, o via negativamente, você cresce com uma auto-imagem negativa de si mesmo, como a maioria das pessoas tem, ou com um complexo de inferioridade. Esse complexo se caracteriza por aquela coisa doída no peito, pelo coitadinho, por aquele sentimento do pobre de mim, o azarado, o impotente que não consegue nada, o complicado cheio de problemas, o bobão que só dá bola fora. Tudo isso é gerado por um ego falso. É uma estrutura montada que não faz parte do seu sistema como um todo e que, um dia, por isso mesmo vai ter que ser jogada fora.

A nossa tendência é procurar compensar o complexo de inferioridade, mas como não temos uma noção certa do que é superioridade, inventamos um falso superior, que é o bacanão, o gostosão, a posuda, a maravilhosa que rebaixa e fala mal dos outros, porque quer ser melhor. Meteu o pau em alguém é porque está querendo ser o gostosão. Tem um complexo que oscila para baixo e para cima, mas a pessoa nem é superior, nem é inferior. A realidade absoluta é que ela não é nem uma coisa nem outra, mas ela vive e nutre aquilo. Nos altos, ela está na mania de grandeza, megalomaníaca, o falso superior, vê os outros como desgraçados, porque ela é melhor; e, nos baixos, está depressiva, pequenininha, arrasada. É o tipo psicótico maníaco-depressivo. Delira num estado de excitamento, depois cai no depressivo. Nos dois, só é uma pessoa, mas é a loucura da cabeça que faz isso. Pois o pessoal é dominado por essas ilusões.

Chamo isso de estado de orgulho. Orgulho não é uma simples característica, mas um estado mental de quem está iludido, dopado ou tem a consciência iludida. A pessoa toma fantasias por verdades. A mãe achava que você era uma porcaria, e, provavelmente, era ela que se sentia uma porcaria. Mas você assumiu e ficou com essa impressão. Claro que tudo isso não passa de uma ilusão que você assumiu, mas carrega essa impressão até hoje. Não é a sua verdade, é o que aprendeu com os outros. Por isso, a gente nutre um complexo de inferioridade tremendo. O coitadinho está ali, a vítima, o impotente, o incapaz. E o pior é que a pessoa vai ficando mesmo impotente de tanto acreditar nisso.

Nesse estado, as pessoas sofrem um domínio muito grande das emoções. Então, elas têm reações exageradas, porque não sabem equilibrar seus instintos. Elas são dramáticas. Há sempre um exagero para o bem ou para o mal. Exagero que as leva a criar as tragédias, as catástrofes ou mesmo a se excitar ao extremo com as coisas que são boas. Não passam de deformações. Tendem a ser trágicas, rabugentas, pessimistas, exaltadas no pseudo-otimismo, beatas e evangélicas, extremamente religiosas e pouco espirituais. Isso é característico do exagero dos extremos. Claro que isso leva à formação de estados emocionais doentios, como o medo. Medo é um estado mórbido, patológico, não um estado natural. Significa a repressão dos impulsos. Ou então a pessoa solta tudo de uma vez e fica pirada, reprime e cria os medos. Com relação ao futuro, esse estado gera as ansiedades. É a pessoa que vive preocupada o tempo todo como se pudesse controlar o futuro. A preocupação é outra patologia. Outra característica desse estado é que a pessoa vive também presa ao passado, a coisas inacabadas, recalcadas, pois não consegue se livrar dos próprios lixos. Cria o que nós chamamos de angústia.

Esses três elementos, medo, angústia e ansiedade, são constantes no estado pessoal e o caracterizam. Além disso, existe uma relação bastante única e pessoal com o amor. Para essas pessoas, o amor é condicional: eu só amo se você me amar, eu só amo se você for bom comigo. É o *eu só amo... se.* Por isso, são pessoas que só compreendem o amor no nível do apego. É o *eu me apego a...* Significa que o outro está aqui no mundo para suprir as minhas necessidades e atacam de caranguejo, ali grudadinho. Parecem uma lacraia. A gente chama isso de amor. Claro que isso é apego, é desvio, ilusão, doença. O amor pessoal é regido por ilusões. E, portanto, não pode ser livre. É um amor sofrido, é o amor-paixão, sofrimento, bolero, dramalhão. Obviamente, há a questão do medo da perda do amor, da paixão frustrada, da desilusão amorosa. Todo esse dramalhão é típico do eu falso, porque ele perturba a nossa relação com as pessoas por meio das ilusões. E a gente não consegue viver bem com ninguém, muito menos consigo mesmo.

Os impulsos de domínio de si e do ambiente também sofrem distorções. É a energia de agressividade. Quando a gente está no nível pessoal, a agressividade se traduz em raiva, ódio, violência e crueldade. Ela se apresenta enlouquecida e descontroladamente destrutiva. Ou a raiva é dirigida contra o mundo ou é contra você mesmo. Ela tem um grande poder, que é o de destruição, de reformulação, e também o poder da coragem, mas é completamente dominada pelas ilusões. Todo mundo sabe da gravidade desse poder. Então, o indivíduo dominado pelo nível pessoal fica violento, problemático.

Não que a raiva deva ser anulada em nós; o seu uso é que é inadequado. É como a faca, que é um dos instrumentos mais importantes na nossa vida. No entanto, dependendo do uso que se faça, ela pode se tornar uma arma assassina. A faca não é criminosa, como a agressividade não é ruim. Ao contrário, é uma energia de defesa fundamental ao nosso sistema imunológico. Estou dizendo isso porque as pessoas fazem uma idéia muito errada da agressividade e é preciso esclarecer. Se você negar totalmente a sua agressividade, você se neutraliza e se paralisa, perdendo o seu poder de ação. Ela pode ser modulada segundo a educação que desenvolvemos, ou seja, segundo o grau de conhecimento adquirido em manejá-la.

Uma das características do indivíduo no nível pessoal é que ele não tem noção clara dos próprios limites. Ele se mistura muito com os outros. Põe os outros em primeiro lugar e sempre se coloca no último lugar da fila. Portanto, os outros e o ambiente o dominam. Ele faz tudo para os outros, ao mesmo tempo em que espera que os outros façam tudo por ele. Faz dos outros a fonte de suprimento de suas necessidades, ao mesmo tempo em que assume as necessidades e as expectativas dos outros. É como a pessoa que não faz o dela e espera que alguém o faça. Gasta a energia dela com os outros, esperando que os outros gastem com ela. Fica nesse troca-troca e gera um desajuste tremendo porque, na verdade, ninguém pode fazer o serviço por você aí dentro, até porque o outro não está dentro de você para saber quando, onde e de que jeito você quer as coisas. E como vive centrada no outro e não em si mesma, é uma carente afetiva.

No nível pessoal, não existe a noção clara de individualidade. Por isso, a pessoa se deixa invadir e invade também, se mistura com os outros. Vira um rolo de quem é quem, de quem faz o quê. Portanto, há muita briga, muita desilusão, muitas cobranças e acusações, muita dificuldade no relacionamento com os outros. Ela vive da aprovação dos outros e também da desaprovação, porque o mundo a domina. A regra básica é o outro em primeiro lugar e ela em último. Ela se mata pelo outro para o outro dar para ela. A partir dessa condição de se deixar penetrar e de se misturar com quem não deve, a pessoa desenvolve defesas. Muitas defesas contra "a maldade" dos outros, porque o mundo é perigoso para ela.

O mal é necessário para combater qualquer mal

É uma forma de bem necessário. Acredita que o mal é poderoso. É que a gente luta muito e consegue vencer parte desse mal. Se a coisa não está pior é porque você está vigiando, está cuidando de tudo. Está ali atento. Se largar tudo, cai na perdição. O bem, com muito sacrifício, a gente consegue. Agora, o mal não precisa fazer nada, porque ele vem atrás.

Como é essa defesa no nível pessoal? Ela forma uma capa de energia que impede a pessoa de se ver como ela é de fato. Pois tudo se torna ameaçador para a pessoa.

• **Hipocrisia passa a ser educação.** A pessoa não se mostra como é, quer ser gentil, amável e uma série de coisas falsas, porque ela não sente aquilo de verdade. É uma questão de educação e também de proteção. Não que ela o faça por querer ser falsa, mas porque acredita que essa seja a melhor forma de se defender. É falsa por questão de defesa.

• **A desonestidade é vista como uma questão de sobrevivência,** seja com ela mesma ou com os negócios. "Eu não posso falar a verdade, porque o povo vai acabar comigo. Então, vou mentir. Vou ser desonesto, porque eu tenho que sobreviver." É a pessoa vulnerável, pois, se assim não fosse, também não temeria dizer a verdade. Mas se for vulnerável, ela teme. Não estou aqui fazendo nenhum julgamento ou valor moral, estou apenas mostrando que a pessoa age assim por necessidade.

• **A desordem é considerada liberdade.** "Ah, também não sou escravo de ninguém." Aí, joga tudo para o alto, se arrebenta inteira, faz uma porção de besteira. Ordem para ela é escravidão, é querer ser certinho. "Eu não gosto das coisas assim, eu gosto das coisas assado..." É bem bagunceira, porque não sabe ver o sentido da ordem. Ordem é algo característico do nível impessoal.

• **Impulsividade vira autenticidade.** No nível pessoal, ela é toda impulsiva, perturba todo mundo, mas chama isso de ser autêntica. Quando alguém se define assim, já sei que é uma pessoa sem consciência dos próprios impulsos, sem educação interior, sem refinamento. É o tipo que quebra a cara, exagera e acaba se descontrolando. Chora, grita, faz drama, fala alto, porque não percebe o ambiente. Não vê claramente a questão do eu, do outro, do direito do outro. A gente classifica de pessoa sem educação, porque perturba todo mundo, mas ela mesma não percebe isso. Só vê o que está condicionada a ver. E não enxerga essas relações, porque não tem essa finura. E não adianta ficar bravo com ela. Você também quando está impulsivo não vê nada, porque ainda está preso ao seu egoísmo ou ao culto do próprio ego.

Quando a profissão requer esse refinamento, porque a pessoa se relaciona com muita gente — seja um vendedor, um gerente ou um administrador—, é obrigada a burilar muito a sua personalidade, a fazer um grande esforço para desenvolver essa percepção. Sei disso porque fui trabalhar como terapeuta numa época em que eu ainda era excessivamente pessoal, pois não tinha começado a lidar mais profundamente com o meu crescimento. A necessidade profissional de ser impessoal como terapeuta foi me ajudando também no sentido da minha própria personalidade.

• **Dizer não para os outros é egoísmo.** "Não posso dizer isso, porque senão vão me considerar uma pessoa má. Tenho que dizer sempre sim, porque isso é ser bonzinho." Claro que, no nível pessoal, esse indivíduo não entende nada de bondade verdadeira, nem do que seja egoísmo. Tem uma visão completamente falsa e alterada. Quando está dominada pelos outros, a pessoa perde a própria sensibilidade e não sabe discernir as coisas. Faz o que o mundo a ensinou a fazer. Então, tudo é distorcido, sem sentido para ela. O que chama de egoísmo é dizer não. Se ela própria disser um não, vai se sentir malvada, porque ela mesma vai se julgar mal e vai se bater no peito. O nome disso é culpa. Por isso, ela cultiva muita culpa, um comportamento típico do nível pessoal.

• **Amizade é sinônimo de invasão.** Quem é amigo tem que ir à casa do cara, tem que ajudá-lo a segurar a barra, porque amigo é o que faz as coisas por ele. Tem que assumir a vida do outro. É o cara que pega o dinheiro que está guardando para o seu projeto e dá para ele, porque é amigo. Também quando se é amigo é preciso assumir os problemas. Ele, por seu lado, se mete, quer defender o amigo numa briga, quer fazer coisas que não têm nada a ver. Perde a noção de limite e a amizade vira uma coisa muito conturbada. Gosta de cobrar atenção, de exigir amor e provas incontáveis de amizade. Mas basta o amigo cometer um deslize, por menor que seja, para imediatamente ser atacado.

Nesse estado, a tendência é tomar tudo no peito, no nível pessoal. O eu pessoal toma os outros, as coisas por ele. Quando fala de amizade, ele se refere à *minha* colega. Minha colega, então, já virou *eu*. "Não fale assim da minha colega, que eu te meto a mão." O *eu* já é uma baixaria, juntou com a colega, ficou pior ainda. O relacionamento vira algo dramático, vivido apaixonadamente, sempre sem moderação, sem discernimento, sem relativismo, e acaba dando encrenca. O que é muito diferente de uma amizade no nível impessoal, onde a relação é sempre mais importante do que o eu e o você. Isso se percebe mais facilmente em certas amizades profissionais com seus clientes, nas quais a gente já consegue ser impessoal. A relação flui que é uma beleza, porque não entra o "eu". Existe só a relação e o quanto se troca, o quanto cada um lucra com isso.

Às vezes, você chega em casa chateado, porque com a família não consegue deixar de ser pessoal. Mas no serviço tem tanta gente legal que você muda e fica no impessoal. Cultiva amizades de dez, vinte anos que nunca deram problema algum. Saem, almoçam juntos, se encontram em alguma convenção, conversam, trocam idéias sobre negócios, mas o que conta é o impessoal, a situação em si, onde não se envolvem os "eus". Ninguém toma confiança, não se mistura com o outro, não se confunde. Aliás, as melhores amizades são sempre com quem a gente tem a capacidade de se manter no impessoal, porque o impessoal é sinônimo de respeito verdadeiro.

• **Carinho é tocar e ser meloso.** O pessoal não entende outra forma se não for tocar ou ficar naquela ensebação. "Ai, lindinha, ai não sei o quê." E como é uma pessoa muito trancada, muito fora de si, faz muita manha para que os outros façam por ela. Portanto, é muito mimada.

• **Malícia é defesa.** Tem que maliciar, ir pelo mal para não ser enganado.

• **Criticar, se queixar, julgar, condenar, punir e culpar significam combater erros.** É a política do guerreiro, porque ele é um herói. Defende a teoria da agressividade para combater o mal do mundo. É o São Jorge que vai matar o dragão.

• **Humildade é se anular diante dos outros.** Tanto que para ele conviver em família significa se anular e, por isso, ele se rebaixa.

• **Cultivar a paciência é ser conformado.** Ele se conforma: "Pois é, paciência! As coisas são assim mesmo". Ele entende assim. É passivo. Haja o que houver, e não sai do seu conformismo, não move uma palha.

• **A liderança é vista como mando.** Ele tem que fazer como o outro está falando.

É do tipo que manda o outro fazer: "Sabe o que você faz? Não vá mais lá. Larga mão. Pára com isso". Para liderar e para solucionar, ele adora mandar. O mundo manda nele e ele acha que vai controlar o mundo, se livrar de uma série de problemas mandando. Mas, como ele é vulnerável, vira um muro de defesa.

• **Não consegue cooperar, porque só conhece a competitividade.** Como o mundo o domina, vive sempre brigando e se defendendo. Vê o mundo em termos de corrida, de luta entre o bem e o mal, de briga por competitividade. Não consegue entender o que é capricho, cooperação. Vive numa competição exagerada.

A partir daí, cultiva o "vitimismo". Ela se põe como vítima do mundo, porque os outros a dominam, enquanto ela não se domina. Vê tudo sob a ótica de vítima. Logo, alguém tem que assumir o papel de vilão: o governo, a sociedade, a estrutura, o dinheiro, a inveja dos outros, a briga pelo poder. Cada um arruma uma explicação para o vilão. Do outro lado estão a vítima, o coitadinho, a piedade, o choro, o dó, o corre e dá para mim, o corre e faz para mim, a justiceira que defende o mundo cheia de dor, drama e emoção.

A piedade, o dó dos outros leva a cultivar o paternalismo. É por isso que o patrão é visto como o paizinho dos empregados que cobram dele essa posição, as atenções e o empenho que só um pai poderia ter. A maioria das empresas e das repartições públicas é paternalista no Brasil, e isso é mais que danoso.

Ao mesmo tempo, existe toda uma questão de inteligência obstruída, porque nesse nível a gente é muito pessoal. Não tem domínio sobre si; ao contrário, é dominado por emoções e ilusões muito grandes, e a inteligência não flui com a liberdade que deve ter, porque está sempre nublada. Com a cabeça quente e cheia de emoções, que inteligência pode funcionar em nós? Nenhuma. Sabe que quanto mais calmo, quanto melhor você estiver, melhor ela funciona! A memória também fica muito lesada. Essa intensidade de vida energética e mental e o desequilíbrio levam a pessoa a perder grande parte do poder da própria memória. E como o trabalho para ela é sempre visto como uma luta e uma questão de sobrevivência, ela trabalha e fica cansada. Não consegue estabelecer uma conexão entre trabalho e fonte de motivação. Isso é uma característica muito comum do eu pessoal no trabalho. Então, são pessoas de baixa produtividade em muitos sentidos, com uma vida muito confusa e dramática na área profissional.

A individualidade se encontra num estágio primitivo, sem organização. Como ainda não tem a individualidade bem acentuada, porque se centra muito nos outros, seu poder de concentração é muito fraco. Ele se distrai com a maior facilidade, porque o ambiente o domina e o poder de ir fundo nas coisas fica praticamente anulado. Cultiva falsos valores, moralismos e preconceitos de todo tipo. Por causa da individualidade incompleta, é uma pessoa muito infantil e dependente, porque dá toda a sua força para o mundo. Briga, fica com raiva, faz fusquinha, fala feito nenê, quer colo quando está sofrendo. Não consegue ter uma atitude mais adulta diante dos desafios da vida. É infantil para reagir. Tem uma individualidade indefinida, pois não existe o respeito por si mesmo, como também não tem respeito pelos outros. Na verdade, o que ela chama de respeito é se conter, se calar ou se forçar a estar com alguém ou com alguma coisa de que ela não gosta.

Tudo isso pertence ao mundo pessoal. Todos nós temos um pouco de tudo isso, algumas coisas mais e outras menos. Também não estou caracterizando esse estado para você ficar chocado ou se culpar por nada disso. Você vai ver que também possui muitas das características do nível impessoal.

Características do estado impessoal

O que é verdadeiramente ser *impessoal*? A maioria das pessoas é pessoal, então elas fazem uma idéia distorcida do que seja isso: "Ah, impessoal é ser muito frio, muito sem sentimento". Não é nada disso. Claro que não é se deixar levar pelos dramalhões, mas não quer dizer que seja uma pessoa fria. Ao contrário, só há bons sentimentos quando você é impessoal. Vamos caracterizar esse estado de impessoalidade.

• **Há um autodomínio,** ou seja, o ambiente não mais me domina como no estado pessoal. Eu me domino. O ambiente perdeu o poder, a força sobre mim, e passou para segundo plano. Mas é claro que existe uma dependência do ambiente, pois ele também faz parte de nós, seja a atmosfera ou o ambiente social, embora ele não mais exerça um domínio total como no estado pessoal. Há uma conquista da consciência no sentido de perceber que aquele eu é falso. Portanto, tomo posse de mim. Daí vem a segurança em mim mesmo, no próprio jeito de ser. O eu pessoal se transforma no eu verdadeiro. Isso contribui para uma auto-imagem clara do que sou.

• **Modéstia ou humildade no lugar da vaidade.** Esse estado se caracteriza pelo que chamamos de uma consciência clara das coisas: o que é, é; o que não é, não é.

A maioria das pessoas tem uma idéia ilusória do que seja modéstia. Para elas, modéstia é se diminuir, é fingir que não têm condições ou dinheiro apesar de ter, é se pôr lá embaixo, como o último da fila. Claro que isso é burrice. Na modéstia, não há o sentimento de ser mais ou menos que ninguém, mas uma consciência clara do real. É não fazer ilusão. Você conta com o que sabe quando vai procurar um emprego. Usa com muita naturalidade o que já desenvolveu. Apenas tem e faz.

• **Sentimentos em vez de emoções.** Essa consciência de si leva também a um domínio de valores. A gente não tem mais emoções nem dramalhões. Emoções são situações que vêm do plexo básico, genético, enquanto os sentimentos vêm da alma. Daí se dá um estado de equilíbrio, em que os instintos se transformam em ânimo moderado e constante. Somos, então, animados constantemente por um contentamento, por uma boa vontade. E é verdade.

Um profissional impessoal tem sempre boa vontade com os clientes. Principalmente quem trabalha no balcão com o público, se for pessoal, já logo encrenca com aqueles mais complicados. Mas se você é impessoal, consegue realizar a sua função com uma certa cordialidade sem se deixar afetar por um provável cliente desequilibrado. Esse é o grande profissional, que tem a capacidade de tratar todos com a mesma imparcialidade. Há quem consiga manter esse estado impessoal até com os familiares e ter uma relação ideal, benéfica para todos.

O estado de impessoalidade se caracteriza por um processo de aceitação de si e das pessoas, porque não há preconceitos, normas, moralismos ou falsos valores. Há um maior contato com a realidade e a consciência de que cada coisa existe pelos próprios motivos. A pessoa logo aceita e tenta compreender os motivos de cada coisa. Isso faz com que ela desenvolva uma profunda visão, uma esperteza e uma presença de espírito muito grande. Para ela, só existe o aqui e o agora. Vive o presente com intensidade e não alimenta preocupação nem ansiedade em relação ao futuro. Já largou todo apego e ressentimento que nutria quanto ao passado, fruto do estado pessoal. Larga com facilidade tudo o que é velho e vai rápido para o novo.

Os grandes e bons profissionais são profundamente

impessoais. A gente vê com que facilidade eles se atualizam com o que é moderno e novo na área deles, com que alegria e boa vontade, com que alma executam seu serviço. Eles têm essa necessidade de inovar e inovam mesmo, porque não há nenhum apego, enxergam com facilidade os limites, ao mesmo tempo em que estão sempre vislumbrando uma forma de superá-los.

• **Amor incondicional, respeito no lugar do apego.** Em relação aos sentimentos, também há uma mudança muito grande. Claro que ninguém vira impessoal do dia para a noite em tudo, mas nas áreas em que já é impessoal, como no amor, o sentimento se torna incondicional. Ou começa a ser impessoal geralmente na área profissional e aí percebe que aqueles valores podem ser estendidos também a outras áreas, com bons resultados.

Quando estou dando aulas no meu espaço, em média para 300 pessoas, noto que gosto de todo mundo, porque todos merecem a minha atenção por igual. Existe todo tipo de gente, mas olho para todos com um mesmo gostar. A impessoalidade é fundamental para um bom professor, até para não se envolver com o aluno neurótico que, no fundo, é um aluno como qualquer outro. A gente considera a individualidade, mas gosta de todos igualmente.

Essa nossa energia de agressividade se transforma muito quando você passa para o nível impessoal. Ela é fundamental para ser ousado. Mas em vez de raiva, ela vira coragem, principalmente no trabalho, quando se precisa enfrentar alguém ou alguma situação nova. Enfrenta naturalmente com coragem porque, no nível impessoal, a gente não tem nada a perder, nada nos machuca. O mais importante não é o eu pessoal, mas a situação. A gente sabe se colocar, sabe dizer não, ser direto e não ter a menor culpa, pois não nutre mais falsos moralismos nem idealismos absurdos. Há apenas o compromisso com a verdade. A gente se coloca com firmeza, não com ódio da pessoa, mas com coragem para enfrentar. Às vezes, o outro até se sente ofendido, porque isso é da pessoa. Mas, cedo ou tarde, ela vai ter que ceder, se a gente se mantiver firme na impessoalidade. E ela até acaba se desculpando e muda o seu comportamento.

A condição de defesa continua, mas mudam o conceito e os valores daquela defesa. No estado impessoal, a política de defesa se baseia em alguns critérios bem claros.

- **Defesa é precaução.** A pessoa não tem medo de absolutamente nada, tem precaução. Ela usa a precaução para tirar proveito das experiências, levando em consideração tudo o que já viveu, porque experimenta e arrisca muito. Como sua precaução é sem exageros, ela consegue evitar muita coisa ruim e ter uma certa antecipação do que vai precisar, baseada na sua experiência profissional e de vida. A prudência transforma os seus recursos em meios facilitadores de forma a evitar conflitos.

- **A honestidade passa a ser considerada como um bem,** algo que protege a pessoa de encrencas, porque torna as coisas claras e transparentes. Ela é sincera, porque acredita na lealdade. Vive com a alma, que é sempre leal. Para ela, sinceridade é antes de mais nada dignidade. Ela nutre a verdadeira dignidade e não o orgulho, embora muita gente ainda confunda os dois.

- **Sua defesa é baseada no carinho, não mais na agressividade.** A gente tem uma total ausência de violência e é constantemente terno. Ao mesmo tempo em que não é melado, sentimentalóide e grudento, porque não entra no nível pessoal. Então, o bom educador tem sempre essa ternura sólida, mesmo chamando a atenção da criança e impondo uma disciplina. É por isso que conseguimos ouvir os outros. Pois, quando há raiva, a gente se defende. Mas essa ternura já é uma defesa, pois é uma maneira de garantir o melhor, de buscar e de estar sempre provocando o melhor nos outros. Isso porque com ternura todo mundo ouve.

A gente sabe que a ternura é sempre facilitadora e se apega a isso como uma coisa boa para si e para os outros. Conserva um certo tom de ternura, um certo ar inocente e infantil sem ser infantilóide. É um certo ar de pureza, sem estupidez ou ignorância. É uma pureza, porque não há malícia nem maldade. A pessoa é muito esperta e viva. Mas há uma coisa boa que é essa dose de compaixão constante.

Cultiva a imparcialidade, ou seja, a capacidade de ver a todos de maneira real, embora reconheça que cada um só pode fazer o bem que sabe. Essa pessoa considera que todos são iguais em valor, embora não se acanhe em preferir aqueles que lhe causam algum interesse maior. Escuta os outros com profundidade e atenção, sentindo a alma de cada um. Tende a ouvir a intuição como guia seguro e confia na Vida e no invisível, como fonte de constante apoio.

Conheço vários profissionais assim com os quais a gente se sente confortável e muito bem. Geralmente são assim com tudo. Eles têm um autodomínio, uma noção clara de que o poder está neles e não nos outros. Geram muita força em si mesmos. É o que chamamos de vigor. São vigorosos, porque sabem estimular a própria fonte de forças.

• **Altruísmo é o fazer centrado nos próprios sentimentos.** É justamente fazer por si e não ficar enchendo a paciência dos outros para fazer para si. Por isso, não se apegam às pessoas. Gostam incondicionalmente, sem assumir nada por ninguém. Acham que cada um deve cuidar dos próprios sentimentos. Eles cuidam dos deles. Seu altruísmo é autêntico: quando gostam, gostam; fazem de coração e só fazem o que está em seu coração. Então, o bem deles é um bem inteiro e verdadeiro. E quando não têm, não fazem. Têm um respeito por si, uma dignidade muito grande.

• **Paciência é agir pela paz.** Cultivam a paz do taoísmo, ou seja, a não-ação. Sabem que para tudo há um tempo, pois não são ansiosos. E para tudo há um lugar próprio.

• **Independência é auto-suficiência,** enquanto para a pessoa no estado pessoal independência é vista como separação. No estado impessoal, a gente se torna muito independente. A independência se formou por meio do uso do auto-apoio e do próprio esforço, justamente porque a gente não depende dos outros. Procurou sempre fazer as coisas por si, então vive de si. Qualquer ser da natureza é considerado independente quando anda com suas próprias pernas, porque tem uma capacidade interior de manter o próprio sistema, de auto-regular-se. O si mesmo vem em primeiro lugar, porque essa pessoa sabe que tudo parte de si. E que, portanto, ela assume essa sua responsabilidade diante do universo.

• **Disciplina e ordem são facilitadoras.** Reconhece seus limites e as próprias responsabilidades, porque se enxerga com clareza. Consegue pôr os pingos nos is com muita facilidade, porque é uma pessoa bem organizada, com senso de proporção. Aprecia a ordem. Sabe que não pode haver progresso sem ordem. Sabe que pode escolher o que ela quer pelos motivos que tem no coração. Goza dessa liberdade de escolha, porque não são os outros que escolhem por ela e, à medida que escolhe sem nenhuma pressão, tem tudo a favor para manter suas opções. Sabe que organização é o modo melhor de lidar com o mundo e que faz com que tudo funcione mais facilmente e com maior margem de lucro. Tem uma concepção econômica versátil, simples e objetiva.

• **Responsabilidade é o poder de criar respostas.** É a natural habilidade de criar respostas, pois as coisas ao nosso redor são diretamente proporcionais às nossas atitudes. Não é possível parar de ter atitudes, pois, se pararmos, a parada também é uma atitude. Isso quer dizer que constantemente estamos criando e recriando o mundo ao nosso redor. A questão é se estamos fazendo isso com lucidez e critérios ou se estamos deixando as coisas irem à revelia. Parece que quando alguém nos diz que precisamos ser mais responsáveis quer dizer que precisamos ter mais cuidado com nossas atitudes. Cuidado diz respeito a sermos mais lúcidos e atentos, pois disso dependem as escolhas melhores. Ensinar responsabilidade para alguém, uma criança, por exemplo, é fazê-la perceber a relação entre as situações e a capacidade de criá-las. Se a criança é desatenta e bate com a cabeça na ponta da mesa, parece que o fundamental é apontar a ponta da mesa e enfatizar que é lá onde ela se machucou e que realmente dói. Ao enfatizar a ponta da mesa, a criança grava associando ponta da mesa com dor e cria naturalmente um alerta para coisas pontudas. Seu instinto de conservação evitará naturalmente a dor passando pelas coisas pontudas com cuidado e atenção. Responsabilidade se ensina enfatizando o que deve ser discernido.

• **O dever é primeiro consigo.** Somos de inteira responsabilidade nossa. Somos nós que possuímos o poder de tomar atitudes e somos os únicos a viver o que criamos. Se permitimos a interferência dos outros ou se a impedimos é de responsabilidade de cada um. Você é o capitão de sua nau. Sendo assim, temos o dever de zelar por nós em primeiro lugar e dar conta do nosso recado. Quem se abandona a pretexto de cuidar dos outros terá que responder pelas conseqüências disso.

• **Liderança é conduzir o potencial dos outros.** Um dos aspectos fundamentais da impessoalidade que reflete diretamente no sucesso profissional é a cooperação, que é sempre vista como o trabalho do bem geral. É a pessoa jeitosa ao passar suas mensagens, que sabe despertar o melhor nas pessoas, puxar pela produtividade delas. No trabalho em conjunto, ela delega responsabilidades e cada um faz a sua parte, pois sabe que essa é a melhor maneira de todos colaborarem. É bastante cooperativa e não teme ser prejudicada pela competitividade, porque não se sente perseguida ou invadida por ninguém. Vê a razão de todos e consegue lidar com cada um, respeitando o jeito próprio de cada um. Desenvolve uma relação positiva com todos, que é a base da cooperação.

• **Educação é o refinamento dos potenciais.** Tudo que usamos e exercitamos tende a se refinar. Aprendemos cada vez mais a usar nossos potenciais e a desenvolvê-los a cada instante. Parece não ser importante a forma como o fazemos, mas sim o poder que resulta de toda experiência. Assim, não é realmente importante como você aprendeu a ler, se teve dificuldades ou se foi mais fácil do que para a maioria das pessoas. O que importa é que agora você sabe ler e em que velocidade você pode fazer isso. Quanto maior a velocidade, mais rápida e facilmente você pode absorver o que o faculta aprender. O que importa é a habilidade e as chances cada vez maiores que as suas habilidades podem lhe trazer. Há também a relação entre habilidade e liberdade: quanto mais habilidades você tiver desenvolvido, mais chances de fazer o que quiser e, portanto, maior é seu poder de escolha.

• **Discernir é notar diferenças.** A consciência evolui por contraste. Quanto maior o contraste, mais fácil é percebermos as diferenças. Se duas coisas possuem um baixo contraste, a percepção pode não ocorrer. É o caso dos dois lados do seu rosto. Os seus olhos são só semelhantes, mas não são iguais. Contudo, como essas diferenças são de baixo contraste, a gente nem nota.

O julgamento sempre interfere na maneira como observamos o mundo, por isso ele é o maior inimigo do discernimento. Com ele vemos o mundo de forma distorcida e agimos de forma inadequada. Quantas vezes julgamos alguém sem conhecer e depois temos de voltar atrás e refazer nossas idéias acerca daquela pessoa, pois percebemos que não discernimos com os devidos cuidados. Evitar julgar e procurar conhecer com cuidado é sábio e nos torna mais justos e realistas, simplificando nossa vida.

• **Capacidade produtiva sem desgaste.** Claro que se a gente está com a cabeça boa, sem se envolver no nível pessoal com os outros, nosso poder de criar e de realizar tem mais motivação; então, a produtividade aumenta. A pessoa não se desgasta, não tem cansaço, porque não há aquelas confusões emocionais, próprias do estado pessoal. Essa objetividade que aparece por causa da clareza mental faz com que o trabalho seja bem-feito e realizado com menos esforço. Portanto, com mais produtividade e mais inteligência. Fica tudo mais fácil.

A pessoa realiza mais também em termos de produção, do número de tarefas que consegue desempenhar em menos tempo e com muito mais facilidade. E como ela está motivada, não se sente cansada. O cansaço quase desparece, porque o trabalho se torna estimulante. Toda a sua atenção mental se volta para equacionar e racionalizar, pensar em função da estrutura, de como vai fazer. Isso é muito bom porque poupa uma série de problemas. E como a memória fica muito boa, você se lembra da sua programação, das providências, dos cuidados que precisa tomar, e tudo flui com muita facilidade. Possui, portanto, uma memória completamente livre e uma inteligência muito maior do que no estado pessoal, pois não existe opressão e confusão. Todo mundo sabe que com calma a nossa inteligência funciona muito melhor. Ninguém consegue aprender nada com a cabeça confusa, conturbada, mas com a cabeça boa a inteligência voa mesmo.

Existe uma capacidade profunda de concentração que nos leva a captar as coisas objetivamente, sem muito ruído mental, sem confusão ou interferências. A gente fica esperto para pegar tudo, porque se concentra, evitando assim erros por falta de atenção. As coisas saem caprichadas, realmente no seu melhor. Há também uma assimilação das coisas com maior rapidez.

No nível impessoal, você tem valores reais, porque já não há mais aquele estado emocional, fantasioso, excessivamente voltado ao domínio de fora. Os valores são reais porque são sentidos, são vividos, experienciados. A pessoa é levada a meditar, a observar muito a vida e a não mais se enganar com as aparências. Valores mais reais caracterizam a pessoa que perde essa moral costumeira. Claro que ela tem uma moral própria, com outros valores, e é muito desinibida em relação aos preconceitos, que são os conceitos preestabelecidos, ilusórios.

Não há interesse em classificar as pessoas, segundo rótulos como religião, raça, nacionalidade. Ela já superou tudo isso e consegue olhar a pessoa como ela é. Não importa se é homem, mulher, homossexual. Interessa o indivíduo de forma integral. E é tão gostoso ser olhado assim, sendo simplesmente você. Já não vai mais pelas regras sociais, pelos modelos do certo e do errado, do isso é bom, aquilo é ruim. Essas generalizações desaparecem, porque no estado impessoal a gente aprende a ver de forma relativa, a tornar tudo específico, enquanto no estado pessoal se toma tudo pelas regras gerais: "Ah, é brasileiro? Então, é assim... Ah, você é espírita?" Então já pensa que você é a idéia de espírita que ele tem na cabeça, porque para ele tudo é ilusão.

Para quem não tem idéias prontas, preconcebidas, conceitos preestabelecidos, tudo é relativo, nada é proibido ou perigoso. Tudo depende. Isso porque amanhã você pode se ver fazendo justamente aquilo que condenou; então, para que condenar? O impessoal não tem condenações ou reprimendas a fazer. Não existe o tom de recriminação. Sabe diferenciar bem o fato de a pessoa cometer um erro da pessoa pouco inteligente. Dizer que alguém é burro só porque fez uma burrada é uma generalização, uma besteira, porque tem muita coisa boa que essa pessoa faz. Ela sabe distinguir essas nuances do relativo.

Sabe que tudo é relativo e que nada é realmente digno de condenação. A gente sabe que matar é condenável, mas, se o país for invadido por outro, mandaremos nossos soldados para matar os inimigos sem vacilar, pois matar torna-se necessário e deixa, então, de ser considerado um crime. Ainda damos medalhas para quem matar mais. Em alguns contextos é errado, não em outros, porque tudo é relativo. Claro que conseguir as coisas de forma pacífica é melhor, mas será que o país tem condições para isso ou só consegue impor seus conceitos de forma violenta? Tudo é relativo ao povo, à cultura de determinado lugar.

A cabeça impessoal vive e pensa com relatividade,

ponderando muito bem que cada coisa depende de uma série de outras. A pessoa tem, portanto, uma visão bastante individualizada, relativa e cautelosa, porque dá uma noção muito mais clara de justiça entender as coisas pelas próprias coisas e não pela moral ou pelo ideal.

A questão do amadurecimento no nível impessoal é muito maior, tanto a noção de independência, de auto-suficiência, de capacidade para tirar de si muito do que se precisa, quanto de desenvolver os próprios potenciais. Essa capacidade de desenvolver seus potenciais leva a pessoa a tirar de si, pois não precisa do amor dos outros desesperadamente. Conta com seu próprio amor. Mas quem não se nutre do próprio amor vive doido atrás dos outros. Se tem muita consideração por si, não precisa correr atrás dos outros em busca de consideração. Claro que se pode gostar disso, mas não se tem essa necessidade. É como gostar de doce e não estar viciado em doce.

É assim também com a auto-estima, com o auto-apoio, a autoconsideração. Existindo o "auto", não existe a dependência do outro. Se as pessoas não quiserem me aprovar, paciência, pois eu já me aprovei. É muito mais importante eu ter me aprovado do que os outros me aprovarem. Então, não há o medo da solidão. É a pessoa que está muito bem consigo mesma. Gosta dos outros, mas sem apego. É uma situação diferente. Ela tem uma individualidade mais bem definida. Tem um respeito por si, o que a leva também a respeitar os outros, porque já cultiva essa noção de respeito. Quando a gente aprende a se respeitar automaticamente aprende a respeitar os outros. Quem não aprendeu a respeitar a si não entende nada de respeito. Então, não respeita ninguém de verdade, de coração, de consciência plena. Pode fazer por obrigação ou medo, mas não sente o respeito.

Quando tem essa individualidade mais definida, significa que a gente não está dividida em dois. No nível pessoal, a gente está dividida em dois: um pedaço para a gente e outro para o ambiente. O impessoal tem bem clara essa noção de indivíduo, é o que está com ele, o que se mantém por si. Tem um respeito pelas suas fontes, pelas suas conquistas. O respeito está comprovado pela dedicação, pela consideração, pela confiança em si, no que ele tem e no que a natureza pode lhe dar. Ele é muito positivo consigo mesmo. Não trata ninguém como coitado. Sabe que todo mundo é capaz e, portanto, considera muito o valor das pessoas. Valoriza mais os outros, porque ele próprio se valoriza. E como sabe ser relativo em tudo, nunca xinga, tacha, picha ninguém. Tem uma conduta muito digna consigo e com o outro.

Quando a gente começa a transcender o nível pessoal, o impessoal se torna um estado firme, conquistado por meio da própria vivência. A gente oscila entre um estado e outro, mas um dia vai se convencendo de que o impessoal é melhor, pois é muito mais justo, mais humano, mais espiritual. Socialmente e na profissão, faz uma grande diferença. Então, você vai se estabilizando. E quando chega a um certo grau de estabilidade no impessoal é que começa a surgir o que chamamos de *zona transpessoal.* Você transcende e entra na luz, na consciência luminosa, plena, na consciência além do tempo e do espaço.

Características do estado transpessoal

É muito interessante esse estado transpessoal, porque a pessoa sabe o que acontece a distância, sabe o que vai acontecer no futuro, sabe o que se passa dentro de cada um, pois consegue enxergar o passado e o futuro. Muitas pessoas conseguem dominar a matéria e transformar uma coisa em outra. Elas não têm mais doenças, sofrimentos, nem passam por catástrofes. Possuem uma consciência da vida cósmica, saem e entram no corpo com a maior facilidade. Começam então a ter um sentimento de amor e plenitude muito grande, de paz e equilíbrio. A inteligência funciona sem que essas pessoas tenham que pensar. Não raciocinam mais para que a inteligência possa funcionar livremente. A inteligência se dinamiza tanto que tudo chega pronto na mente da pessoa. Quando se estabiliza, ela já não fica tanto nesse plano terreno. Começa a ter o que chamamos de *satori*, ou estados de êxtase, de consciência estática. Começa a viver aquilo que Buda e tantos outros buscaram.

As pessoas iluminadas se tornam serenas, não que elas fiquem estáticas, porque para nós serena é a pessoa parada. Ao contrário, elas têm uma dinâmica tão poderosa de vida interior que vivem numa constância, porque nada as atinge, nada as abala. Elas dominam absolutamente tudo. Normalmente, a morte dessas pessoas é tranqüila, deitam na cama e morrem. Largam o corpo e vão embora. Tal é seu domínio interior. Muitas vezes, a gente convive com uma pessoa serenona na nossa família mesmo sem saber, até porque a gente não sabe ver isso. É uma pessoa iluminada, que fica aqui reencarnada só o tempo que quer, vai embora quando quer, porque domina esse processo. Quando vê que pode curar alguém, ela cura só com a sua simples presença. É uma coisa impressionante. Nós temos pequenos flashes disso na nossa vida. Só que essa plenitude ainda não é constante por uma série de motivos que ainda vamos descobrir ao longo das nossas próprias experiências.

Eu já tive alguns desses momentos, bem rápidos, que me deram uma idéia do que é. Às vezes, quando recebo entidades muito iluminadas, sinto tudo isso e sei que não é meu, é de quem está comigo. Como pela mediunidade a gente se funde numa coisa só, posso experimentar as sensações daquele ser. É uma coisa indescritível, que me entusiasma. Então, digo: vamos continuar, respeitando a minha própria capacidade de andar, mas eu e você podemos atingir também esse estado. Afinal, parece ser o caminho de todos nós.

Uma coisa eu sei: compreender o pessoal e o impessoal é fundamental. No nosso nível de evolução, tanto eu como você queremos contribuir com esse processo de andamento. Não queremos sofrer mais. Por isso, procure entender e ser impessoal, coopere! No momento certo, as coisas vão ficar claras para você, vão se estabilizar, e a lucidez vai acontecer de uma maneira natural. O que cabe a você agora, como cabe a mim, é procurar a impessoalidade, procurar experimentar isso, assumir o que você pode fazer e ter paciência com o que ainda não pode e se dar um pouco de calma. Afinal de contas, se o tempo foi inventado é porque todo mundo precisa de tempo. E você precisa de muito tempo e de muita paciência.

Capítulo 6

A lei do universo

Você só pode confiar no invisível

Se eu não me sinto capaz de me ajudar, nem de solucionar algum problema, tenho que pensar que não sou eu quem vai encontrar a solução, mas uma outra coisa dentro de mim. Quando não vejo saída, eu me rendo. Primeiro, porque deve ter alguma coisa acontecendo que eu ainda não posso entender. Se for nocivo, meu Eu Superior vai me dar alguma luz. Vou largar nas mãos de Deus. E alguma coisa vai acontecer. Se não é para acontecer significa que é alguma lição que eu tenho que aprender, que vai me melhorar de algum jeito. Então, vou pedir também para poder ver a lição porque quero compreender o mais rápido possível para me livrar logo dessa situação. Quando a coisa parece negra, a primeira medida é parar de lutar. A ajuda é uma coisa extra, deixe-a fluir. Pois agindo sozinho, lutando, você estará tirando a possibilidade de obter essa ajuda, fechando as portas para essa energia. Vai pintar o negócio como deve ser nos mínimos detalhes. Afinal, Deus não erra!

O texto da página anterior revela grandes lições que eu aprendi em matéria de como a vida funciona. Há alguns conceitos contidos ali que eu gostaria de comentar com você.

Deus é seu sócio

A palavra "deus" significa, etimologicamente, aquilo que brilha, o brilhante. Ninguém O vê, mas parece existir por seus efeitos. Se tivesse um lugar para Deus, seria o inconsciente, pois Ele não é perceptível diretamente pela consciência. As pessoas fazem muitas fantasias daquilo que não conhecem, e Deus é o exemplo disso. Na verdade, eu não sei o que Ele é, mas percebo a sua ação e, com isso, posso deduzir algumas de suas qualidades. Em algumas linhas de psicologia, notou-se a presença de uma força poderosa em nosso inconsciente e foi dado a ela o nome de Eu Superior. Parece que ambos devem ser a mesma coisa, com a vantagem de o Eu Superior estar implícito em nós e Deus ser colocado fora de nós. São apenas enfoques diferentes, pois a questão do dentro e do fora é relativa e talvez até absurda.

A cada dia que passa, a ciência vem nos mostrando a unidade de tudo. A ecologia nos prova que somos o ambiente e que, se o prejudicarmos, estaremos danificando a nós mesmos. A física nos leva a crer que o universo é uma massa de energia em diferentes dimensões, que entre as moléculas do meu e do seu corpo existem as moléculas do ar. Nós não estamos separados tal como nos parece a olho nu. A psicologia fala do inconsciente coletivo e de como nossas mentes são uma coisa só. Tudo parece estar unido a tudo no nível inconsciente.

Os nossos sentidos não vêem a realidade como ela é e, por isso, criamos o que eu chamo de "mito da separação". Criamos assim a idéia de um eu separado de tudo e de um eu maior que faz o que este euzinho não pode fazer. Você já notou que quando nos referimos à natureza não nos incluímos? Ou quando falamos da humanidade, nos pomos de lado? Até quando falamos "dos brasileiros", nos sentimos como se não o fôssemos? Estamos sempre nos vendo separados de tudo, o que cria muita ilusão.

Quando essa ilusão é transportada para o dia-a-dia, a coisa pode ser desastrosa. A ilusão de um "eu" separado nos faz agir como tolos. "Eu (o euzinho) tem que arranjar uma solução." As soluções aparecem, em volta de nós ou dentro de nós, e o euzinho muito pouco ou nada tem a ver com isso. Assim como dormimos e algo preserva nossa integridade até acordarmos no dia seguinte. Quando na lucidez diária somos sustentados por algo maior que nossa vontade, pois mais de 90% de nossas funções orgânicas e mentais não estão sob o domínio de nosso livre-arbítrio. Então, deduzimos que existe algo maior que a nossa própria consciência tomando conta de tudo por nós. Até para estar agora lendo essas páginas do livro significa que você está sendo sustentado por esse algo mais. O funcionamento de seus olhos, as vias nervosas que levam as letras para o córtex cerebral, a capacidade de identificá-las, a capacidade de interpretá-las, o poder de raciocínio, tudo isso só funciona porque algo nos sustenta. Se esse algo, por alguma razão, parar de nos sustentar, ficaremos cegos ou débeis mentais e não poderemos ler ou compreender mais este livro.

Somos muito mais do que podemos ver que somos. Afirmar que esse algo maior está separado de nós é uma tarefa impossível, pois não vemos nosso fim para comparar com o fim Dele. Tudo nos indica que somos uma só coisa, apesar de estarmos na consciência e Ele, na inconsciência.

No dia-a-dia criamos a idéia distorcida do eu separado que pretende fazer algo sem o todo. Assim pensamos: "O que eu (euzinho) posso fazer. Eu (euzinho) tenho que tomar uma decisão... Eu (euzinho) não vou conseguir... É sempre o euzinho que pensa que vai fazer alguma coisa. Na verdade, ele não faz nada nem é nada sem o Todo.

Essa é uma das leis mais importantes da prosperidade. Nós podemos testá-la facilmente. Inclusive às pessoas que chegam para mim com dificuldade em realizar alguma coisa, essa é a primeira lei que eu aplico. Pergunto logo:

— Você fez de Deus o seu sócio? Deus é seu sócio.

As pessoas não pensam assim. Costumam dizer:

— Eu vou fazer a minha parte e Deus vai fazer a dele.

Elas ainda não perceberam que a coisa mais importante da parte delas é sentir-se unida ao Todo.

O Eu consciente comanda através do arbítrio menos de 10% do potencial cerebral, o que equivale a dizer que nosso poder é pequeno e que os outros 90% ainda não podemos controlar. Isso não significa que não possamos influenciar o desempenho dos 90%. Na verdade, somos um todo interdependente. Quero dizer que os 10% necessitam das funções dos 90%, e estes dependem das funções dos 10%. Ambos necessitam trabalhar como uma só unidade. Assim como o aparelho circulatório não pode existir sem o aparelho digestivo, eu e os poderes do subconsciente ou Deus somos uma só pessoa. Eu sei que estas idéias podem chocar os religiosos, mas, para eles, eu reservei as palavras de Jesus: "Vós sois Deus". A mim, o que interessa é que minha prosperidade funciona só quando estou integrado no meu Eu Superior.

Atenção para isso: quando você diz "Eu (euzinho) tenho que resolver o problema", sem perceber, você se isola dos poderes do inconsciente e bloqueia o seu fluxo. O eu separado é um eu sozinho, sem os poderes infinitos dos 90% para realizar o que queremos. Assim só pode dar tudo errado.

Quando digo "Eu (pensando no grande Todo, no universo) encontrarei uma saída", os poderes inconscientes são ativados e começam a atuar em você e no mundo.

Os poderes inconscientes parecem ilimitados e têm acesso a tudo, pois o inconsciente é coletivo. De uma forma que nos parece mágica, fazem as coisas acontecerem a nosso favor, sem, contudo, prejudicar ninguém.

Pois lesar alguém para obter o que você quer é lesar a si mesmo nos outros.

O Poder Universal no inconsciente não sabe o que é o mal, a consciência é que pode discernir. Se você disser que determinada coisa é importante, Ele vai trazê-la para você. O que consideramos importante é sempre associado com o que é bom. Tudo que considerarmos importante, o inconsciente verá como bom e, portanto, desejável. No exemplo do ladrão, roubar é algo bom, na medida em que é o melhor que ele sabe agora para garantir as suas necessidades, que são importantes na sobrevivência. Para a pessoa roubada, ser invadida é algo considerado bom, pois ao dar importância às críticas ela está afirmando que são boas; assim, ambos se encontram. Isso também ocorre com você quando dá importância a certos tipos de comportamento, como a inveja dos outros; de uma certa forma, isso o levará a colocar-se numa empresa junto a pessoas invejosas.

Tudo que você dá importância, atrai para si. Independente de ser bom ou mau.

Apóie-se

Portanto, dê apoio total, confiança total nos 90%. Diga:

— Eu sou muito mais do que essa parte consciente em mim.

Isso é condição imprescindível para a lei da união.

Vamos também procurar evitar os pensamentos constantes de desunião.

— Mas como sei se estou com esses pensamentos?

Primeiro, quando você está ansioso, vem sempre um pensamento negativo: "Ah, acho que não vai dar certo". A parte sua que diz isso é o coitadinho. Ele já agiu sozinho e se estrepou, porque não conseguiu. Ficou traumatizado, marcado, fixado nisso: "Ai, meu Deus, será que vai dar? Acho que não vai dar outra vez..."

O coitadinho, o azaradinho, o machucadinho, o "pobre de mim" é uma característica que a gente sempre tem quando está isolado do universo. Como sozinho você não consegue, vai se sentir um impotente, uma porcaria. Isso acontece com todos nós. Então, surgem os reflexos desse coitadinho no seu peito, mas é preciso que você diga:

— Pare. Sei que você foi fruto da minha falta de entendimento, da minha falta de fé e de inteligência. Mas não vou mais ouvir você. Quero tirar esse trauma de mim. Vá embora! Sei que meus 90% estão trabalhando por mim.

Às vezes, só de dizer isso já é suficiente para tudo funcionar. Quando você diz "Vou arranjar um emprego para mim, porque agora quero trabalhar", a coisa acontece. Aí você diz:

— Puxa, mas eu não fiz nada!

— Mas você fez o mais importante, que era contar com os 90% e colocá-los para trabalhar a seu favor.

— Ah, então, caiu do céu!

— Não, nada vem do nada. Isso não existe. Acontece que o mais importante você fez: que é fazer dentro de você.

Pensamos que a nossa parte é fazer as coisas fora de nós.

— Ah, pois eu queria vender a minha casa, botei um aviso e, até agora, nada. Fui a várias imobiliárias e já faz meses. Apareceu uma pessoa, mas a proposta que ela me fez era indecente e não pude aceitar. E eu estou precisando, mas a casa não vende...

— Você fez o "por fora", não fez o "por dentro". Você, por dentro, está só na ansiedade: "Não vai dar certo. Não vou vender a tempo para pagar as minhas dívidas". Você está completamente inseguro, porque não está contando com os 90%. É você sozinho no mundo e o coitadinho está atacando. Você está completamente isolado dos 90%. Não vai vender essa casa, pode parar. Desiste, cara, porque não vai dar.

Está ansioso com a coisa? É porque você está com idéias negativas. Quando você tirar o coitadinho da jogada, vai ficar calmo. Continua querendo, mas vai se sentir calmo. Depois, pode fazer alguma coisa: falar com as pessoas, telefonar para o cliente, anunciar. Mas se não fizer a sua parte, nem vá, porque só vai arrumar enguiço.

Há também valores que atrapalham ou impedem que os 90% ajam. A pessoa faz a sua parte, mas, ao mesmo tempo, põe resistência:

— Ah, só se for devagar, porque tenho medo que as coisas aconteçam de repente. Eu sou muito inflexível e leva um tempo para me adaptar.

Isso atrasa muito, porque os 90% vão levar em consideração as suas crenças na hora de agir. Se você tem uma barreira muito grande no sentido de achar que algo é terrível, não vai conseguir.

Você quer ter a prosperidade profissional, mas, ao mesmo tempo, teme os 90%.

Então, vai começar a exagerar o seu medo ou chamar a atenção sobre ele para que você se libere e Ele possa agir definitivamente. O inconsciente não escolhe, e se tem algo que você crê poder impedir que Ele cumpra a parte Dele, é natural que Ele tentará fazer com que você note o empecilho e opte por não mais validá-lo. A consciência é que tem o poder de escolha e é sempre ela que escolhe. Também é ela que tem o poder de dar importância ou fé e só ela pode validar ou não. A pessoa que pensa com os 90% nem chega a anunciar a casa que quer vender, ou pôr a placa na porta. Ela conta para uma amiga que falou para a outra, que se interessou e quis ver a casa. O negócio deu certo. É impressionante o que o universo pode fazer. Não há nada impossível para esses 90%, nada! A gente vê de tudo acontecer. Vem na mão da pessoa. Tenho percebido na minha própria vida quantas vezes as coisas que eu precisava me vieram na mão.

Assim é, por exemplo, com aquela empregada legal de que você precisa, com aquele empregado que dá uma mão imprescindível, com aquele amigo com quem você está precisando fazer um negócio, com aquela compra ou venda que você precisa efetuar. Com tudo isso, funciona assim. Aliás, só funciona assim. Se não for assim, esqueça, porque você não vai a lugar nenhum.

Quando você está muito ligado com os 90%, o que acontece? Você tem inspiração, visão, intuição. Tem uma série de recados constantes acerca do seu procedimento. Não existe essa coisa do "vou fazer primeiro a minha parte para o universo fazer depois a parte dele". É uma coisa só, conjunta. Assuma essa parte em você, assuma os 90%. Aí, você vai começar a pensar, a idealizar.

É fundamental ter uma relação boa, positiva consigo mesmo, para que você facilite profundamente o trabalho dos 90%. Isso faz as coisas acontecerem rápido, o fluxo é acionado e você então tem que saber reconhecer e dar permissão para que ele possa agir. É aproveitar o momento. Quem não aproveita o momento, acaba achando que as coisas não são boas o suficiente e, com isso, cria coisas insuficientes na própria vida. Ganha, mas é insuficiente. Por que você tem coisas insuficientes? Pense um pouco. É porque você não é suficiente para você. Não curte suficientemente tudo o que tem. A coisa vem, mas você não curte legal.

Uma forma de gratificar a vida é ter prazer com o que ela nos dá. Não precisa dizer "Obrigado, meu Deus!" Ele nem vai ligar para isso. Aproveite, curta, sinta. Pare de pensar com essa cabeça, que é um demônio. Sinta, goste, curta. Está ali, é o seu momento. Não saia dele. Deixe-o ser. Não pense no amanhã. Essa é a maior gratificação. "Ah, que bom o bem na minha vida, que gostoso!" Isso é uma coisa que impregna em você, que dá satisfação. O subconsciente vai reforçando o bem. "Ah, o bem é que é importante." E vai atraindo o bem cada vez mais. "Estou satisfeito", é bonito dizer isso. Mas não pense que porque você está satisfeito vai acontecer algo ruim. Há muita gente que não gosta de ficar satisfeito porque tem medo do que pode vir.

— Ah, se eu ficar satisfeito com o que eu ganho, não vou querer ganhar mais. Não vou querer fazer uma série de coisas.

Não é verdade. É o contrário. Vai ficar tão satisfeito com o que você ganha que vai dizer:

"Até agora está 10, e sei que tem um fluxo de melhora. Meu rico dinheirinho está ótimo. Pode parecer que ainda não é tudo quanto vou poder ganhar, mas é o meu dinheiro. Está vendo como a vida me responde? Olhe aí, está chegando o que é meu. Vou curtir esse dinheiro adoidado".

Assim, você estará homenageando os 90%, a Vida. Estará se ensinando a curtir o que é bom. Estará puxando esse bem e alimentando esse ciclo. É como se dissesse: "Vinde a mim o bem!"

Só se pode confiar mesmo no invisível

Na realidade, nós nos unimos aos 90% pela fé que temos Nele. Contamos com Ele. Parece irônico, mas a coisa mais confiável na vida é o que não vemos, não tocamos e não mandamos. É o invisível. Alguns chamam de sorte, outros de minha estrela da sorte, ou aquele algo especial em minha vida. Tudo funciona igual.

O que parece fundamental é crer constantemente e agir de acordo com essas crenças. Então, faça de Deus o seu sócio! Em tudo o que você fizer, pense sempre que o seu sócio está segurando a sua barra. E o seu sócio é todo-poderoso. Só tenha cuidado para não negá-lo, pois Ele, então, nada poderá fazer.

Inseguro é aquele que quer se segurar no mundo, no visível, mas como tudo é mutável e se transforma sempre, a pessoa, sem essas forças inconscientes, acaba por sucumbir. O mais sábio confia no invisível, sem se segurar em nada, e tudo para ele acontece com perfeição.

Quando pretender fazer algo, sinta que está fazendo com Deus. E não se admire com o que possa acontecer!

O Universo constantemente conversa com a gente de mil maneiras. Quando estou incerto, sempre peço ao universo que me dê uma pista ou que me faça saber de alguma forma o que fazer. Ele nunca me deixa sem resposta. De repente, estou conversando com um colega de trabalho e ele me diz algo que imediatamente soa como um alarme dentro de mim, como um pequeno soquinho, que me chama a atenção. Percebo que naquilo está a orientação que eu procurava. A Vida, o Universo, Deus ou o Todo sempre me diz o que é bom para mim. Por isso, não erro nunca.

Assim é com as pessoas de sucesso que escutam o invisível e se orientam pela intuição.

Capítulo 7

A lei da flexibilidade

Quem se preocupa porque quer controlar só complica

Tenho notado como a nossa cabeça é treinada para fazer. É a mania de querer controlar: "O que eu faço? Porque eu tenho que fazer alguma coisa!" Ora, a idéia do que fazer não vem? Na hora que você solta, aquilo aparece. Se estiver no controle, o espontâneo não vem? O criativo, o original, a vontade, a inspiração, a vocação não vêm? Desenvolvemos um supercontrole por vaidade ou por uma questão de moralismo.

Você tem uma vontade que vem do inconsciente para o consciente, ou seja, é o Universo que traz. A cabeça logo quer controlar: "Ah, meu Deus, o que eu tenho que fazer para satisfazer essa vontade?" Quando você pergunta, é porque já vestiu o "eu (euzinho) tenho que fazer algo" e jogou fora todos os recursos inconscientes. Fechou e, em seguida, se sente perdido, inseguro, nervoso, limitado. Mas vamos dizer que na hora você sacou e disse: "Não vou entrar nessa de ter que fazer alguma coisa. Vou ficar aberto". Deu vontade de telefonar para alguém, por exemplo. No meio da conversa, você percebe que essa pessoa tem justamente o que você está precisando. Quem trouxe? Foi o Universo. Sem essa preocupação do controle, vem alguma coisa. Mas algo vem do Universo, pois ele é abundante. Confie na abundância do Todo!

Assim que surge uma vontade, vem a cabeça: o que eu vou fazer? Começa a dar raiva do "eu tenho que saber o que fazer", como se a gente pudesse controlar o saber. Já reparou que o saber a gente não controla? É o contrário: é o saber que controla a gente.

Você está me ouvindo, mas para entender mesmo o que estou falando é preciso fazer silêncio na cabeça, só deixando vir. A inteligência funciona por si, dentro de você. Não é ela que está fazendo o serviço? As idéias não estão caindo do céu? O que é cair? *É vir do inconsciente para a consciência*, é emergir. Não existe limite do que possa emergir. Mas você acredita em limite, porque é um controlador. E como não consegue controlar tudo, acredita que há limites na vida. *É o seu controle que põe limites, porque a vida não é limitada.*

"Ah, mas onde vou arranjar dinheiro?" É o controle da pessoa que se preocupa com isso. É ela que se controla, que não se deixa sentir, que não deixa passar. Então, não pode ir para outra coisa. Se você está aberto, se quer que as coisas venham mesmo na sua mão, é preciso estar com a mão aberta, vazia, mas ficar atento. A mesma coisa é com o ser. Ele precisa estar vazio mentalmente. Se distraiu, brincou, fez aquele vazio, então, a resposta veio na sua cabeça.

Tudo aquilo com o que você se preocupa, não vai resolver. Se resolver, vai demorar. Quem se preocupa, só complica. Se se preocupou é porque você já está achando que tem que fazer alguma coisa. Começa a fazer primeiro na cabeça. Já começa a pensar: "E se não der certo, o que vou fazer? Fica no controle, porque quer controlar até o que provavelmente poderia acontecer, porque assim você acha que não vai se decepcionar.

Mas não dá para viver sem se deixar atingir pelas coisas. Se você está muito duro, inflexível, dói, se está mole, não dói. Você deixa a vida te levar? "Ah, não posso. Isso seria irresponsabilidade minha." O que você controla na sua vida? Nada, nem o emprego, a família o amor, nem o seu corpo.

O deixar ser, deixar fluir é quando você consegue

perceber que não quer mais ser controlador, que existe uma outra inteligência que vai pintar e você vai segurar no momento. A gente está sempre com planos do que é certo para nós. Como a gente é injusto para julgar o que seria um erro. Algumas vezes fiquei nervoso porque a vida não foi por um determinado caminho e, meses depois, descobri que se tivesse ido por ali teria sido uma catástrofe.

As características do controlador

• **É aquele indivíduo totalmente preocupado com o seu desempenho.** Quem se preocupa com o desempenho é porque está no controle, está limitando e fechando as portas. E tudo aquilo que é nosso por direito natural não flui. E o cara não vai fluir nem como pessoa.

• **Ele se programa para sentir.** "Morreu? Vou ficar triste." Mas você conhecia a pessoa? "Não." Ele não tem espontaneidade. É provável que se ele fosse espontâneo perceberia a vida de outra forma. Mas quer controlar seus sentimentos, o certo e o errado. Ele está passando mal, apesar de achar que está fazendo tudo certo. A preocupação dele é saber como é que faz para poder controlar.

• **O medroso e catastrófico é controlador.** E se ele não fizer nada, acredita que algo ruim vai acontecer, então fica com medo. Na sua visão ampla de quem acha que enxerga toda a "realidade", está certo de que alguma coisa ruim vai acontecer. Tem que ser daquele jeito que ele pensou, naquela hora, e dar certo. Se não for aquilo, não dará, pois acha que consegue ver todas as possibilidades da vida.

É um absurdo como nós não respeitamos nosso limite de percepção. Temos que esclarecer que o limite de percepção da consciência é real, mas, pelo fato de não podermos ver todas as possibilidades, não podemos assumir que elas não existem, pois a cada momento a vida nos surpreende. A percepção pode até ser limitada, mas suas chances não são. Se você não aceitar isso, vai ter outra decepção na vida. A gente acredita na desgraça porque já passou por decepções e pensa que fazendo negatividades e se preparando para o pior evita que elas aconteçam de novo. Se a desgraça ocorreu em sua vida é preciso que perceba como você a criou, ou seja, que reveja as atitudes que a criaram e mude de atitude. A negatividade não pode ajudá-lo em nada, só pode piorar as coisas.

Engraçado que, como a vida não se repete, a pessoa nunca mais vai poder usar aquela resposta que, em determinada oportunidade, não deixou vir; então, deixou passar as coisas boas por não se permitir ser espontâneo. Poderia ter sido brilhante, arrasado com a pessoa. Mas não pode ser malvado, porque vive se controlando para parecer bonzinho. Só para mostrar que ele é superior e não se afeta com o que o outro diz. Está programado para ser aquela pessoa legal. Quer controlar a situação, não deixa vir. Mas como não vai conseguir se segurar a vida toda, um dia ele acaba deixando escapar uma baixaria. *O controlador se controla para controlar a reação dos outros.*

• **O controlador não só controla as suas reações como quer controlar também a maneira como o outro vê, pensa ou reage.** A pessoa acabou de ser elogiada, mas o controlador fica bravo. "Puxa, como você emagreceu", diz ela. "É, mas não estou doente." Ele é uma encrenca só. Está sempre querendo que as pessoas vejam só o que quer que vejam nela e essa questão de emagrecer ou de engordar é algo que ela quer que passe despercebido. E se não passar, pois ela está um elefante de gorda, quer que os outros não mencionem nada.

"Tem gente que faz questão de falar do meu corpo e não se manca que é um metido e chato. Gente que não tem respeito pelos outros é um saco!" Ela é que é a malcriada, que pensa que pode parecer um elefante que a gente não vai notar e deixar de achar ridículo. Porque gordo é sempre ridículo, desequilibrado, pois é um relaxado e indisciplinado. O mundo é o que é, e as pessoas são o que são. Mas o controlador está sempre se queixando, pois o mundo não muda para ele ficar bem. No seu egoísmo, acha que tem o direito de exigir que as pessoas mudem para satisfazê-lo. A agressividade é sua melhor arma, depois vem a hipocrisia e, finalmente, o fazer-se de bonzinho e vítima. O olho dela está sempre procurando onde meter o pau. É a pessoa que não quer deixar passar. Ela vai se tornando uma coisa monstruosa, porque os outros vão se afastando. Ela não é cooperativa com a realidade. A vida dela vira uma calamidade. Não facilita o fluxo, porque quer controlar todo mundo, e a única coisa que ela realmente consegue é ser rígida e intolerante. O fluxo da prosperidade é mesquinho como ela e a pobreza é a sua herança.

Quando a gente controla muito, vai ficando com raiva, empaca. Engraçado que para os empacados a vida também fica empacada. São os caras que estão só na queixa, que não querem cooperar, não querem largar, não querem deixar ser, não querem ver que as pessoas são o que são. Quem está no mal? São eles.

Essa atitude é de violência contra o fluxo da vida. E se ela não flui, nada flui. Às vezes, certas áreas da vida da pessoa até que vão bem, porque ela acredita no deixar ser, que chama de sorte. Mas tem áreas, principalmente a afetiva e a financeira, que a gente só complica. São os fluxos mais afetados pelo controlador.

A pessoa pode ter até dez empresas para administrar e nem por isso ser controladora. O que não significa que não seja presente ou não tome decisões. Controlador é o chefe que conta os grampos, as folhas de sulfite que os empregados gastam. Também tudo está em afinidade. A secretária dele não está lá por acaso.

Depois, você não entende por que não sente nada

Essa caixinha de sonhos chamada cabeça não pára de pensar. Por que você pensa? Para controlar com o pensamento, é claro. Quando a gente era pequeno, o povo caía matando com um supercontrole. A criança não queria ser dominada — e ninguém quer ser dominado —, então, você se empurrou para dentro e começou a se controlar. Para o outro não dominá-lo, você mesmo começou a se dominar. O que você fez? Parou de sentir. Você se fechou e reduziu a sua sensibilidade. Segurou aquela força que o levava pela vida afora. Não completamente, mas segurou e começou a pensar para não dar mancada (você diz).

Agora você não experimenta mais as coisas. Pergunta para os outros como é. Não usa mais os cinco sentidos para ver e se localizar no mundo. Pergunta o que é certo. Quando criança, olhava para os outros para ver o que eles diziam que era certo. Hoje, você copia os outros. Não vive mais. Não tem mais espontaneidade, tem educação.

Trabalhei muito tempo com terapia individual, e o maior problema, aliás, o único, era fazer com que as pessoas voltassem a sentir. Elas chegavam perdidas, desencontradas, com mil nós e conflitos, sem saber o que fazer. Quando eu perguntava:

— O que você está sentindo agora?

— Nada.

Eu quase trazia um caixão para ela sentir que estava morta...

— Feche os olhos e veja o que você está sentindo — dizia então.

— Sabe o que eu acho...

— Não é para achar. É para sentir. O que você sente na mão?

— Nada.

Dava vontade de dar um beliscão para garantir que ela estivesse viva.

Às vezes, ela estava tão alienada de si que tinha uma dor, uma convulsão de choro, mas dizia:

— Não sei por que estou chorando.

Emergia na pessoa um processo que devia estar

socado lá dentro há anos. Ela custava a perceber que estava angustiada e entrar em contado com sua dor, porque havia perdido o contato consigo mesma. Estava tão longe dos seus sentimentos que não sabia por que estava chorando. Isso para ver até que ponto a pessoa chega a se alienar.

A gente sai dos sentidos porque não quer sentir a dor e o desconforto. O mundo não quer aceitá-lo do jeito que você é, e você então se segura e se prende como que se superprotegendo. Não enfrenta o que o machuca e, com isso, vai diminuindo a sua sensibilidade e vai substituindo as informações, que entram pelos sentidos, pela sua imaginação e pelas informações dos outros. Mas são os órgãos dos sentidos que trazem as informações para nós: o que vemos, o que sentimos, o que experimentamos. Mas se a pessoa troca essas sensações por fórmulas, fica rígida e passa a controlar tudo com o pensamento.

— Ah, não acredito. Então não existe.

— Como você não acredita, não existe? Pode ser que você não acredite, mas existe, sim.

— Ah, mas não sei se aceito. — Ela quer dizer que não sabe se é vantagem aceitar.

— Mas está acontecendo! Olha, está na sua frente!

— Ah, não sei.

Estou acostumado a ouvir as pessoas me perguntarem as coisas. Costumo devolver a pergunta fazendo outras perguntas: "Quem estava lá não era você? E quem viu tudo não foi você? Então como você quer que eu saiba?" Por que a pessoa nega aquilo que vê ou sente? Porque tem interesse de fugir de si e do que sente como uma louca e quer substituir a vida por aquilo em que ela passou a acreditar. É falso, mas ela fica naquilo. Se ela escolhe viver num mundo imaginário e falso, só pode mesmo ter uma vida cheia de problemas, de coisas dando errado, de insatisfação, de tédio. Insatisfação é isso.

É claro que ela sabe o que viu e sentiu, mas quer

que eu dê apoio a ela e lhe garanta que se ela aceitar sua experiência não vai dar uma bola fora. A maioria das perguntas que as pessoas fazem é só com o objetivo de buscar o apoio nos outros. É o caso daquela pessoa que, toda frase que diz, sempre termina com um "não é?" Às vezes, só por sacanagem, eu digo que não é, que não aceito nada do que ela me diz. É um barato ver a reação da pessoa tentando fazer de tudo para arrancar a minha aprovação, chegando ao cúmulo de desmentir o que dizia no início para tentar convencer-me do oposto. Tudo pela minha aprovação.

— Não sei o que quero, não sei para onde vou...

— Como não sabe o que quer? Veja só que força você teve de fazer para não mais se sentir.

— Ah, porque o que eu quero não é aquilo que fica bem para o ambiente. As pessoas vão me criticar e não vão me aceitar. Então, é melhor não entrar no meu querer e ficar só no que eu devo. Vou para a religião para ver o que eu devo. Como mãe, o que eu devo? Como profissional, o que eu devo?

— Quer dizer que você não tem mais sentido, não sente mais? Agora só vai decorar os scripts.

— Mas Gaspa, isso não é o certo? (Novamente a tentativa de se apoiar na minha certeza.)

A pessoa não sente. Quer andar com as sensações dos outros, que também não sentem. A burra vai perguntar para o marido, que é mais tapado que ela. E ele faz cara de conselheiro. Burro de quem ouve, em vez de voltar-se para dentro de si e sentir. Burro de quem responde, pois será sempre explorado e sugado em suas energias.

Não acredito em religião. As religiões mentem muito, fantasiam demais e criam uma porção de besteira sobre o que é a vontade de Deus. Na prática, o que a gente observa é que:

Deus não faz nada para nós, mas faz através de nós. Somos o poder realizador Dele. Somos os aparelhos sensórios de Deus. Ele sente através de nós.

Quando você se controla, não se deixa livre para sentir, para falar com quem quer, para ser você. Vive sempre na marcação, sempre preso. Você quer controlar tanto a opinião dos outros que acaba se enfiando numa prisão. Vira um prisioneiro. Eu sei que você pode arranjar mil desculpas para não olhar para isso, mas, se não nos soltarmos, vamos ser o quê? Frutos do ambiente?

Não estou exagerando. Estou lidando com pessoas há mais de 30 anos. Sei que elas não se soltam facilmente. Vez ou outra, têm uma oportunidade de deixar seu fluxo livre, soltando-se para sentir um lugar, uma pessoa, para permitir que o mundo entre e se expresse através de você. Elas aprenderam a desconfiar da Vida e de Deus. A fé delas é baseada no medo. Deus para elas não passa de imagem dos pais que a criaram. Ela mistura tudo e pensa que o Universo vai agir como os seus pais agiram. Se eles eram punitivos e amedrontadores, ela pensa que Deus, a sociedade, a natureza, o novo, os superiores e afins também vão fazer o mesmo. Essa pessoa é infantil, pois não possui o discernimento para separar as coisas. Sua visão ainda é a mesma que tinha quando criança. Ela cresceu só por fora.

Se você está cansado de viver do jeito que vive, e é preciso ter coragem para admiti-lo, é porque se controla 24 horas por dia. Querer controlar a vida, controlar os outros e até o Brasil é realmente frustrante. Não sou eu quem está dizendo isso, mas a sua alma.

Você controla o sentir e deixa de ter prazer

A pessoa que está no controle acha que não pode sentir raiva, tristeza, angústia. Programa até o que pode e o que não pode sentir, o que tem que sentir pelo trabalho, pela vida, o que tem que fazer. Só que a sua natureza pode ser diferente. Isso para você é aterrador, então, você se fecha para poder controlar, para não deixar as coisas seguirem adiante, na esperança de que possa fugir daquilo tudo. Quando você não vê, acha que não está mais com aquilo. Só que aquilo está com você, na sua vida, no seu corpo. Você não tem consciência, mas a coisa cresce demais e se transforma em doença é que você abre os olhos: "Puxa, estou com um problema físico".

A doença parece que cai do céu. Mas ela é o resultado de um longo período em que você deixou de estar em contato consigo. Toda vez que você se segura e não se deixa ir, dói nas costas ou na nuca, mas você ignora a dor. O corpo está dizendo: "Você está se segurando, está querendo se controlar". Você, porém, vai em frente e aquilo fica preso. Quando se deita, sente dores nas pernas, mas não percebe o quanto está se segurando, não se deixando ir na vida. Quando a coisa fica feia, causando um problema mais sério, aí você diz: "Não sei por que aconteceu isso. Tive azar".

Nós resistimos, sim. Inventamos um monte de desculpas para não sentir uma série de coisas, única e exclusivamente porque achamos que é perigoso. Nós nos defendemos da coisa que imaginamos perigosa, sem jamais termos usufruído dela. Nos protegemos tanto e tão loucamente que não há espaço para a felicidade. Nem para a natureza fluir em nós. A cada momento que uma coisa boa possa vir a nos acontecer, fruto talvez do nosso trabalho e empenho, é sempre com temor que a recebemos. Enquanto um lado do rosto sorri, o outro se segura, com medo do prazer.

Somos uma sociedade que não gosta do prazer, que teme o prazer. Ora, felicidade é prazer em todos os níveis, do físico ao espiritual. Por isso, os prazeres da vida estão altamente condenados. Todos: comer, fazer sexo, ter dinheiro. Tudo está condenado. Temos medo de sentir o prazer. De ver o prazer, não, vemos nos filmes, na vida dos outros. "Ah, queria tanto amar..." Mas na hora H você foge e se tranca. Tem medo que o prazer o arraste. Para nós, o prazer está associado a coisa demoníaca. Só o sofrimento, a luta e a dor são dignificantes. O prazer é suspeito.

Estamos tão habituados a fugir de nós, a não ligar para nós, a não ter consideração por nós, a sempre colocar os outros na frente que não confiamos em nosso senso. A pessoa faz uma coisa que provoca dor, está doendo, mas diz:

— Ah, preciso fazer isso, porque o médico mandou.

— Como precisa, se está doendo? Se está doendo, é sinal de que é ruim. Se está dando prazer, é bom.

— Ah, mas eu acredito que é bom.

— Jogue fora essa crença.

— Não, não jogo. E o que vai acontecer se eu jogar?

Para o insensível, crer na insegurança e nos medos cultivando a desconfiança de seu senso é a melhor forma de se garantir.

— Por que não acredita no seu ser? Está sentindo que não é bom. Mas, para mim, tanto faz você acreditar ou não. Não vou fazer força para tirar da sua cabeça essa crença. Você se agarra a ela porque para você significa segurança. A vida está gritando, através da dor e do sofrimento, que não está bom.

— Ah, mas é assim que eu acredito. Não é assim? O que eu faço?

Na minha ingenuidade, achava que eu ia salvar as pessoas porque elas queriam uma melhora na vida mas evitavam se confrontar. Queriam fazer consigo o que faziam com o carro quando tem problemas. Levamos ao mecânico, e ele dá um jeito. Ou como fazemos com nosso corpo, levamos ao médico, e ele cura, pensamento que infelizmente a medicina endossa. Mas descobri que, se por um lado a dor incomoda e é um desprazer, por outro lado a dor é mantida, porque é seguro. Isso ocorre muito no casamento ou com a família. Não tem nada a ver, mas você fica preso a isso por causa da segurança. Você está deixando de fazer o que quer porque fica só na segurança.

Longe das sensações, perto demais dos pensamentos

Essa pessoa deixou de sentir há muito tempo. Não é espontânea. Dentro dela, há uma série de coisas soterradas: sua alma, seus desejos. Ela não tem comunicação com o seu corpo. Não sabe bem o que quer, do que gosta. Não sente. Se ela sentir 20% do que poderia já é muito. Mas você acha que esse não é o seu caso. Você está longe do seu universo de realidade, dos bilhões de sensações por segundo que chegam até você. Está sempre pensando. Infelizmente, só está pensando, e desse jeito não pode assumir o leme de seu destino. Bloqueia toda a sua vida interior, o seu amadurecimento como pessoa, bloqueia os seus caminhos na vida. Deixa-se guiar pelas convenções e crenças diversas e acaba no fracasso.

O pensamento tem que ocorrer com as sensações e não separado delas

Enquanto estou sentindo e pensando uma só coisa, estou centrado. Isso serve para facilitar as experiências e não para impedi-las. Mas se fico só pensando, pensando, fazendo, maquinando na cabeça, fico longe das minhas sensações. O pensamento funciona quando você está agindo. Você está fazendo alguma coisa em casa, por exemplo, lavando o carro. O pensamento vai com a ação: vou lavar aqui, enxaguar depois ali. Ele vai acompanhando você por toda a sua experiência como um elemento facilitador, que o está ajudando a viver. Não está contra.

Mas o controlador tem uma programação do que ele acha que pode acontecer na vida dele, do que pode ser e do que não pode. Tudo o que estiver fora, ele corta. É por isso que mesmo sendo tão rica e variada, a vida que essa pessoa leva é monótona, repetitiva. Ela se repete e as coisas na vida dela se repetem. Sai ano, entra ano, e a pessoa ali, sentada na frente da televisão. Só ali no botão. Como pode ficar assim, com tanta coisa para viver? É porque leva uma vida ordenada, com tudo programado.

Muitas pessoas falam do carma. Para eles é o faz, paga. Fez em vidas passadas e tem que pagar hoje ou algo pior vai acontecer. Tudo isso não passa de um absurdo infantilismo. Deus para elas é vingativo como foram os pais dela. Para mim, não existe lei de ação e reação, o que existe é atitude. Se você mantém certa atitude, sua vida se mostra coerente com isso, e se ela permanece por várias reencarnações assim, a responsabilidade é sua. O conformismo é realmente destrutivo e neste caso é pior, pois a pessoa se exime da responsabilidade de mudar para melhor. Mas muita gente prefere o comodismo a enfrentar sua própria verdade.

E tem aquele cara que é tão programado que só nas terças-feiras ele mantém relações sexuais. Fora disso, não acontece nada. A esposa pode estar segura de que ele não tem amante. Se tiver, tem hora marcada para isso. E se ela o quiser, é assim. É uma pessoa insensível, uma máquina de fazer coisas. "Ah, mas é seguro." Tudo o que ele faz, ele controla: a televisão; a cabeça dele; a mulher dele; o dinheiro pode ser pouco, mas ele controla; o cachorro, ele controla. Está tudo sob controle. Ele sabe exatamente o que vai fazer amanhã cedo: vai se levantar, fazer a barba, tomar banho, tomar chá... infinitamente...

O nosso controle vem colocar uma série de obstáculos no fluxo bom da vida.

O supercontrole só pode gerar impotência profissional

Quando esse seu controle chega ao máximo, você sofre de impotência, faltas e perdas. Por que a pessoa sente perda? Porque ela tem a ilusão de que pode segurar alguém. No fundo, ela sabe que ninguém segura ninguém, mas quer ficar na ilusão. E assim acaba na impotência. Cria desemprego, falta de oportunidade, dificuldade para encontrar saídas e se sente impotente diante de seus problemas.

De um modo geral, a impotência é fruto da tentativa absurda de supercontrolar. O cara controlou tanto que nada acontece, fica tudo parado, paralisado. Aí começa a somatizar as paralisias físicas, como um reflexo natural. O sintoma da doença é apenas o reflexo do que a pessoa está fazendo consigo mesma, porque ela não quer se soltar, não quer se mostrar como é, não quer que os outros riam dela, prefere acreditar nos seus medos.

O fato de você se esconder, se guardar, se fechar e entrar na dos outros para se adaptar pode ter sido uma jogada que descobriu quando criança para suportar tanto controle. Mas agora você não é mais uma criança. Chegou a hora de trazer de volta aquilo que está fechado dentro de você, pois você é um ser cheio de riquezas. Trazer de volta não só as riquezas de dentro como as de fora, porque, para a natureza, tudo é abundância.

Quando você se sente bem? Só quando você se abre um pouco e diminui esse controle. Aí você fica legal, conversa com as pessoas, sorri e deixa as coisas virem para fora. Todo mundo, então, é bom com você e o bem se manifesta na sua vida. A criança é o primeiro sinal disso. Se estou no supercontrole, as crianças nem me olham. Como são muito vivas, elas se ligam à vivacidade. Então, se eu estou me anulando, elas nem me notam. Minha energia não existe, e elas não registram. Mas quando estou presente, bicho, criança, planta, tudo reflete isso. Se me apago, as plantas começam a morrer, porque elas vivem da nossa energia. A mensagem do astral é que se você está fechado para a sua alma, é porque provavelmente está descentralizado e apegado às coisas do mundo. E, então, fica vulnerável às perturbações de toda sorte.

Fico pensando quando você vai se soltar. Soltar-se é abrir as portas para o reino de Deus. Desapegar-se é justamente soltar você.

— Ah, Gaspa, me soltar? Ficar vulnerável ao mundo?

— Qual o problema de ficar vulnerável?

— As pessoas vão me criticar.

— Você já foi tão criticado! Adiantou você se segurar para não ser atingido? Daqueles que você não deu bola, não sofreu nada. A melhor defesa é nos assumirmos do jeito que somos, pois estamos nos dando força.

— Ah, mas se eu fizer assim, ninguém vai me amar.

— Você já experimentou?

— Ah, mas minha mãe não amava.

É o tipo de pessoa que vai para a cama com a pessoa amada e não se solta. Até as brigas deles são mais excitantes. Por isso é que brigam muito, porque fazem pouco sexo.

Como o sexo é uma atividade em que entra mais o corpo, o impulso, se você começar a interferir, atrapalha. As pessoas que têm dificuldade no sexo são assim porque têm muito autocontrole. Têm medo, então não deixam a energia fluir. Como o sexo é uma troca de energia, se a pessoa estiver tensa, não flui e, portanto, não pode ter um bom desempenho na cama. É o caso da ejaculação precoce. O cara é tão tenso quanto ao seu desempenho que ele goza logo para não falhar. Eles são assim em tudo na vida. Quando têm que se apresentar em público, ficam com tanto controle no seu desempenho que fazem sempre cagada ou não fazem nada e deixam passar as chances. Se este é o seu caso, comece a se divertir com tudo sem esperar nada de si. Desaperte o cinto de seu controlador e goze mais a sua vida em tudo o que fizer. Assim, quando estiver com quem ama, procure curtir adoidado, e verá que a ejaculação será normal.

Em tudo o que você for fazer é a mesma coisa, seja no trabalho ou no bate-papo do dia-a-dia. A intensidade do colorido da vida depende do relaxamento no sentido de deixar ser. Quando você está relaxado, você é muito mais esperto e mais lúcido. As sacações são muito rápidas. É o que se chama de esperteza. O tenso se diz responsável e por isso não relaxa. Mas acaba por ser irresponsável, pois não faz seu trabalho o melhor possível.

A nossa verdadeira responsabilidade diz respeito a criarmos as melhores condições para que tudo corra da melhor forma. Portanto, é da nossa responsabilidade nos deixarmos ser cuca fria. Uma criança que está com as antenas ligadas saca tudo, porque é espontânea. Quem tem um fluxo bom no trabalho? É o cara que deixa fluir, que está aberto para a vida. A mente dele funciona com rapidez. Ele tem tesão pelo trabalho e não fica esgotado.

Agora, o cara que pensa, pensa, não tem expediente. Não serve para nada. Lutou tanto, controlou tanto que começa a minguar tudo: as fontes de trabalho, o dinheiro. Fica na pior.

Quanto maior o controle, menor o prazer

É por isso que é grande o número de homens que sofrem ataque cardíaco. O controlador enfarta logo. De tanto controle, não tem mais contentamento. Tem é preocupação. Fica com uma barriga congestionada. Já à mulher é permitido ser mais solta e mais flexível. O homem tipo sabonete engorda e perde logo o cabelo. É tão rígido que tem uma vida toda regrada. Cedo ele se torna um velho. Aos 45 anos, o homem já é considerado velho na nossa cultura.

A mentalidade das pessoas costuma ficar velha até antes. A pessoa perde o emprego, porque se recusa a mudar. Claro que vai inventar algum drama como desculpa, mas perdeu porque se tornou inflexível e virou um peso para a empresa. Jogou fora o emprego no momento em que foi segurando, segurando e fechando seus caminhos até não ter mais jeito. Era o tipo que levava uma vida regrada. Era tudo no controle, durão consigo mesmo. Mas quando jovem era um molecão, tinha jogo de cintura, gozava a vida e as coisas iam melhor para ele.

A pessoa que vai bem na vida profissional é aquela que vai se realizando, realizando coisas, vai crescendo, tendo uma vida cheia de novidades e de movimento. Para ela, a carreira é estimulante, é uma aventura, cheia de oportunidades, porque ela está aberta para o que der e vier. Se quando a oportunidade vem, ela diz "Ah, não, pega mal. Ah, porque tenho medo. Ah, porque pode não dar certo", então ela tem a inspiração, mas não segue. "Porque posso me estrepar."

E daí que você deu uma bola fora, que chama de erro? Tudo se arranja. É melhor arriscar do que ficar preso a uma vida sem graça. Espera os filhos casarem, envelhece e continua naquela vida. "Ah, isso não vai acontecer comigo." Mas é com você mesmo que vai acontecer, porque já está no controle. "Já planejei tudo. Vou ser um velho legal."

Você é seu próprio universo. Quando você se contém, você contém o Universo. Isso porque a sua realização é a realização da vida.

As coisas podem fluir com facilidade na sua vida se você fluir com facilidade. Não tem dificuldade se você não tenta controlar aquilo com que não sabe lidar. Nós escolhemos tudo o que vai surgir em nós dentro ou fora e nos posicionamos. Se você está se posicionando sempre a favor da vida, sem planos e fluindo de acordo com o que vier, a vida considera que você é aquela porta aberta para uma série de coisas incríveis acontecerem.

Mas a maioria das portas está fechada, porque as pessoas são muito controladoras. Às vezes, você vê um gênio criar alguma coisa, mas é porque ele tinha a porta aberta para aquilo. Os outros podiam até ser bons, mas não estavam abertos para a coisa pintar. Abandone, então, o hábito de se segurar e de segurar o que você sente. "Ah, mas se eu deixar sentir, vai doer." Pois deixe doer. Logo passa.

Se você se deixa fluir e acaba com o controle, que chamo de neurótico, quem vai assumir o controle é a sua alma. A alma vai levá-lo para um caminho que não é esse programa que você fez de como deve ser. Sua felicidade não está nesse programa. Está num lugar que você não conhece, numa situação interior que você não sabe, porque nunca se permitiu viver. Quem vai levá-lo lá é a alma. Você não vai se levar a lugar nenhum, porque não conhece nada do universo e dos propósitos da vida em você. É preciso deixar as coisas de dentro lhe mostrarem, darem os sinais e o inspirarem. Mas você fica aí escravo das obrigações, dos papéis sociais, da moral, sem se deixar conduzir pela intuição. A sua porta está fechada ou, se está aberta, é muito pouco, porque tudo vai devagar, é custoso e moroso. Não tem que ser necessariamente assim.

Confiar no invisível é deixar ser

É importante lembrar que se você não mudar essa sua atitude, nem Deus vai mudar, porque Ele não faz a sua parte. Deus não interfere naquilo que Ele já lhe deu: o arbítrio. É para você resolver. Deus não fica sentado lá em cima decidindo nada nem registrando os seus pedidos. Você não é quem você pensa que é. O que está em volta de você é o que está dentro. Por isso, deixar ser é a mesma coisa que deixar Deus ser.

Quando comecei a confiar no invisível, fiz isso até a título de teste: "Vamos ver o que acontece, e desliguei". As coisas aconteceram plenamente, provando que isso é uma lei. Fui eu que tomei a iniciativa, e a coisa funcionou. Pois o universo sou eu. Tudo é uma coisa só. Por que então deveria me preocupar, se tudo sou eu? Para que parar e pensar? Não pare. A coisa vai pintando e o pensamento vai junto. A inteligência vem.

Só o invisível faz o impossível

Aprendi que a coisa mais confiável é o invisível. Não queira se tapear achando que algo é seguro na sua existência. Você está sempre com o incerto. A pessoa segura é aquela que confia. "Ah, não, eu só confio se..." Pronto, já vai arrumar encrenca.

Quando a gente confia no invisível, ele se torna visível. A lei diz que para algo se tornar real é preciso confiar. Para a maioria das pessoas, no entanto, confiar é ser responsável, é assumir tudo sozinho na loucura do ego e da ilusão de querer controlar tudo. E isso só fecha as portas. Sabe aquela coisa que está encrencada na sua vida, dura de sair? Pode ver, é porque a sua atitude em relação àquilo é: *eu tenho que resolver.* "Mas, Gaspa, você acha que eu vou ser irresponsável e largar tudo na mão do Universo?" Você já experimentou? Tente, você não tem nada a perder.

A atitude fundamental na prosperidade profissional é entender que nós não somos nada sem essas forças que atuam onde não podemos. É o que chamamos de sorte. A maioria das coisas não somos nós que fazemos, elas vêm prontas.

As pessoas me dizem: "Puxa, você fala com tanta fluência!" É, eu não paro para pensar no que estou falando. Se eu parar, vêm cinco ou seis idéias ao mesmo tempo, porque a cabeça funciona sozinha. Não sou eu que estou fazendo a cabeça funcionar. O máximo que faço é prestar atenção.

Se eu estiver preocupado, nada acontece. É quando solto que acontece. Com o negócio de ficar segurando, a gente só atrapalha a vinda das coisas do céu. E aí começa a criar empecilhos. E como a natureza apenas segue o que você faz, ela também acaba criando empecilhos. Ela não pensa, não escolhe. É você quem escolhe. Ela só age de acordo com as suas crenças. E quando você controla demais e não confia no espontâneo, no invisível, as coisas não caem do céu para você. Ou o que cai é péssimo.

Tudo funciona igual. A diferença é que uma coisa é ruim e a outra é boa, mas o jeito de vir é o mesmo.

A desgraça também cai do céu. É espontânea. Ela vem procurar você em casa. Quem já não teve que enfrentar aquela despesa extra com algum eletrodoméstico que quebrou em casa e levou tudo o que tinha naquele mês? Ou então estava em casa sossegada e, de repente, a tia do interior telefonou para contar que seu irmão ia sair do hospital direto para a sua casa. E você ainda diz: "Por que tinha que atender o telefone?" Viu como é espontâneo? Tudo pode cair do céu.

É tão interessante que a desgraça nunca vem sozinha. Vem em série. A gente não diz que desgraça pouca é bobagem? Quando vem, vem com tudo. Você perdeu o emprego, a mulher foi embora e levou as crianças. Vem tudo junto. Puxa, mas o que a pessoa fez para cair uma desgraceira dessas? Algo deve ter feito, porque vem do inconsciente. O que interessa é saber como a gente pode ser o elemento de modificação de cair uma coisa boa na nossa vida.

Acredito que a pessoa parou de fazer o seu melhor em qualquer momento e tudo começou a rolar escada abaixo. Normalmente é porque começou a ouvir alguém e não se ouviu mais. Se voltar a se ouvir, tudo voltará ao normal.

Conclusão

Parece claro que o destino realmente depende do nosso modo de ver e de usar os talentos que a vida nos deu. A prosperidade é realmente uma questão de cabeça.

É necessário que revisemos nossa espiritualidade e que não tenhamos preconceitos contra perceber que dependemos de algo maior. Voltarmos a recuperar o sentido grandioso da vida é nos expandirmos rumo à imortalidade.

Na expectativa de nos libertarmos dos preconceitos religiosos que nos impediam de avançar, acabamos por construir barreiras ainda maiores entre a vida profissional, a produtividade, as questões econômicas e o sentido profundo de nossa vida. Dissociamos o comércio e os negócios das relações éticas e humanas, criando uma propaganda mentirosa e um marketing repleto de ilusões e falsidades que a cada dia caem mais no descrédito das pessoas lúcidas. Mesmo a despeito dos tidos como poderosos que insistem em ser indiferentes ao processo social e que pensam que a massa popular precisa ser dirigida, a coletividade humana passa por uma revolução que ninguém poderá controlar. A reespiritualização. Essa massa popular reclama modificações na qualidade de vida e cria a revolução dos costumes. A mídia e a empresa que não forem sensíveis para acompanhar essas mudanças não terão chances de continuar vivas. A reespiritualização da humanidade faz parte de um avanço antropológico natural. As pessoas estão redescobrindo a si mesmas e seus potenciais, o que as leva a reconsiderar o que são como pessoas e o que podem fazer por si. A noção de individualidade sofre mudanças consideráveis e exige que aprendamos a nos apoiar mais em nós mesmos e menos nas instituições, o que as levará a se tornarem obsoletas em sua forma tradicional. Cada dia que passa as pessoas perdem o medo de questionar o antigo respeito à moral que deu base à organização social como a conhecemos. Rebelamo-nos contra o que não aceitamos, porém não o fazemos como antigamente, pela violência, pela guerra. Nós estamos aprendendo a destruir sem violência e isso nos torna mais capazes e menos frágeis. A revolução está iniciada. Revalorizamos a vida dando novo significado às coisas. Reconquistamos o sentido do sagrado percebendo que tudo está ligado a tudo e que o aspecto econômico não pode ficar de fora da necessidade de resignação. O trabalho é repensado e a capacidade de especialização nos faz investir mais em nós. O avanço acelerado do desenvolvimento tecnológico exige que sejamos mais criativos, flexíveis, e que tenhamos a capacidade de enfrentar o desconhecido com mais naturalidade. Perceber que somos mais do que pensávamos nos enche de entusiasmo, mas exige que remodelemos nossas sociedades.

O que mais há de vir? O que ainda temos que enfrentar? Como nos prepararmos para tudo isso? A resposta está no estudo profundo da natureza humana e na natureza como um todo. O ressurgimento da metafísica no cenário moderno não é casual. Ela sempre surge quando temos a necessidade de enfrentar mudanças radicais, pois é nela que vamos encontrar as bases para a reformulação de nossos axiomas ou idéias que embasam nossa abordagem da realidade.

Ao mudar nossas bases, podemos ver a realidade de outra forma e com isso articularmos recriando nosso modo de pensar, ver e agir diante da vida.

Para mim, nada dá realmente medo. A Vida tem sempre meios de prover e nós estamos constantemente nos transformando.

Espero que nossos estudos neste livro abram novas

portas para que você possa reescrever o seu destino. A sua melhoria significa a melhoria de todos nós.

O Universo está nos promovendo. Basta apenas termos a boa vontade de nos abrirmos e absorver as novas regras. De resto, tudo está perfeito, e seja qual for o destino que você se der, nós, com o Todo, estaremos zelando para que você, uma parte de nós, não se perca.

Abraços,

Luiz Antonio Gasparetto

Sobre nossas atividades

Caro leitor,

A prosperidade é o resultado do conhecimento das leis da vida. Na metafísica moderna nós estudamos, testamos e ensinamos o que conseguimos descobrir. Por certo que muito ainda se tem que entender, mas o que importa é que já temos material para podermos viver melhor. Nela eu encontrei explicações cheias de chances e alternativas para lidar com minha vida, e posso ser testemunha do sucesso profissional que elas me ajudaram a alcançar.

Atualmente venho dando assistência a empresas com orientação e cursos para diretores, pois sei que uma empresa é sempre a cara dos donos. Faço um trabalho para mudar a energia de sucesso, orientando as pessoas a mudarem suas atitudes, num clima de estudo em conjunto muito eficiente.

Sinto a constante necessidade de reeducar o homem no trabalho num serviço de base, pois o problema no Brasil é cultural e só um trabalho que reveja os nossos valores poderá nos transformar em profissionais mais competentes para enfrentarmos o mercado que a cada dia se torna mais internacional.

O Espaço Vida e Consciência Editora Ltda. é a empresa que montei e dirijo. Atuamos nas áreas de editoração, gráfica, estúdio e reprodução de áudio. Mantemos cursos de formação voltados para ensinar as pessoas a serem seus próprios terapeutas. Na área da ajuda empresarial, trabalhamos com diagnóstico da situação da empresa e montamos projetos desenhados e desenvolvidos especialmente para cada caso. Mantemos os cursos de crescimento individual para empresários e um programa específico para o trabalhador comum em prosperidade profissional.

Estamos às suas ordens para consultas.

Sucessos de ZIBIA GASPARETTO

Crônicas e romances mediúnicos.

Retratos de vidas nos caminhos da eternidade.

Mais de quatro milhões de exemplares vendidos.

- Crônicas: Silveira Sampaio

PARE DE SOFRER
O MUNDO EM QUE EU VIVO
BATE-PAPO COM O ALÉM

- Crônicas: Zibia Gasparetto

CONVERSANDO CONTIGO!

- Autores diversos

PEDAÇOS DO COTIDIANO
VOLTAS QUE A VIDA DÁ

- Romances: Lucius

O AMOR VENCEU
O AMOR VENCEU *(em edição ilustrada)*
O MORRO DAS ILUSÕES
ENTRE O AMOR E A GUERRA
O MATUTO
O FIO DO DESTINO
LAÇOS ETERNOS
ESPINHOS DO TEMPO
ESMERALDA
QUANDO A VIDA ESCOLHE
SOMOS TODOS INOCENTES
PELAS PORTAS DO CORAÇÃO
A VERDADE DE CADA UM
SEM MEDO DE VIVER
O ADVOGADO DE DEUS
QUANDO CHEGA A HORA
NINGUÉM É DE NINGUÉM

Sucessos de LUIZ ANTONIO GASPARETTO

Estes livros irão mudar sua vida!
Dentro de uma visão espiritualista moderna, estes livros irão ensiná-lo a produzir um padrão de vida superior ao que você tem, atraindo prosperidade, paz interior e aprendendo acima de tudo como é fácil ser feliz.

ATITUDE
SE LIGUE EM VOCÊ *(adulto)*
SE LIGUE EM VOCÊ - nº 1, 2 e 3 *(infantil)*
A VAIDADE DA LOLITA *(infantil)*
ESSENCIAL *(livro de bolso com frases para auto-ajuda)*
FAÇA DAR CERTO
GASPARETTO *(biografia mediúnica)*
CALUNGA - "Um dedinho de prosa"
CALUNGA - Tudo pelo melhor
CALUNGA - Fique com a luz...
PROSPERIDADE PROFISSIONAL
CONSERTO PARA UMA ALMA SÓ *(poesias metafísicas)*

série CONVERSANDO COM VOCÊ:
(Kit contendo livro e fita k7)
1- Higiene Mental
2- Pensamentos Negativos
3- Ser Feliz
4- Liberdade e Poder

série AMPLITUDE:
1- Você está onde se põe
2- Você é seu carro
3- A vida lhe trata como você se trata
4- A coragem de se ver

INTROSPECTUS:
Jogo de cartas para auto-ajuda.
Modigliani criou através de Gasparetto, 25 cartas mágicas com mensagens para você se encontrar, recados de dentro, que a cabeça não ousa revelar.

OUTROS AUTORES

Conheça nossos lançamentos que oferecem a você as chaves para abrir as portas do sucesso, em todas as fases de sua vida.

LOUSANNE DE LUCCA:
- ALFABETIZAÇÃO AFETIVA

MARIA APARECIDA MARTINS:
- PRIMEIRA LIÇÃO

"Uma cartilha metafísica"

VALCAPELLI:
- AMOR SEM CRISE

VALCAPELLI e GASPARETTO:
- METAFÍSICA DA SAÚDE:

vol.1 (sistemas respiratório e digestivo)

ELISA MASSELLI:
- QUANDO O PASSADO NÃO PASSA
- NADA FICA SEM RESPOSTA
- DEUS ESTAVA COM ELE

RICKY MEDEIROS
- A PASSAGEM
- QUANDO ELE VOLTAR

MARCELO CEZAR
- A VIDA SEMPRE VENCE

LUIZ ANTONIO GASPARETTO

Fitas K7 gravadas em estúdio, especialmente para você!
Uma série de dicas para a sua felicidade.

• PROSPERIDADE:
Aprenda a usar as leis da prosperidade.
Desenvolva o pensamento positivo corretamente.
Descubra como obter o sucesso que é seu por direito divino, em todos os aspectos de sua vida.

• TUDO ESTÁ CERTO!
Humor, música e conhecimento em busca do sentido da vida.
Alegria, descontração e poesia na compreensão de que tudo é justo e Deus não erra.

• série VIAGEM INTERIOR (1, 2 e 3):
Através de exercícios de meditação mergulhe dentro de você e descubra a força da sua essência espiritual e da sabedoria.
Experimente e verá como você pode desfrutar de saúde, paz e felicidade desde agora.

• TOULOUSE LAUTREC:
Depoimento mediúnico de Toulouse Lautrec, através do médium Luiz Antonio Gasparetto, em entrevista a Zita Bressani, diretora da TV Cultura (SP).

• série PRONTO SOCORRO:
Aprenda a lidar melhor com as suas emoções, para conquistar um maior domínio interior.
1. Confrontando o desespero
2. Confrontando as grandes perdas
3. Confrontando a depressão
4. Confrontando o fracasso
5. Confrontando o medo
6. Confrontando a solidão
7. Confrontando as críticas
8. Confrontando a ansiedade
9. Confrontando a vergonha
10. Confrontando a desilusão

• série CALUNGA:
A visão de um espírito, sobre a interligação de dois mundos, abordando temas da vida cotidiana.
1. Tá tudo bão!
2. "Se mexa"
3. Gostar de gostar
4. Prece da solução
5. Semeando a boa vontade
6. Meditação para uma vida melhor
7. A verdade da vida
8. "Tô ni mim"

• série PALESTRA
1- A verdadeira arte de ser forte
2- A conquista da luz
3- Pra ter tudo fácil
4- Prosperidade profissional (1)
5- Prosperidade profissional (2)
6- A eternidade de fato
7- A força da palavra
8- Armadilhas do coração
9- Se deixe em paz
10- Se refaça
11- O teu melhor te protege
12- Altos e baixos
13- Sem medo de errar
14- Praticando o poder da luz em família
15- O poder de escolha

PALESTRAS GRAVADAS AO VIVO:

• série PAPOS, TRANSAS & SACAÇÕES

1- Paz emocional
2- Paz social
3- Paz mental
4- Paz espiritual
5- O que fazer com o próprio sofrimento?
6- Segredos da evolução
7- A verdadeira espititualidade
8- Vencendo a timidez
9- Eu e o silêncio
10- Eu e a segurança
11- Eu e o equilíbrio

• série PALESTRA AO VIVO

1- Caia na real

• LUZES

Coletânea de 8 fitas k7. Curso com aulas captadas ao vivo, ministradas através da mediunidade de Gasparetto.
Este é um projeto idealizado pelos espíritos desencarnados que formam no mundo astral, o grupo dos Mensageiros da Luz.

LUIZ ANTONIO GASPARETTO EM CD

Títulos de fitas k7 que já se encontram em CD

- Prosperidade
- Confrontando a ansiedade
- Confrontando a desilusão
- Confrontando a solidão
- Confrontando as críticas

LUIZ ANTONIO GASPARETTO

em vídeo

- SEXTO SENTIDO

Conheça neste vídeo um pouco
do mundo dos mestres da pintura,
que num momento de grande ternura
pela humanidade, resolveram voltar
para mostrar que existe vida além da vida,
através da mediunidade de Gasparetto.

- MACHU PICCHU

Visite com Gasparetto a
cidade perdida dos Incas.

- série VÍDEO & CONSCIÊNCIA

Com muita alegria e arte, Gasparetto
leva até você, numa visão metafísica,
temas que lhe darão a oportunidade de
se conhecer melhor:
O MUNDO DAS AMEBAS
JOGOS DE AUTO-TORTURA
POR DENTRO E POR FORA

ESPAÇO VIDA & CONSCIÊNCIA

Acreditamos que há em você muito mais condições de cuidar de si mesmo do que você possa imaginar, e que seu destino depende de como você usa os potenciais que tem.

Por isso, através de PALESTRAS, CURSOS-SHOW e BODY WORKS, GASPARETTO propõe dentro de uma visão espiritualista moderna, com métodos simples e práticos, mostrar como é fácil ser feliz e produzir um padrão de vida superior ao que você tem. Faz parte também da programação, o projeto VIDA e CONSCIÊNCIA. Este curso é realizado há mais de 15 anos com absoluto sucesso. Composto de 8 aulas, tem por objetivo iniciá-lo no aprendizado de conhecimentos e técnicas que façam de você o seu próprio terapeuta.

Participe conosco desses encontros onde, num clima de descontração e bom humor, aprenderemos juntos a atrair a prosperidade e a paz interior.

Maiores informações:

Rua Salvador Simões, 444 • Ipiranga • São Paulo • SP

CEP 04276-000 • Fone Fax: (11) 5063-2150

Gasparetto

EDITORA VIDA & CONSCIÊNCIA GRÁFICA

INFORMAÇÕES E VENDAS:

Rua Santo Irineu, 170
Saúde • CEP 04127-120
São Paulo • SP • Brasil
✆: (11) 5574-5688 / 5549-8344
FAX: (11) 5571-9870 / 5575-4378
e-mail: gasparetto@snet.com.br
site: www.gasparetto.com.br